Reinhold Ruthe

Träume – Spiegel der Seele
Krankheiten – Signale der Seele

Zwei Bestseller in einem Band

Brendow
VERLAG + MEDIEN

Bibliografische Information Der Deutschen Bibliothek
Die Deutsche Bibliothek verzeichnet diese Publikation in der Deutschen Nationalbibliografie; detaillierte bibliografische Daten sind im Internet über http://dnb.ddb.de abrufbar.

ISBN 978-3-86506-198-0

Einbandgestaltung: Brendow Verlag, Moers
Titelfoto: Getty Images
Druck und Bindung: Clausen & Bosse, Leck
Printed in Germany

www.brendow-verlag.de

Reinhold Ruthe

Träume – Spiegel der Seele

Wie Sie Ihren Träumen auf die Spur kommen

Brendow
VERLAG + MEDIEN

2. Auflage 2007

Satz: Satzstudio Hans Winkens, Wegberg

www.brendow-verlag.de

Inhalt

Vorwort

»Ein ungedeuteter Traum ist wie ein ungeöffneter Brief«, heißt es im Talmud. Könnte es nicht auch sein, dass Gott uns in Träumen Briefe schreibt, die wir ungelesen liegen lassen? Viele Menschen, auch Christen sind skeptisch.

»Träume sind Schäume!« sagen sie

»Träume sind verwirrende Gedankenfetzen!«

»Träume sind nächtliche Ergüsse ohne Sinn und Verstand!«

Liegt diese Skepsis daran, dass im Traum Zeit und Raum, Gegenwart und Vergangenheit, Kindheit und Erwachsensein, bekannte und völlig unbekannte Gesichter, unbekannte Plätze und nie erlebte Situationen das Geschehen beherrschen? Verständlich, wenn Menschen das nächtliche Durcheinander ärgerlich beiseite schieben.

Wollen sie mit ihren Lebenskonflikten, mit inneren Nöten und Ängsten nicht konfrontiert werden? Finden sie einen plausiblen Grund für ihren Traumwirrwarr?

Wie ganz anders beurteilt die Bibel den Traum! Die ganze Heilsgeschichte Israels bliebe ohne den Traum unverständlich. In Träumen warnt Gott den ägyptischen Pharao davor, das Volk Israel weiter festzuhalten. Im Traum schickt Gott Maria und Josef auf die Flucht und bewahrt so den Heiland der Welt davor, den Kindesmördern in die Hände zu fallen. Ein Traumgeschehen revolutioniert die Missionsstrategie des Paulus. Gottes Regie im Traum führt Paulus nach Europa. Ein Traum gibt Petrus, dem Jünger Jesu, die Gewissheit, er solle auch Nichtjuden die »gute Nachricht« bringen.

Ich bin nicht überzeugt, dass solche Traumerfahrungen der Vergangenheit angehören. Gott hat nicht nur zu Menschen aus der Bibel in Träumen geredet. Auch heute noch meldet er sich in Träumen, Visionen und Nachtgesichten zu Wort. Es liegt an uns, ob wir seiner Stimme Gehör schenken.

Als Verfasser fühle ich mich wesentlich von Alfred Adler, dem Begründer der Individualpsychologie, angesprochen, der Träume als wichtige Lebensstil-Aussagen auffasst. Aber auch die Deutungshilfen anderer Traumforscher kommen zur Sprache. Die hier geschilderten und gedeuteten Träume stammen aus der seelsorgerlichen Beratungspraxis, auch aus Einzelanalysen, dazu von Seminarbesuchern, die Träume von Ratsuchenden mit in den Kurs brachten. Der Inhalt der Träume wurde im Wesentlichen beibehalten. Umstände und Lebenszusammenhänge der Ratsuchenden wurden jedoch so verändert, dass Identifikationen nicht möglich sind.

Das Buch ist nicht nur für Seelsorger und Berater gedacht, die bei Gesprächen mit Ratsuchenden auch mit Träumen konfrontiert werden. Es will praktische Anregungen vermitteln, Träume mit dem Ratsuchenden gemeinsam hilfreich zu deuten. Ebenso will das Buch Christen dazu ermutigen, Träume ernst zu nehmen. Wir möchten die Leser neugierig darauf machen, die »vergessene Sprache Gottes« oder »Gottes ungebetene Boten« neu zu hören und ernst zu nehmen.

KAPITEL 1

Traum und Schlaf

Eine junge Frau schlief seit Tagen unruhig und wurde plötzlich durch einen Albtraum aus dem Schlaf gerissen. Der Oberkörper flog hoch. Angstschweiß stand ihr auf der Stirn. Zwiespältige Gefühle beschlichen sie. Der Traum war bedrückend.

Sie lief zögernd und ängstlich hinter einer männlichen Gestalt her, die sich entfernte, ohne sich umzudrehen. Die junge Frau empfand ein demütigendes Gefühl. Plötzlich hatte die Straße keinen festen Untergrund mehr, und sie fiel ins Bodenlose. Die männliche Gestalt war verschwunden, nur eine panikartige Angst begleitete ihren Fall in die Tiefe. Sie blickte im Fallen nach hinten und entdeckte eine lange Leiter, die an der Wand des Loches stand, in das sie stürzte. Mit dem Aufschlag auf dem Grund des tiefen Loches wurde sie wach.

Verwirrt schaute sie sich um. Sie lebte und war am Körper heil und unverletzt.

Sie ließ das Traumgeschehen noch einmal Revue passieren. Neben der schrecklichen Angst hatte sie besonders die Leiter in Erinnerung, die im Rücken stand und sie bis zum Boden begleitete. Neben dem Fall ins Bodenlose war die Leiter der stärkste Eindruck des Traums für die junge Frau.

Vor einigen Wochen hatte sie ihr Verlobter, den sie sehr liebte, verlassen. Gute Freunde hatten ihr geraten, den Mann zu vergessen, der sie im Stich gelassen hatte. Aber sie konnte den Schmerz nicht überwinden. Erst der Traum schockierte und beruhigte sie zugleich. Die Leiter wurde ihr zur inneren

Gewissheit: Gott redete mit ihr. Sie solle sich umdrehen, eine völlige Kehrtwendung vornehmen. Gleichzeitig schenkte ihr Gott neuen Mut, aus der Tiefe der Verlassenheit wieder ans helle Sonnenlicht zu steigen.

Nach dem Albtraum konnte sie in der Tat die Blickrichtung ändern. Die Nächte mit dem unruhigen Schlaf waren ausgestanden. Die schmerzhaften Verlassenheitsängste waren weitgehend überwunden.

Schlaf und Traum sind geheimnisvolle Wunderwerke Gottes. Viele nehmen sie kommentarlos zur Kenntnis. Auch viele Christen, die Gottes Schöpferkraft besingen und bestaunen, gehen achtlos an diesen Wundern vorüber.

Traum und Schlaf sind eng miteinander verbunden. Seit etwa dreißig Jahren gibt es so etwas wie eine Schlafwissenschaft. Was für die Erforschung der Herzarbeit das EKG, also der zeitliche Verlauf der Herzstromkurve, bedeutet, ist für die Schlaf- und Gehirnforschung das Kurvenbild der Gehirnströme (EEG). Es ist damit möglich, den Schlaf von innen und natürlich auch von außen zu beobachten. Jeder Mensch hat sein persönliches Schlafprogramm, das in seinem EEG (Elektroenzephalogramm) sichtbar gemacht werden kann und wie ein Fingerabdruck des Gehirns zu werten ist.

Man entdeckte die Traumzeiten des Menschen und kam zu der Überzeugung, dass Träumen wesentlich für den Erholungseffekt des Schlafes ist. Wurden Versuchspersonen im Schlaflabor über längere Zeit am Träumen gehindert, veränderte sich ihre Persönlichkeit. Ängstlichkeit, Depression und mangelhafte Konzentrationsfähigkeit stellten sich ein.

Schlafen ist ein Naturbedürfnis, das man zwar einschränken, aber nie ganz abschaffen kann. Wie unser Gott Tag und Nacht, Sommer und Winter in den menschlichen Lebensprozess eingebaut hat, so wurde der Mensch auf Wachen und Schlafen programmiert. Gott hat diese Prozesse gewollt, wir können sie nicht einfach ignorieren. Menschen, die künstlich

Tag und Nacht wach gehalten wurden, erlitten ohne Ausnahme schwere Zusammenbrüche. Der Schlaf ist also ein körperlicher Zustand der Erholung von der Ermüdung. Zeitweilig werden das Bewusstsein und die Tätigkeit der Skelettmuskulatur herabgesetzt.

Was Ist der Traum?

Der Traum ist ein geistig-seelisches Geschehen während des Schlafes. Träumen ist eine lebensnotwendige Funktion, wie Wissenschaftler ermittelt haben. Jeder Mensch träumt. Auch Babys träumen. Das Ungeborene im Mutterleib träumt. Sogar Hunde, Katzen und Hühner träumen. Der Tagesverstand und der Wille üben keine Kontrolle über das Traumgeschehen aus. Das Bewusstsein ist fast ganz zurückgetreten. Gefühle und Reize aus der Umwelt werden nur noch stark gebremst wahrgenommen. Die Hirnzentrale hat die Wahrnehmung gebremst.

Nach dem Krieg begannen die Amerikaner systematisch, in Schlafkliniken mit modernsten technischen Hilfsmitteln Testpersonen zu untersuchen, die sich dem Schlaflabor zur Verfügung stellten. Über 10.000 Versuchspersonen wurden getestet und die Daten ausgewertet. Wissenschaftlich ist daher heute unbestritten, dass jeder Mensch träumt und in jeder Nacht etliche Male Traumphasen durchlebt. Das körperliche Ausruhen im Schlaf und das Träumen sind zweierlei. Der Schlaf ist die Vorstufe des Traumes.

Das Schlafverhalten des Menschen läuft in verschiedenen Episoden ab, die immer wieder von motorischer Unruhe gekennzeichnet sind. Je geringer die Schlaftiefe, umso mehr nähert sich das Traumerleben dem Wachzustand. Die Bilder nehmen realere Züge an.

Mithilfe des Elektroenzephalogramms werden diese episodenhaften Schwankungen gemessen. Wenn ein Mensch etwa acht Stunden schläft, zeigt das EEG etwa fünfmal eine Kurvenform an, die dem Wachzustand eines Menschen ähnelt. Diese zyklischen Schwankungen dauern etwa zehn bis sechzig Minuten. Man fand heraus, dass der Mensch in diesen Intervallen fest schläft und nur schwer aufzuwecken ist. Diesen Zustand bezeichnet man in der Schlafforschung als paradoxen Schlaf, weil das EEG einen wachähnlichen Zustand registriert.

Besonders in den Zeiträumen des paradoxen Schlafes reagiert der Mensch mit Muskelzuckungen und schnellen Augenbewegungen. Man hat herausgefunden, dass diese REM-Phasen (rapid eye movements = schnelle Augenbewegungen) im Traum stattfinden. Früher glaubte man, ein Traum dauere lediglich einige Sekunden oder nur Bruchteile von Sekunden. Heute weiß man, dass der Traum zehn bis fünfunddreißig Minuten dauern kann. Diese Traumperioden sollen drei- bis sechsmal eintreten.

Werden Versuchspersonen in dieser REM-Phase geweckt, können sie detailliert über ihre Träume berichten. Wird eine Versuchsperson außerhalb einer REM-Phase geweckt, weiß sie von keinen Träumen. Mit fortschreitender Nacht werden die Träume länger; der dritte und vierte Traum können bis zu einer halben Stunde dauern, während die früheren Traumphasen nur minutenlang sind.

Wenn wir die Traumstunden unseres Lebens überschlagen, kommen über 50.000 Stunden heraus. Können Sie sich vorstellen, dass Gott in seiner schöpferischen Weisheit einen Menschen ins Leben ruft, damit der einige Jahre seines Lebens sinnlos verträumt? Der Traum spielt im biblischen Denken eine enorme Rolle. Ist es nicht überheblich, die Traumstunden unseres Lebens als ein nutzloses Abfallprodukt im Schöpfungsplan unseres Gottes zu bezeichnen?

Der Anlass für den Traum kann ein Reiz oder ein Tagesrest sein

Träume können auf tausend verschiedene Weisen zu Stande kommen. Es gibt unzählige Reize, die das Traumgeschehen in Gang bringen. Diese Reize sind Anlass, sie sind aber nicht der Inhalt des Traumes. Reize werden vom Träumenden aufgegriffen, bearbeitet und vom Lebensstil integriert.

Welche Reize können den Traum beeinflussen?

- Der Träumer *friert*. Ihm ist das Bett weggerutscht. Das Traumgeschehen greift Kälte und Frost auf.
- Der Träumer *schwitzt*. Ihm ist es heiß. Die Nacht ist schwül. Die Temperatur ist hoch. Die Hitze kann in den Traum einfließen.
- Der Träumer nimmt *Gerüche* wahr. Sie können beißend oder lieblich, unangenehm oder angenehm sein. Unter Umständen finden sie im Traum ihren Niederschlag.
- Der Träumer nimmt *Geräusche* wahr. Der Wecker rasselt, die Glocken läuten, ein Feuerwehrauto jagt durch die Nacht, oder ein Polizeiauto hat die Sirenen eingestellt.
- Der Träumer hat *Schmerzen*. Krankheiten oder Verdauungsbeschwerden, Zahnschmerzen oder Herzschmerzen können den Traum beeinflussen.

Insgesamt: Die Reize können von außen oder von innen kommen. Herz und Eingeweide, Hunger und Durst können den Traum beeinflussen, aber selten das Traumgeschehen einschneidend bestimmen.

Selbstverständlich können auch die letzten Ereignisse vor dem Schlafengehen den Traum berühren. Tagesreste aus einem interessanten Kriminalfilm, einem eindrücklichen Gespräch oder einem Streit mit dem Partner, mit Eltern oder Kindern können den Traum anregen.

Es besteht auch kein Zweifel, dass Krankheiten, die den Menschen heimsuchen, wilde Träume oder Fieberträume hervorrufen können. Die Veränderung der Bluttemperatur und die Blutzusammensetzung erklären Fieberträume und sind Beweise, dass zwischen körperlichem Befinden und Traum Beziehungen bestehen.

Die Heilfunktion der Träume

Träume haben die Aufgabe, das menschliche Gemüt nach seelischen Verwundungen und bedrückenden Erlebnissen wieder heilen zu helfen. Konflikte und Spannungen werden im Traum bearbeitet. Der Mensch soll sich wieder wohl fühlen können. Eric Berne, Psychiater und Begründer der Transaktionsanalyse, schreibt:

»Wird einem Menschen die Möglichkeit zu träumen genommen, so kann das zu starker geistiger Verwirrung führen. Vielen Psychosen geht eine längere Periode der Schlaflosigkeit und damit der mangelnden Gelegenheit zu träumen voraus. Es könnte sein, dass die so entstehende Anhäufung unverarbeiteter Emotionen einen gewissen Einfluss auf das Entstehen der Psychose hat.«[1]

Diese Überlegungen aus den Siebzigerjahren werden durch die neuesten Ergebnisse der Traumforschung bestätigt. Der Nobelpreisträger Francis Crieck, der die rasanten Fortschritte auf dem Sektor der Gehirnforschung und Bio-Technologie beschreibt, geht davon aus, dass die Träume ein lebenswichtiger Bestandteil des Schlafes sind. Sie bewahren uns davor,

- *Zwangsvorstellungen* zu entwickeln,
- *Halluzinationen* zu bekommen und
- *pathologische Zustände* zu produzieren, die in die Schizophrenie führen.

Die amerikanische Psychiaterin Rosalind Cartwright schilderte auf einem Kongress 1992 überraschende Erfahrungen mit ihren Patienten. Die eine Gruppe steckte in einer tiefen Lebenskrise. Alle hatten gerade eine Scheidung hinter sich oder lebten von ihrem Partner getrennt. Ihre Verlusterlebnisse waren begleitet von schweren Depressionen.

Die Ärztin beobachtete, dass die schlechte Gemütsverfassung einen großen Einfluss auf den Traumschlaf hatte. Die REM-Phasen waren länger, häufiger und ungewöhnlich intensiv. Sie beobachtete regelrechte »Stürme von Augenbewegungen«. Die Träume waren heftig, schrecklich und auch dramatisch.

Eine andere Gruppe in ähnlicher Lebenssituation (Scheidung und Trennung) schlief und träumte normal. Am Ende der Therapien stellte sich heraus:

- Die Patienten mit den veränderten REM-Phasen und den schrecklichen Träumen waren über Depression und Scheidung besser hinweggekommen als die Patientengruppe mit den normalen Träumen;
- die Patienten mit den bedrückenden Träumen hatten eine positive Lebenseinstellung gewonnen, die andere Gruppe zeigte geringere Heilungsanzeichen;
- die Patienten mit den schweren Traumbelästigungen hatten zum Teil sogar neue Partner gefunden.

Deutlich wird:

- Träume sind heilsam,
- sie sind lebensnotwendig,
- sie dienen der Verarbeitung schwerer seelischer Probleme.

Die Psychiaterin warnt davor, die REM-Schlaf-Aktivität durch Beruhigungsmittel zu bremsen. Sie ist fest davon überzeugt, dass diese das Leiden der Patienten nur verlängern würden.

Träume stellen Empfindungen bildlich dar

Empfindungen lassen sich nicht leicht und direkt bildlich wiedergeben:

- Es gibt kein Bild für die *Angst* an sich,
- es gibt kein Bild für die *Liebe* an sich,
- es gibt kein Bild für den *Hass* an sich.

Aber der Handlungsakt, der für Empfindungen kennzeichnend ist, lässt sich darstellen. Emotionen können in Handlungen charakterisiert werden. Angst kann sich äußern im Weglaufen, nicht von der Stelle kommen, einen Verfolger im Nacken haben. Schuldgefühle kommen zur »Sprache«, wenn ein Mensch, ein Kind im Traum bestraft wird und diese Strafe als gerecht empfindet.

Hass offenbart sich in Handlungen, die zerstören, verletzen und verstoßen:

Eine Frau träumt, dass sie ihren Lieblingshund an der Autobahn aussetzt und in rasanter Fahrt davonfährt. Die leidenden Augen des Hundes verfolgen sie. Im Rückspiegel erkennt sie das Gesicht des Hundes, der ihr nachjagt. Sie fährt schneller und schneller, aber sie kann den Hund nicht abschütteln. Am eindrücklichsten sind ihr die Augen des Hundes. Mit einem zwiespältigen Gefühl wacht sie auf.

Im Gespräch wird ihr bewusst: Sie liebt und hasst. Der Hass hat die Oberhand gewonnen. Sie erkennt in dem Hund ihren

Mann. Er hat sie zwei Jahre mit ihrer besten Freundin betrogen. Sie will ihn loswerden. Aber er will trotz Ehebruchs an ihr festhalten. Der Traum komprimiert die Gefühle der Frau. Sie muss sich losreißen, aber der Hund klebt ihr im Nacken. Sie will den Mann bestrafen; gleichzeitig sieht sie das leidende Gesicht im Rückspiegel. Die Zweifel, Schuldgefühle und Fragen der Frau, die der Traum auf den Punkt gebracht hat, können im Beratungsgespräch abgeklärt werden.

- Will sie, dass der Ehemann ihr nachrennt?
- Wünscht sie sich, gebraucht zu werden?
- Sind es Wunschvorstellungen, oder
- spiegelt der Traum die Realität ihrer Beziehung wider?

Der Traum bringt unsere tiefsten Empfindungen *bildhaft* zur Sprache.

Der vernachlässigte Traum

Obwohl Träume für die seelische Gesundheit eine so große Rolle spielen, wurden sie in der Theologie lange Zeit nicht ernst genommen. Zum ganzen Menschen, zum ganzheitlichen Denken sowie zur ganzheitlichen Medizin gehört aber ein ganzheitlicher Realismus. Wer den Menschen aufspaltet und Teile seines Lebens ausblendet, kritisiert den Schöpfer, der diese wunderbare Ganzheit geschaffen hat.

Dieser Versuchung ist die Kirche in ihrer Geschichte immer wieder erlegen. Der Körper wurde nur als Hülle für die kostbare Seele gesehen. Er hatte für das Glaubensleben keine Bedeutung. Im Mittelpunkt des christlichen Glaubens stand die Seele: »Rette deine Seele!« Dass die Seele nahtlos mit dem Körper verbunden ist, wurde übersehen.

Heute entdeckt die Kirche wieder den Satz aus dem Neuen Testament: »Der Leib (ist) ein Tempel des heiligen Geistes« (1. Korinther 6,19).

Die Sexualität wurde jahrhundertelang tabuisiert oder als notwendiges Übel in Kauf genommen. Dass Ehe, Liebe und das Fortbestehen der Menschheit ohne Sexualität nicht möglich und denkbar sind, wurde zwar theoretisch akzeptiert, theologisch jedoch nie wirklich ernst genommen. »Auf der Kanzel haben sexuelle Themen nichts zu suchen!« sagte man.

Dass in der Eheseelsorge sexuelle Konflikte ohne Sachkenntnisse behandelt wurden, zeigt wiederum, wie gläubige Menschen Gottes wunderbare Schöpfung missverstehen können. Es leuchtet ein, dass die Sexualität auf dem beschriebenen Hintergrund nicht als ein schöpferisches Kleinod, sondern als Nebensächlichkeit eingestuft wurde.

Dem Traum geht es bis heute nicht anders. Die Floskel »Träume sind Schäume« hat sich tief auch im Bewusstsein der Christen eingenistet. Dass Gott den Menschen über Träume etwas mitteilen kann, wird häufig theologisch bestritten, obschon es nicht einen einzigen stichhaltigen biblischen Hinweis gibt, der dieses Argument erhärten könnte. Der Theologe Werner Jentsch bestätigt, dass Träume im Alten und Neuen Testament eine wichtige Rolle gespielt haben und bis heute als Werkzeug Gottes dienen können.

»Wann und wo es Jahwe gefällt, macht er Träume gleichsam zu Gefäßen seiner Gnade, zu Wegen für sein Wirken. An solche Träumer, die Geistträger sind, denkt der Prophet Joel, wenn er für das Ende der Tage die Ausgießung des Geistes auf charismatische Personen ankündigt: Das prophetische Charisma ist dann kein Monopol der Propheten mehr, sondern erstreckt sich auf das ganze ›Gottesvolk‹: ›Eure Greise (werden) Träume träumen, eure Jünglinge Gesichte schauen‹, Joel 3,1fr. Mit dem Stichwort ›Geist‹ schlägt sich von selbst die Brücke zum Neuen Testament.«[2]

Damit ist gesagt:

- Der Traum kann zum Gefäß der Gnade Gottes werden;
- Gott kann den Traum als einen Weg seines Wirkens benutzen;
- mit der Ausgießung des Heiligen Geistes im Neuen Testament sind die Mitteilungen Gottes in Traumbotschaften nicht beendet;
- am Ende der Tage werden mit der Ausgießung des Geistes Gottes bei Jung und Alt auch Träume verbunden sein. Der Prophet Joel macht ausdrücklich darauf aufmerksam.

•

KAPITEL 2

Die Symbol- und Bildersprache des Traumes

Bilder und Symbole sind komprimierte Vorstellungen von Welt, Menschen und Situationen, wie wir sie im Traum erleben und einschätzen. Wir müssen die Symbol- und Bildersprache verstehen. Dafür hat es nicht viel Sinn, in einem Lexikon die Bedeutung der Begriffe nachzuschlagen. Die Deutungen können ausnahmsweise stimmen. In der Regel findet jeder Träumer

- seine Sprache,
- seine Bilder,
- seine Symbole, die ihm wichtig sind.

Wir sind einmalige Menschen und werden in der Regel unseren einmaligen Ausdruck für Dinge finden, die uns bewegen. Probleme, Ängste, Schuld, Versagen und Krisensituationen werden von jedem Menschen anders erlebt und mit unterschiedlichen Empfindungen wahrgenommen. Entsprechend sind auch die Bilder und Symbole von Mensch zu Mensch verschieden. Die meisten Träumer produzieren eindrückliche Bilder von dem, was sie sagen wollen. Da wir Menschen einmalige Originale Gottes sind, entwerfen wir auch einmalige Bilder und Symbole.

Bilder beschreiben die Gefühlslage

In der Regel sind die Bilder für den Menschen, der sie träumt, stimmig. Der Träumer hat seine Gedanken und Vorstellungen auf den Punkt gebracht. Präzise beschreiben die Bilder die Gefühlslage und die Stimmung:

»Es ist Winter.«

»Ich sehe vor mir eine Wüste.«

»Ich bewege mich in einem bunten Garten.«

»Mich verfolgt ein großes Raubtier.«

»Ich sitze in einem fensterlosen Raum.«

»An der Decke kriechen Spinnen auf mich zu.«

»Ein bissiger Hund bellt mich an.«

»Um mich herum Wasser und kein Ufer.«

»Ich werde unter Wasser gedrückt.«

Die Bilder fangen atmosphärisch die seelische Verfassung des Träumers ein. Ängste und Gefahren werden in konkrete Bilder verdichtet. Für den einen sind Hunde die treuesten Begleiter des Menschen, für einen anderen sind Hunde böse Individuen. Wir formulieren nicht umsonst »du Hund«. Der eine erlebt Wasser als sein Element, für einen anderen ist Wasser gefährlich und bedrohlich. In den Bildern, Metaphern und Symbolen spiegeln wir unsere konkreten Ängste, aber auch positiven Gefühle und Vorstellungen wider. In den Träumen bringen wir Konfliktherde zur Sprache, die in uns lebendig sind und die bewältigt werden müssen.

In den Träumen sprechen stärker Herz und Gefühl als Verstand. Gefühle aber sind schwer mit der Logik des Kopfes einzufangen. Gefühle stellen wir in Bildern, Farben und Gleichnissen dar. So verwandeln sich Menschen in Tiere und Gefahren, sie begegnen uns in Raubtieren. Der Mensch kann fliegen, wird tödlich getroffen und lebt weiter. Wenn das Herz verwirrt ist, dann ist der Traum auch verwirrend. Die Kunst des Traumes besteht also darin,

- Verzweiflung oder Freude,
- Stille oder Aufregung,
- Vorahnungen oder Hoffnung,

- Resignation oder Zuversicht,
- Entmutigung oder Mut

in Bilder zu fassen, die prägnant die Lebensgrundauffassung dieses Menschen in dieser Zeit spiegeln.

Ein Träumer ist darum ein Maler und Dichter. Aber wir haben verlernt, die Sprache der Gefühle zu entziffern. Von klein auf wurden wir dazu erzogen, unseren Kopf zu benutzen, alles rational und sachlich zu erklären. Wir sind kopflastig geworden. Herz und Gefühl sind auf der Strecke geblieben. Da jeder Mensch *seinen Malstil* hat, müssen Seelsorger und Berater diesen persönlichen Stil mit dem Ratsuchenden zu entziffern suchen.

Selbstverständlich gibt es Symbole, die in allen Kulturen, in der Vergangenheit und Gegenwart gleich sind. Es sind Symbole, die uns auch in Märchen und Sagen der Völker begegnen. Sie haben einen ähnlichen Aussagewert, und doch

- jeder Mensch geht anders mit diesen Symbolen um;
- jeder Mensch trägt andere Erwartungen, Befürchtungen und Deutungen an dieses Symbol heran;
- jeder Mensch spricht im Traum ein unverwechselbares Thema an, das Ähnlichkeiten mit vielen Menschen auf der Welt aufweist und doch originär diesen Menschen beschäftigt.

Hüten wir uns darum, in der therapeutischen Seelsorge

- Ratsuchenden eine Lexikondeutung *überzustülpen*,
- Ratsuchenden unsere Interpretation *einzureden*,
- Ratsuchenden *unsere* Erfahrungen mit bestimmten Symbolen anzubieten.

Der Träumer selbst hat alle Bilder gestaltet, hat seine Symbole seinem Lebensstil entsprechend gewählt. Nur er allein kann uns Auskunft geben, wie er seine Bilder versteht.

In der Seelsorge oder Beratung helfen wir ihm, die Bilder,

- die beglücken oder bedrücken,
- die ihm Mut machen oder Angst einjagen,
- in denen er Lösungen anbietet oder vor denen er kapituliert,

segensreich zu verarbeiten.

Symbole sind vieldeutig

Ein Beispiel mag verdeutlichen, wie irreführend Bilder sind, wenn sie angeblich nur auf eine bestimmte Art gedeutet werden können.

Ich denke an das Bild der *Treppe*. Türme und Treppen, die bestiegen werden konnen, stellen in der psychoanalytischen Literatur ein sexuelles Symbol dar. Ein Tier besteigt ein anderes. Besteigt ein Mensch den anderen? Ist in unseren Köpfen und Herzen dieser Gedanke beheimatet?

Patricia Garfield, eine amerikanische Traumforscherin, charakterisiert in einem Traumbuch die Treppe folgendermaßen:

»Das Ersteigen einer Treppe ist oft ein Symbol für Sexualverkehr, und zwar in Träumen von Männern und Frauen, weil das träumende Gehirn die rhythmischen Vorwärts- und Rückwärtsbewegungen des Koitus mit den Bewegungen des Steigens assoziiert.«[1]

Vorstellen können wir uns, dass unter vielen Treppen-Träumen auch einer die Treppe als sexuelles Symbol enthält. Andere Vorstellungen sind im Allgemeinen viel eher nachvollziehbar. Denn wir sagen:

- Jemand ist die Treppe hinaufgefallen;
- jemand ist die Treppe hinuntergefallen;
- jemand kämpft darum, einmal auf dem »berühmten Treppchen« als Schönheitskönigin, Spitzensportler und Sieger eines Wettlaufes zu stehen;
- jemand befindet sich auf der Treppe des Erfolges.

Für die praktische Traumarbeit ist auch im Hinblick auf dieses Symbol zu fragen:

- Was will *dieser* Ratsuchende mit *diesem* Bild konkret ausdrücken?
- Spiegelt die Treppe Ehrgeiz und Geltungsstreben wider?
- Spiegelt die Treppe Versagen oder Misserfolg wider?
- Wie wird die Treppe im Traum erlebt?
- Fühlt sich jemand auf der Treppe gehetzt?
- Was zieht ihn womöglich?
- Erreicht der Träumer auf der Treppe sein Ziel? Stößt er auf Widerstände? Auf welche?

Symbole für weibliche und männliche Geschlechtsorgane

Die Deutung der Traumsymbolik hat in der psychoanalytischen Literatur merkwürdige Blüten getrieben. Entsprechend dem Konzept der Freud'schen Libido-Theorie erstreckt sich die Erklärung von Traumsymbolen in erster Linie auf sexuelle Inhalte. Besonders ein Mitarbeiter Freuds, Wilhelm Stekel, trieb dies auf die Spitze. So kam es, dass in jedem länglichen Gegenstand,

- vor allem in Stöcken und Schirmen,
- in Stängeln und Bäumen,
- in Bleistiften und Säbeln,
- in Flinten und Revolvern,
- in Dolchen und Säbeln

männliche Sexualorgane gewittert wurden.

Sigmund Freud hat diesem Deutungswirrwarr selbst Vorschub geleistet, wenn er beispielsweise schrieb:

»Kästen, Schränke, Öfen entsprechen dem Frauenleib, aber auch Höhlen, Schiffe und alle Arten von Gefäßen.

- Zimmer im Traum sind zumeist Frauenzimmer, die Schilderung ihrer verschiedenen Eingänge und Ausgänge macht an dieser Auslegung gerade nicht irre. Das Interesse, ob das Zimmer *offen* oder *verschlossen* ist, wird in diesem Zusammenhang leicht verständlich ... Stiegen, Leitern, Treppen, respektive das Steigen auf ihnen, und zwar sowohl aufwärts oder abwärts, sind symbolische Darstellungen des Geschlechtsverkehrs.
- Tische, gedeckte Tische und Bretter sind hier gleichfalls Frauen, wohl des Gegensatzes wegen. Die Körperwölbungen sind aufgehoben.
- Alle komplizierten Maschinen und Apparate der Träume sind mit großer Wahrscheinlichkeit Genitalien, in der Regel männliche – ... Ganz unverkennbar ist auch, dass alle Waffen und Werkzeuge zu Symbolen des männlichen Gliedes verwendet werden: Flug, Hammer, Flinte, Revolver, Dolch, Säbel usw. Auch Kinder bedeuten im Traum oft nichts anderes als Genitalien, wie ja Männer und Frauen gewohnt sind, ihr Genitale liebkosend als ihr Kleiner zu bezeichnen.

Den *kleinen* Bruder hat Stekel richtig als Penis erkannt. Mit einem kleinen Kinde spielen, den Kleinen schlagen usw. sind häufig Traumdarstellungen der Onanie.«[2]

Patricia Garfield hat in ihrem neuesten Buch diese Symboldeutung noch erweitert. Auf einigen Seiten beschreibt sie weibliche Traumsymbole. Nach ihrer Darstellung können

- Vasen und Töpfe,
- Urnen und Krüge,
- Schalen und Flaschen,
- Löcher und Gräben,
- Nester und Käfige,
- Futterale und Schlösser,
- Steckdosen und Tassen

weibliche Sexualorgane verkörpern.

Auch alle geschlossenen Behälter:

- Räume mit Türen,
- Räume mit Fenstern,
- Gänge und Gewölbe,
- Garderobe und Koffer,
- Truhen und Schubladen,
- Herde und Öfen

sollen weibliche Sexualorgane verkörpern können.[3]

Alfred Adler, der sich wegen der Libido-Theorie schon 1911 von Freud trennte, schrieb über die einseitige sexuelle Deutung der Traumsymbolik:

»Deshalb wollen wir hier an Freud erinnern, der zuerst den Versuch unternommen hat, eine wissenschaftliche Traumlehre auszugestalten. Das ist ein bleibendes Verdienst, das niemand schmälern kann ... Aber indem er sich zwang, alle seelischen Erscheinungen um die einzige herrschende Substanz, die er anerkennt, um die Sexuallibido zu gruppieren, musste er fehlgehen ...«[4]

Ich bin der Meinung, dass solche zugespitzten und übertriebenen Erklärungen der Traumdeutung keinen guten Dienst erweisen. Selbstverständlich kann in Ausnahmen die eine oder andere Deutung zutreffen. Aber der Träumer selbst muss uns einen konkreten Hinweis liefern.

Für Seelsorge und Beratung ergeben sich lediglich einige Hinweise:

- Hüten Sie sich, ein Bild als ein Symbol selbst zu deuten!
- Hüten Sie sich, in einem Lexikon über Traumsymbole nachzuschlagen, um eine allgemeine Deutung heranzuziehen!
- Fragen Sie den Ratsuchenden, was ihm das Symbol zu sagen hat, ob es ein bestimmtes Lebensgefühl, Lösungen oder Aufrufe enthält!
- Fragen Sie den Ratsuchenden als Christen, was ihm Symbole oder Bilder im Traum für das Glaubensleben mitteilen wollen!

Die Archetypen

Es gibt Urerfahrungen der Menschen, die sich weltweit in ähnlichen Symbolen wieder finden. Einer der drei großen Tiefenpsychologen, Carl Gustav Jung, der Begründer der Analytischen Psychotherapie, spricht von Archetypen.

Er untersuchte das Traummaterial auf den Zusammenhang zwischen mythischen Vorstellungen, die in vielen Völkern zu Hause sind, und den Bildern, die in Träumen zum Vorschein kommen.

C. G. Jung unterscheidet das »Persönlich-Unbewusste« und

das »Kollektiv-Unbewusste«. Die Symbole des Kollektiv-Unbewussten sind die Archetypen, die Urbilder, die vererbten Bilder, die wir in Märchen, Sagen und Volksweisheiten wieder finden. Die Urbilder (Archetypen) kommen nie oder ganz selten ins Bewusstsein. Aus Archetypen spricht die Urerfahrung der Menschen, die in allen Völkern gleich ist, auch wenn sie keine Beziehung zueinander hatten. Jung vergleicht die Archetypen mit zeitlos ewigen Urbildern als Bauplänen der Schöpfung. Naturwissenschaftlich vergleicht Jung die Archetypen mit biologischen Instinkten der Lebewesen:

»Das kollektive Unbewusste, als die Gesamtheit aller Archetypen, ist der Niederschlag alles menschlichen Erlebens, bis zurück zu seinen dunkelsten Anfängen.«[5]

Der Begriff des Archetypus wird aus der Beobachtung abgeleitet, dass in Mythen, Märchen, in Phantasien, Träumen und Wahnideen der Menschen von heute immer wieder Motive auftauchen, die weltweit gleich sind.

Die Traumdeutung Jungs arbeitet darum mit der so genannten *Amplifikation* (lat. amplifico = erweitern, vergrößern): Er erweitert die Freud'sche Methode der Assoziation, der freien Gedankenverknüpfung, durch das Hineinnehmen der Archetypen, die er zur Deutung mit heranzieht.

Beispiele für Archetypen:

- *Der alte Weise* – ein Symbol für das geistige Prinzip. Im Märchen und in der Mythologie ein beliebtes Seelenbild.
- *Die Mutter* – die Gebärerin, Nährerin, die Beschützerin. Sie gibt Geborgenheit und mütterliche Fürsorge.
- *Der Garten* – das Paradies.
- *Der Zwerg* – steht oft für Kleinheit, für Minderwertigkeitskomplexe. Zwerge können aber auch Helfer sein. Im Märchen helfen die sieben Zwerge und symbolisieren Beistand und heimliche Kraft.

- *Das Licht* – Jesus bezeichnet sich als das Licht. In der Mythologie spielen Licht und Finsternis, Gutes und Böses eine besonders große Rolle.
- *Die Sonne* steht für die positive männliche Kraft der Seele. Denn in den meisten Sprachen der Welt ist die Sonne männlich. Ein Energiesymbol des Lebens. Sonne ist ein Symbol für Schöpferkraft, Befruchtung, Leben.
- *Die Erde* kann den mütterlichen Schoß verkörpern. Neues Leben sprießt aus ihr. Die Erde ist die Realität, die Grundlage. Die Erde kann Verbundenheit mit der Mutter Natur symbolisieren.
- *Der König* – in ihm wird häufig der Vater gesehen. Er verkörpert Macht und Stärke. Entscheidend ist, wie der Träumer den König oder die Königin erlebt.
- *Der Baum* ist archetypisch ein Bild der Person. Entwicklung, Fruchtbarkeit und Unfruchtbarkeit werden charakterisiert. Jesus benutzt oft Baumbilder. Er spricht vom Feigenbaum, dessen Wert an seinen Früchten gemessen wird; der unfruchtbare Baum wird abgehackt. Auch in der Testpsychologie spielt der »Baumtest« eine große Rolle. Er zeigt, wie der Mensch sich versteht, wenn er einen Baum zeichnet.

Die Traumumgebung als Symbol

In vielen Träumen spielt die *Umgebung* eine große Rolle. Der Träumer komprimiert in bestimmten Bildern, was er mit der Umgebung verbindet. Schauen wir uns einige Bilder an, die oft eine bestimmte Bedeutung haben.

- *Die Schule* ist ein Ort, wo gelernt wird, wo Leistungen erbracht werden, Prüfungen stattfinden, wo es um Bewertungen, um Noten geht.

- *Der Garten* ist ein Ort schöner Gefühle, vor allem, wenn Blumen, Pflanzen und Farben eine Rolle spielen.
- *Die Küche* ist ein Ort, wo die Nahrung zubereitet, gegessen und getrunken oder unangenehme Arbeit verrichtet wird.
- *Die Wüste* ist ein Ort, wo kein Leben stattfindet, wo alles erstorben ist. Ein Ort, wo Eintönigkeit herrscht.
- *Das Bett* – hier wird geschlafen oder gelegen. Ausruhen, Passivität, Krankheit und Rückzug können eine Rolle spielen.
- *Das Geschäft* – hier spielen Arbeit, Leistung und Verantwortung eine Rolle. Es werden Entscheidungen getroffen.
- *Eine Ebene* – hier gibt es keine Beschwernisse, keine Strapazen. Alles geht ebenmäßig zu. Das Lebensgefühl ist wahrscheinlich positiv.
- *Das Badezimmer* ist der Ort der Säuberung. Kann etwas mit Moral und Unmoral zu tun haben. Hier wird Schmutz abgewaschen, hier kann Sünde abgewaschen werden. Baden bedeutet unter Umständen reinwaschen, sauber werden.
- *Eine Enge* – schon das Wort vermittelt Angst. Die Enge wirkt in der Regel bedrückend. Die Enge kann Engpass symbolisieren. Der Mensch ist in die Klemme geraten.
- *Die Fassade* ist das Äußere. Der Träumer setzt sich vermutlich mit Sein und Schein auseinander. Oft bröckelt die Farbe ab. Geht unser Glanz verloren? Leben wir fassadenhart?
- *Das Gefängnis* – der Mensch fühlt sich gefangen und eingesperrt. Die Freiheit ist infrage gestellt. Die Möglichkeiten sind begrenzt. Die Entfaltung wird gehemmt.
- *Die Insel* symbolisiert Seligkeit, Traumparadies oder Einsamkeit, Abgeschnittensein. Teilweise ist die Insel bedrohlich. Dann wieder wird sie als Glücksparadies erlebt.

Die Traumumgebung ist die Bühne, die der Träumer inszeniert, um seine Gefühle auszudrücken. Die Traumumgebung signalisiert die Einstellung des Träumers, wie er sich versteht und welche Lebenseinstellung in welche Umgebung verlagert wird.

- Jeder Träumer hat seine individuelle Deutung für die Traumumgebung.
- Sind die Traumumgebungen für den Träumer vertraut oder fremd? Fühlt er sich bedrückt oder erfreut?
- Ist die Umgebung altmodisch oder neuartig?
- Ist die Umgebung weiträumig oder eng, großzügig oder belastend?

Die Farbsymbolik

Farben verkörpern seelische Erlebnisse. Es gibt Menschen, die schwarz-weiß träumen, und andere, die häufig in Farbe träumen. Man sagt, dass Frauen im Allgemeinen farbiger träumen als Männer. Warum ist das so?

Im Wesentlichen sind Frauen farbbewusster, Patricia Garfield schreibt:

»Tatsächlich ist die Farbwahrnehmung von Frauen besser als die von Männern. In den ersten acht Monaten des Lebens sehen sie schärfer als männliche Babys ... Farbenblindheit kommt nur bei einer von hundert Frauen vor, während einer von zwölf Männern diesen Mangel aufweist. Es ist also kein Wunder, dass Frauen häufiger Farben in ihren Träumen erwähnen.«[6]

Wahrscheinlich drücken Frauen im Allgemeinen stärker ihre Gefühle im Traum aus als Männer. Frauen erleben auch im Traum stärkere Emotionen als Männer.

Hüten müssen sich Seelsorger und Berater, bestimmten Farben von vornherein bestimmte Bedeutungen zuzumessen. Schwarz muss im Traum nicht immer Trauer bedeuten, und Weiß verkörpert nicht nur die Unschuld. Nur der Ratsuchende kann sagen, welche Gedanken und Vorstellungen er mit bestimmten Farben verbindet. Jeder Mensch hat Lieblingsfarben, und jeder Mensch verbindet mit bestimmten Farbtönen Gefallen oder Missfallen.

Was haben die Farben zu bedeuten? Die folgenden Deutungen finden sich in verschiedenen Traumdeutungs-Büchern.

- *Grün* soll fast immer die Farbe des Lebens verkörpern und die Farbe der Empfindung sein. Sie symbolisiert den Frühling und die Hoffnung. Diese Farbe soll außerdem Liebesglück versprechen, Wohlstand und Freude. Nur das Giftgrüne sei ein negatives Symbol, die Farbe des Teufels.
- *Rot* wird als Farbe des Gefühls gewertet. Die Farbe Rot sei eine aktive Farbe und verkörpere Leidenschaft und Aggression. Außerdem sei Rot die Farbe des Blutes und des Feuers. Als Symbol des Gefühlserlebens könne sie Hingabe, Bedrängnis, Tugend oder Laster widerspiegeln.
- *Blau* sei die Farbe des Denkens. Sie verkörpere das geistige und spirituelle Erleben. Blau wird auch als Farbe der Wahrheit verstanden, sie spiegele seelische Gelöstheit und geistige Überlegenheit wider.
- *Gelb* wird von C. G. Jung als Farbe der Intuition, des Ahnens gedeutet. Diese Farbe soll die Neugier der Seele verraten. Außerdem sei Gelb die Farbe der Sonne, die das Leben erhelle und erleuchte.
- *Braun* wird als Farbe der nüchternen Tatsachen gewertet. Andere sehen in der braunen Farbe die Verkörperung der Erde, des naturbewussten Lebens. Sie spiegele Warmherzigkeit und Mütterlichkeit wider.

- *Schwarz* sei die Farbe der Männlichkeit. Sie könne insgesamt vieldeutig sein. Schwarz wird aber auch als die Farbe der Trauer und der Finsternis gewertet.
- *Weiß* könne Reinheit und Unschuld bedeuten, aber auch Enthaltsamkeit, Kühle und Unfruchtbarkeit. Die englische Psychologin und Traumforscherin Ann Faraday fasst ihre Deutung der Bilder und Symbole in der Traumdeutung so zusammen:

»Nachdem die moderne Forschung die Vorstellung erschüttert hat, dass Träume sich in erster Linie von Kindheitserlebnissen herleiten, ist Freuds ganze Theorie von der universalen Symbolik hinfällig geworden. Bestenfalls sind seine Ideen Hinweise darauf, was einige Traumsymbole manchmal bedeuten; schlimmstenfalls können sie echt irreführend sein, weil sie die Menschen dazu verleiten, bei ihren Träumen nach nur einer Art von Bedeutung Ausschau zu halten, während die wichtigste Regel sein sollte, alle möglichen Bedeutungen aufzuspüren, die ein Traum im Licht ihrer derartigen Erfahrung haben kann ...«[7]

Symbole enthüllen

Freud war der Meinung, die Seele nehme Zuflucht zu einer symbolischen und verhüllenden Sprache, um sexuelle und »unanständige« Vorstellungen zu vertuschen. Ann Faraday, die einige weit verbreitete Bücher über Traumdeutung geschrieben hat, ist genau gegensätzlicher Meinung. Sie behauptet, Träume seien die Möglichkeit der Seele, in einem einzigen kompakten Bild Gedanken und Eindrücke dieses Menschen zu spiegeln. Träume wollen uns nicht täuschen, sondern Wahrheiten offenbaren. Bilder enthalten verdichtete Überzeugungen des Menschen. Faraday schreibt:

»Es ist jetzt weitgehend anerkannt, dass Symbole in Träumen dem Träumer die Wahrheit eher enthüllen als verhüllen und sie überdies in sehr präziser, gedrängter Form darstellen. Wenn ich zum Beispiel in einer Nacht träume, dass ich ein Schwein umbringe, und in der nächsten Nacht, dass ich meinen Mann zu Tode prügele, dann ist es vernünftiger anzunehmen, dass das Symbol Schwein zusätzliche Empfindungen vom irrtümlichen Chauvinismus meines Mannes darstellt, statt als (höchst unwirksame) Verhüllung zu dienen, um uns eine peinliche Konfrontation mit meinen mörderischen Gefühlen zu ersparen. Tatsächlich ist der Hauptgrund für den Zweifel an Freuds Verhüllungstheorie, dass die in Träumen auftauchenden Bilder sich nicht von den Metaphern und Slang-Ausdrücken unterscheiden, die wir dauernd im Wachleben gebrauchen. Die symbolische Sprache ist keineswegs eine Verhüllung, sondern scheint die wirksamste Art und Weise zu sein, eine ganze Sammlung von Gefühlen zu artikulieren, und das gilt gleichermaßen, ob die Gefühle nun abscheulich oder edel sind.«[8]

Träume sind die Logik des Herzens, sie wollen enthüllen, nicht verhüllen. Die Bilder und Gleichnisse werden genauso in Büchern, Filmen und auf der Bühne wie im Traum verwandt. Bilder und bildharte Ideen sind älter als das abstrakte Sprachvermögen der Menschen.

Schauen wir uns die Bibel an. Ein Meer von Bildern und Gleichnissen kommt uns beim Lesen entgegen. Nehmen wir die Psalmen. Die Schreiber leben von Bildern. Und wir verstehen sie. Wir haben vergessen, dass unsere Sprache Bilder, Symbole und Beispiele am laufenden Band benutzt. Wir sagen:

»Dieser Schweinehund!«

»Sie vermehren sich wie die Karnickel.«

»Ein Wolf im Schafspelz.«

»Eine Krähe hackt der anderen kein Auge aus.«

»Ein eitler Pfau!«

»Ein Satansbraten.«
»Ein Teufelsweib.«
»Langsam wie eine Schnecke.«
»Schnell wie ein Leopard.«
»Flink wie ein Wiesel.«
»Dunkel wie die Nacht.«
»Trostlos wie eine Wüste.«
»Strahlend wie die Sonne.«

Wir können diese Liste ohne Schwierigkeiten mit hunderten von Bildern, Beispielen, Ideen und Symbolen ergänzen. Viele Träume enthalten konzentrierte Bilder, verwenden verständliche Gleichnisse und drücken Gefühle in einem Gemälde aus, das wir lernen müssen zu verstehen. Die Logik des Herzens ist eine andere als die Logik des Kopfes.

Erwecken Sie die Bilder zum Leben!

Die Bildersprache ist ein Geschenk. Wenn Sie versuchen. Ihre Träume zu deuten, dann versetzen Sie sich in die Bilder hinein. Sind Sie Berater oder Seelsorger, gehen Sie mit dem Ratsuchenden in das Bild und erwecken Sie es zum Leben.

»Woran werden Sie erinnert, wenn Sie im Traum in ein *Loch fallen* ?«

»Woran denken Sie, wenn Sie *wie gelähmt* sind?«

»Versetzen Sie sich in das Gefühl: ›*Ich stehe nackt auf der Kanzel!*‹«

»Erleben Sie nach, wie es ist, wenn Sie den *Zug verpasst* haben.«

»Was geht in Ihnen vor, wenn Sie *nicht von der Stelle kommen?*«

»Welche Assoziationen kommen Ihnen, wenn Sie vom *Einbrecher überrascht* werden?«

»Was ist Ihr Hauptgefühl, wenn Sie im Traum *über Ihre Stadt* fliegen?«

– »wenn Sie selbst ermordet werden?«
– »wenn Sie als Mann ein Kind gebären?«
– »wenn Sie auf einer eingestürzten Brücke stehen?«
– »wenn Sie zum anderen Flussufer hinüberblicken?«
usw.

Bilder, Wortbeispiele, Slang-Ausdrücke und umgangssprachliche Redewendungen spiegeln das Lebensgefühl und die Erfahrungen eines Träumers wider. Seine Denk- und Handlungsmuster werden in die handelnden Personen oder Objekte hineinkomponiert. Sie helfen ihm, sich selbst zu verstehen.

KAPITEL 3

Der Traum und der Träumer

Träume sind ein Spiegelbild des Träumers. Abgesehen von Visionen, die den Menschen überfallen, die auf Eingebungen, Offenbarungen und Erleuchtungen zurückgehen, bringen Träume den wahren Menschen zur Sprache, wie er leibt und lebt. Der Traum enthält Freude, Angst und Scham, verborgene Wünsche und Eigenarten der Persönlichkeit, die dem Träumer seine geheimen Leitmotive, seine private Logik und seine versteckten Sünden aufdecken. Der Traum stellt den Träumer vor einen Spiegel, in dem er sein Leben ungeschminkt betrachten kann.

Wie der Mensch ist, so träumt er

Schon im Talmud, einer Sammlung von Gesetzen des nachbiblischen Judentums und deren Auslegung, heißt es: »Was und wie der Mensch ist, so träumt er.«

- Der Traum spiegelt unser wirkliches Leben wider,
- der Traum verrät unsere Lebenseinstellung,
- der Traum gibt Einblicke in die tiefen Schichten unserer Persönlichkeit.

Zurzeit Jesu gab es mehr als zwanzig Traumdeuter allein in Jerusalem. Das jedenfalls überliefert der Talmud. Diese Traumdeuter halfen den Menschen, sich und das, was Gott ihnen mitteilen wollte, zu enträtseln.

Jeder von uns kennt die Redensart: »Das würde mir nicht einmal im Traum einfallen.« Was drücken wir damit aus?

- Selbst aus der Tiefe meines Unbewussten kann von mir so ein Gedanke nicht kommen.
- Meine Persönlichkeit ist eine Einheit. Bewusstes und Unbewusstes sind nahtlos miteinander verknüpft. Wenn ich bewusst die Wahrheit sage, werde ich nicht unbewusst oder im Traum etwas Gegenteiliges zur Sprache bringen.

Wie ernst der Traum in der Geschichte der Menschheit genommen wurde, berichtet uns der griechische Geschichtsschreiber Plutarch. Er beschreibt einen Mann, der zum Tode verurteilt wurde, weil er geträumt hatte, Dionysios, den Tyrannen, ermordet zu haben.

»Wie der Mensch ist, so träumt er.« Der Traum verrät die geheimsten Wünsche des Menschen. Also folgerten die Griechen: »Wer im Traum einen Menschen umbringt, der wird ihn auch im Leben umbringen wollen.« In unseren Träumen kommen unsere Wünsche und Rachegefühle zur Sprache. Gefühle im Traum sind oft überzeichnet. Wir übertreiben und dramatisieren, aber wir offenbaren, was in uns ist.

Wozu träumen wir?

Was ist der Sinn des Traumes? Welchen Zweck verfolgt er? Es gibt keine Antwort, die in einem Satz den Sinn eines Traumes enthüllt. Träume sind vielschichtig.

- Der Traum weist in die Zukunft, er bemüht sich, künftige Möglichkeiten vorauszuberechnen;
- der Traum will dem Träumer Gefahren bewusst machen;

- der Traum will Zukunftshoffnungen realisieren;
- der Traum ist die Vorbereitung auf den nächsten Tag;
- der Traum mobilisiert unsere Gefühle und unsere Affekte.

Diese bringen Bereiche zur Sprache, die der Verstandesmensch gern unterdrückt;

- der Traum bereitet also die Stimmung vor, in der zukünftiges Handeln gestaltet werden soll;
- der Traum hat eine Warnfunktion. Er mahnt, Prüfungen, bevorstehende Entscheidungen und Ereignisse ernst zu nehmen; der Traum bringt Wünsche, Bedürfnisse, Gedanken und Befürchtungen zur Sprache;
- der Traum bringt Selbstwert- und Beziehungsprobleme zur Sprache und setzt sich mit dem Träumenden selbst, mit anderen Menschen und mit Gott auseinander.

Wichtig ist:

- Träume sind keine willkürlichen Erfindungen des Menschen,
- Träume täuschen nicht,
- Träume lügen nicht,
- Träume vertuschen und verdrehen nicht,
- Träume verkünden echt und ehrlich, was in uns ist.

Das Verhalten entspringt unserer Meinung

Diese Überschrift verkörpert einen Kerngedanken der Individualpsychologie, aber auch ein Prinzip, das überall im biblischen Denken bestätigt wird. Paulus schreibt beispielsweise im Römerbrief:

»Zwar steht für mich unerschütterlich fest, dass es nichts

gibt, durch dessen Berührung der Mensch vor Gott unrein wird. Ich kann mich dafür auf Jesus, den Herrn, berufen. Aber wenn einer davon überzeugt ist, dass ihn etwas unrein macht, dann ist es für ihn auch unrein.« (Römer 14,14)

Auch Paulus ist der Meinung:

- Unsere Überzeugungen bestimmen unser Verhalten,
- unsere Meinungen beeinflussen unser Tun,
- unsere Urteile und Vorurteile spiegeln sich im Leben wider.
- Ich kann auch sagen: »Sag mir, was du tust, und ich sage dir, was du gedacht hast!«

Wir Menschen sind eins. Denken, Fühlen und Verhalten sind untereinander verzahnt. Bewusstes und Unbewusstes sind eine Einheit. Und weil das so ist, sind Träume besonders interessant. Hier kommen

- Denkmuster,
- Gefühlseinstellungen und
- Verhaltenseigenarten ans Licht.

Das Unbewusste ist das Unverstandene,

- das Nicht-Zugelassene,
- das Verdrängte,
- das Vergessene,
- das mir Unangenehme,
- das Eigentliche, wo unzensiert und ungestört unsere wirklichen Lebensüberzeugungen ans Licht kommen.

Der Traum, der im Wesentlichen unbewusste Überzeugungen verdeutlicht, ist darum ein Schlüssel zum Zentrum unserer Persönlichkeit.

Alfred Adler hat den Begriff *tendenziöse Apperzeption* geprägt (subjektive Wahrnehmung). Er schreibt:

»Es ist für mich außer Zweifel, dass jeder sich im Leben so verhält, als ob er über seine Kraft und über seine Fähigkeiten eine ganz bestimmte Meinung hätte; ebenso als ob er über die Schwierigkeiten oder Leichtigkeit eines vorliegenden Falles schon bei Beginn seiner Handlung im Klaren wäre; kurz, dass sein Verhalten seiner Meinung entspricht.«[1]

Meine tendenziöse Apperzeption meint also *meine subjektive Wahrnehmung, meine Wahrnehmungsverzerrung, meine Lebenserfahrung,* die ich gewonnen und mir zugelegt habe. Die gemachten Lebenserfahrungen sind Bausteine meines Lebensstils. Der Lebensstil ist das Wahrnehmungsschema meiner Persönlichkeit. Lebenserfahrungen mit Eltern, Großeltern, Nachbarn und Geschwistern haben meine Lebensüberzeugungen (meinen Lebensstil) geprägt.

Eine Reihe dieser Überzeugungen können wir formulieren, andere liegen im Dunkeln, im Unbewussten, sie sind unverstanden. Diese Wahrnehmungen können richtig, halbrichtig, falsch oder verzerrt sein. Sie bestimmen unser Leben, und wir heben sie im Traum ins Licht.

Viele Träume verraten unsere religiöse Einstellung

Nicht alle Träume haben einen religiösen Kern. Aber viele offenbaren Zweifel oder Vertrauen, Geborgenheit oder Unfriede. Unsere religiösen Empfindungen setzen wir in den Vorstellungsmustern unseres Herzens ins Bild.

Wenn der Glaube an den lebendigen Gott und Christus unser Denken, Fühlen und Handeln bestimmt, muss auch im Traum diese Beziehung zur Sprache kommen. C. G. Jung schilderte einen eigenen Traum, der überdeutlich seine religiöse Einstellung charakterisiert:

»Der Traum, das bin ich.«

»Auf einer kleinen Straße ging ich durch die hügelige Landschaft. Die Sonne schien, und ich hatte einen weiten Ausblick ringsum. Da kam ich an eine kleine Wegkapelle. Die Tür war angelehnt, und ich ging hinein. Zu meinem Erstaunen befand sich auf dem Altar kein Muttergottesbild und auch kein Kruzifix, sondern nur ein Arrangement aus herrlichen Blumen. Dann aber sah ich, dass vor dem Altar, auf dem Boden, mir zugewandt, ein Yogin saß im Lotussitz und in tiefer Versenkung. Als ich ihn näher anschaute, erkannte ich, dass er mein Gesicht hatte. Ich erschrak zutiefst und erwachte an dem Gedanken: Ach so, das ist der, der mich meditiert. Er hat einen Traum, und das bin ich. Ich wusste, dass, wenn er erwacht, ich nicht mehr sein werde.«[2]

Was bringt der Traum zur Sprache?

Jung schreibt ausdrücklich über diesen Traum: »Der Traum, das bin ich.« Alles, was er zur Sprache bringt, charakterisiert seine Lebens-Grundüberzeugung.

Jung hat einen »weiten Ausblick ringsum«. Er war in der Tat kein engstirniger Denker. Sein Weitblick hat die Psychologie bereichert. Ringsum hat er Dinge aus Ost und West in sein System integriert.

Auf seinem Lebensweg spielt die Kapelle, die von Christen erstellt ist, eine Rolle. Jung wird allgemein als der Religiöseste unter den drei Tiefenpsychologen (Freud, Adler und Jung) bezeichnet. Die Kapelle, das Gotteshaus, zieht ihn an. Er geht nicht daran vorbei, er geht hinein. Er setzt sich mit dem Christentum ernsthaft auseinander. Jung kann seine Herkunft nicht verleugnen. Sein Vater war Pfarrer.

Was zutiefst sein Glaubensleben kennzeichnet, kommt in

den nächsten Sätzen zur Sprache. Der Altar, der Ort der Gegenwart Gottes, auf dem in einer Wegkapelle normalerweise ein Kruzifix oder ein Muttergottesbild stehen, wird von Jung mit einem »Arrangement aus herrlichen Blumen« geschmückt. Das Kreuz und der Gekreuzigte, Zentrum des christlichen Glaubens, sind verschwunden. Jung hat sie vom Altar entfernt. Heißt das nicht, dass er sie aus seinem Denken und Leben entfernt hat?

Östliche Weisheit und östliches Gedankengut haben im Leben des Psychiaters und Psychologen Jung eine große Rolle gespielt. Im Traum kommt das zur Sprache; die christliche Symbolik ist nur noch in der Hülle der Kapelle vorhanden. Gefüllt wird das Gotteshaus mit dem Yogin, der mit dem Rücken zum Altar auf dem Boden sitzt.

Jung erkennt sich im Yogin (Yogi) wieder. Er trägt sein Gesicht. Er meditiert nicht das Kreuz und biblische Wahrheit. Das gebrochene Verhältnis zum Christentum kommt bei Jung zum Ausdruck. In der Tat: Der Traum, das bin ich.

Der Traum – die Vorbereitung auf das Morgen

Im Traum spielen Affekte und Gefühle eine große Rolle. Sie haben ein stärkeres Gewicht als die Intellektualität. Ungehemmt von Rücksichten auf Sachlichkeit und Logik nimmt der Träumer zu aktuellen Fragen seines Lebens Stellung.

Viele Träume bestätigen, dass es um entscheidende Ereignisse geht, die in naher Zukunft anstehen. Es geht um Prüfungen, die bestanden, um Entschlüsse, die gefasst, um Aufgaben, die gelöst und bewältigt werden wollen. Der Traum spiegelt von daher unser »Bewegungsgesetz« wider, wie Alfred Adler die Grundmuster nennt, die wir in der Kindheit entwickelt und trainiert haben. Das »Bewegungsgesetz« (vgl. S. 54–57) enthält unsere grundsätzlichen Zielvorstellungen, unsere Ansichten, wie wir Aufgaben anpacken, wie wir Verantwortung wahrnehmen, also die Art, wie wir das Leben meistern. Adler sieht im Traum eine Bewegung vom Heute zum Morgen.

Eine depressive Patientin, die eine lange seelsorgerlich-therapeutische Begleitung erfahren hat, träumt gegen Ende der Beratung:

> *»Ich sitze im Garten allein auf der Bank. Mir ist unwohl. Plötzlich kommt ein Gewitter, verbunden mit einem Sturm. Ich renne ins Haus, wo ich mich sicher weiß, wo mein Mann im Arbeitszimmer eine Predigt vorbereitet. Offensichtlich freut er sich, dass ich komme. Er schaut mich eine Weile an, dann reicht er mir einige dicke Bücher. Offensichtlich soll ich etwas nachschlagen. Ich gehe mit einem guten Gefühl an die Arbeit.«*

Die Träumerin wollte sich in der Depression von ihrem Mann trennen, von dem sie sich im Stich gelassen fühlte. Schon vor Monaten war sie ausgezogen und wohnte bei ihrer Schwester. Im Traum trifft sie eine neue Entscheidung. Sie sieht sich selbst auf die Bank im Garten abgeschoben und allein gelassen. Die Träumerin erkennt, dass sie selbst aus eigenen Stücken die Bank im Garten ausgesucht hat. Sie selbst hat Haus und Ehe verlassen.

Der Traum beschert ihr ein Gewitter, sie deutet es als die Bedrohung von draußen, als Widrigkeit des Lebens. Im Gewitter sind bildlich alle Stürme des Lebens gedeutet, die ihr auf der Bank schutzlos und allein widerfahren. Sie rennt ins Haus, in die Geborgenheit, die sie vor Monaten verzweifelt hinter sich gelassen hat. Die Trennung und die seelsorgerlichen Gespräche haben sie reifer gemacht. Die Ehe kann sie weniger erregt aus der Distanz beleuchten. Sie kann ihre Vorurteile als solche akzeptieren.

Der Traum signalisiert ihr, dass sie ihrem Mann eine »Gehilfin« sein will, eine Mitstreiterin. Der Mann zeigt ihr nicht die kalte Schulter, sondern freut sich. So empfindet sie es in ihrem Traum, in ihrem Herzen. Die Arbeit des Mannes, die ihr in der Depression zum Horror wurde, wertet sie im Traum mit anderen Augen. Sie hat in der Tat eine tief greifende Veränderung erfahren.

Die junge Frau, die in der Depression glaubensmäßig stark angefochten war, erkennt im Traum Gottes Weisung. Der Traum vermittelt ihr mit unwiderlegbarer Gewissheit, dass sie die Ehe wieder aufnehmen soll.

Für den Beratungsprozess hat dieser Traum noch eine weitere Bedeutung. Er zeigt, dass die Ratsuchende sich geändert hat. Ihr Lebensstil ist korrigiert worden. Diese Frau hat Einsichten in die Tat umgesetzt. Der Traum, der einen Einblick in die Abgründe des Herzens offen legt, demonstriert, dass sie ihre Fehler und Sünden eingesehen hat.

Träume verdeutlichen, ob Änderungswünsche Wirklichkeit geworden sind. Seelsorger und Berater erhalten unaufgefordert eine Bestätigung, wie effektiv der Beratungsprozess verlaufen ist.

Der Traum offenbart unsere Lebenslügen

Was können Christen selbst tun, um dem Traum gerecht zu werden? Wie können wir uns davor schützen, zweifelharten Wunschbildern Glauben zu schenken? Der Lebensstil, der im Traum zur Sprache kommt, macht deutlich, welche Lebens-Grundüberzeugungen wir hegen und welchen Wunschbildern wir nachhängen. Der Traum steht niemals für sich. Er muss mit den Leitmotiven im Leben konfrontiert werden.

Wir verdrängen den Traum nicht und halten ihn nicht für phantastische und chaotische Gedankenfetzen ohne Sinn und Verstand. Wir trauen Gott zu, dass er uns durch Träume ermutigt, bestätigt, warnt und unsere geheimsten und verstecktesten Wünsche, die in uns schlummern, ans Licht bringt. Auch trauen wir Gott zu, dass er uns im Traum unsere Konflikte, unsere Spannungen und unsere Vorurteile bewusst macht, die wir dann in seiner Kraft korrigieren können. Wir rechnen damit, dass Gott uns einen Spiegel vorhält, um uns mit dem Schatten und den uns verborgenen Seiten unserer Persönlichkeit zu konfrontieren.

Ein schlichter und eindrücklicher Traum mag das verdeutlichen:

> *»Ich bin auf einer Party. Eine Reihe Männer und Frauen stehen im Raum herum und unterhalten sich. Ich stehe in einer Ecke allein.*
>
> *Dann wird eine Torte von einem Bediensteten herumgereicht. Jeder bekommt ein Stück. Ich beobachte gespannt die Szene. Als der Tortenteller in meine Nähe kommt, ist kein Stück mehr drauf.«*

Der Ratsuchende wacht auf und spürt körperliche Schmerzen einer schweren Kränkung.

Ich: »Wie ist Ihr Hauptgefühl an der dichtesten Stelle dieses Traumes?«

Sofort platzt es aus ihm heraus: »Ich komme zu kurz. Ich werde benachteiligt. Mein Hauptgefühl ist, ich werde ungerecht behandelt.«

Ich: »Spiegelt sich dieses Lebensgefühl heute und hier in Ihrem Leben wider?«

Er: »Meines Erachtens überall. Was ich auch anstelle, ich werde das Gefühl nicht los, man behandelt mich ungerecht.«

Der Traum spiegelt das subjektive Lebensgrundgefühl dieses Mannes wider. In einem symbolträchtigen Bild wird ein zentrales Lebensproblem komprimiert.

Eine alte, schmerzliche Wunde, die nicht verheilt ist, prägt diesen Ratsuchenden. Diese Wunde wurde zur Lebenslüge, zu einer Behauptung, die mit der Realität nicht übereinstimmt, aber sein ganzes Leben beeinflusst. Er glaubt felsenfest an die Zurücksetzung. Das Tragische ist, dass er wie ein ungerecht Behandelter reagiert. Seine zwischenmenschlichen Beziehungen mit Männern und Frauen, besonders mit Frauen, verlaufen so, dass er überall eine Zurücksetzung wittert und wie ein schwer gekränkter Mensch zurückschlägt. Er wird jähzornig und verletzt andere Menschen. Viele Beziehungen kommen in die Krise, viele Begegnungen verlaufen für ihn belastend.

Der Ratsuchende kann den Traum als Fingerzeig Gottes aufnehmen, an dieser irrationalen Überzeugung und der Lebenslüge zu arbeiten. Denn erst was wir klar und eindeutig durchschaut haben, können wir konkret ins Gebet nehmen und ändern.

Träume offenbaren unsere Vorurteile und falschen Denkansätze. Wir trauen Gott zu, dass er die Lebenslügen, an die wir glauben, im Traum enthüllt.

Wir beten, dass Gott uns innere Klarheit über diese irrationalen Überzeugungen schenkt oder über einen Seelsorger uns die Augen öffnet, den irrigen Lebensstil zu erkennen und zu ändern. Mit dem Psalmbeter können wir beten:

»Herr, du durchschaust mich, du kennst mich durch und durch. Ob ich sitze oder stehe, du weißt es, du kennst meine Pläne von ferne ... Durchforsche mich, Gott, sieh mir ins Herz, prüfe meine Wünsche und Gedanken! Und wenn ich in Gefahr bin, mich von dir zu entfernen, dann bring mich zurück auf den Weg zu dir!« (Psalm 139,1–2 und 23–24)

Ein solches Gebet um innere Erleuchtung, die der Heilige Geist dem Betenden schenken kann, wird Gott erhören.

Der Beter kann auch zusammen mit dem Seelsorger um innere Klarheit ringen.

Die Einsicht ist der *erste* Schritt, eine Kurskorrektur der Lebenslüge einzuleiten.

Mit der Himmelfahrt Jesu haben wir Christen die Verheißung, dass der Heilige Geist uns tröstet, für uns eintritt und Worte auch für das findet, was wir nicht ausdrücken können. Er wird uns helfen, unerklärliche Ängste und Befürchtungen, rätselhafte Depressionen und tief verwurzelte Vorurteile, die die Lebenskraft beeinträchtigen, zu erhellen und zu verändern.

Viele ernsthafte Christen lesen täglich in der Bibel. Sie suchen Weisung für ihr Leben und beten um Klarheit bei Problemen und unergründlichen seelischen Schwierigkeiten. Viele neigen unbewusst dazu, ihre unverstandenen Lebenslügen und ihre Neurosen, die Unwahrheit einschließen, dem Heiligen Geist zu öffnen. (Die Neurose kann auch eine Lebenslüge sein. Sie enthält eine uneingestandene, unbewusste Unwahrheit.)

Das Traumgeschehen, das wir in der Seelsorge betend miteinander bedenken, kann eine Hilfe sein, unseren Nöten, auch denen, die wir nicht wahrhaben wollen, ins Gesicht zu schauen.

KAPITEL 4

Begriffe in der Praxis der Traumdeutung

Die verschiedenen psychologischen Schulen arbeiten jeweils mit verschiedenen Begriffen. Es ist daher hilfreich, wiederkehrende Begriffe kurz darzustellen, um Missverständnisse zu vermeiden. Da sich die tiefenpsychologischen Schulen (Freud, Adler und Jung) inhaltlich voneinander unterscheiden, ist es erklärlich, dass sie auch Träume unterschiedlich werten und gewichten.

Manifester Traum – latenter Traum – Traumarbeit und Traumanalyse

Sigmund Freud nennt den Traum, den wir erinnern, den *»manifesten Traum«*. Es handelt sich dabei um die Bilder, Symbole und Ereignisse, die uns beim Erwachen noch gegenwärtig sind. Die Hintergrundmotive, die versteckten Absichten und das, was uns das Unbewusste sagen will, nennt Freud den *»latenten Traum«*.

»Den Vorgang der Verwandlung vom latenten zum manifesten Trauminhalt werde ich die Traumarbeit nennen ... Der Gegensatz vom manifesten und latenten Trauminhalt ... hier finden sich die Rätsel vor, die erst verschwinden, wenn man den manifesten Traum durch den latenten Gedankeninhalt ersetzt.«[1]

Die eigentliche Traumdeutung nennt Freud die Analysearbeit. Sie beabsichtigt, den manifesten Traum auf seine latenten, verborgenen Wünsche und Ziele hin zu untersuchen. (Ich halte mich in diesem Buch nicht an die Formulierungen Freuds, weil sie in meinem Konzept eine untergeordnete Rolle spielen.)

Die Traumdeutung ist in der Regel eine wirkliche Arbeit und erfordert umfassende Kenntnis der menschlichen Persönlichkeit. Da der Traum nur aus der Kenntnis der Gesamtpersönlichkeit erschlossen werden kann, ist es wichtig, niemals den Ratsuchenden oder den Träumer nur von der Deutung des Traumes allein zu verstehen. Auch wenn Freud den Traum als den »Königsweg« zum Menschen charakterisiert, ist es bedenkenswert, folgende Elemente bei der Deutung zu berücksichtigen:

- Tagesreste, Eindrücke des vergangenen Tages,
- gegenwärtige Probleme, Probleme der Charakterstruktur, frühkindliche Erinnerungen,
- spezielle Ängste und Schwierigkeiten,
- wichtige Lebensstilaspekte.

Nur dann kann man einer Gesamtaussage über diesen Menschen gerecht werden. Dieses Sehen im Zusammenhang bewahrt Seelsorger und Berater vor Fehleinschätzungen. Je sicherer ein Seelsorger diese Zusammenhänge erkennt und die Linien verschiedener Aussagen miteinander verknüpfen kann, desto umfassender fühlen sich Ratsuchende verstanden.

Die Traumentstellung – die Traumzensur

Warum sind die Träume so verworren? Warum sind viele Träume für den Durchschnittsmenschen nicht auf Anhieb durchschaubar? Freud hat hier von der *»Zensur«* gesprochen. Er kommentiert die Traumzensur folgendermaßen:

»Wer an dem Gesichtspunkte der Zensur als dem Hauptmotiv der Traumentstellung festhält, der wird nicht befremdet sein, aus den Ergebnissen der Traumdeutung zu erfahren, dass die meisten Träume der Erwachsenen durch die Analyse auf erotische Wünsche zurückgeführt werden ...

Seitdem wir die in ihren Äußerungen oft so unscheinbare, regelmäßig übersehene und missverstandene infantile Sexualität kennen gelernt haben, sind wir berechtigt zu sagen, dass fast jeder Kulturmensch die infantile Gestaltung des Sexuallebens in irgendeinem Punkte festgehalten hat, und begreifen so, dass die verdrängten infantilen Sexualwünsche die häufigsten und stärksten Triebkräfte für die Bildung der Träume ergeben.«[2]

Freud geht davon aus, dass erotische Wünsche im manifesten Traum als asexuell erscheinen sollen und daher in der Traumzensur »entstellt« werden, wie er das bezeichnet.

Da sexuelle Vorstellungen angeblich tabuisiert und verdrängt werden, dürfen lediglich Andeutungen, Anspielungen und indirekte Aussagen im Traumgeschehen auftauchen.

Der Träumer kennt im Allgemeinen nicht die Bedeutung der sexuellen Symptome, die er in der Traumarbeit verwendet. Freud nimmt aber an, dass diese Symptome weit über Länder- und Sprachgrenzen hinausgehen und Träumer aller Länder vereinen.

Freud will daher in seiner Analysearbeit auf die Deutung der alten Völker zurückgreifen, die – so nimmt er an – mit der Psychoanalyse im Verstehen sexueller Symbole übereinstimmt.

Diese Aussage Freuds, dass sexuelle Symptome in der Regel verdeckt zur Sprache kommen, erscheint überaus einleuchtend. Sie *kann* zutreffend sein. Aber die Traumentstellung einseitig auf die Verdrängung sexueller Wünsche zu reduzieren macht sie fragwürdig. Ich bin mit Alfred Adler, dem Begründer der Individualpsychologie, der Meinung, dass alle Aspekte, die

die Lebens-Grundüberzeugungen zur Sprache bringen, im Traum unverdeckt, aber in Bildern und Symbolen erscheinen. Das heißt, im Traum, der

- den Lebensstil spiegelt,
- das Bewegungsgesetz dieses Menschen charakterisiert (ob er pessimistisch oder optimistisch, zwanghaft oder mutig ans Leben herangeht),
- eine Spiegelung der Lebens-Grundüberzeugungen darstellt und diese zur Sprache bringt,

kommen unterdrückte sexuelle Vorstellungen und vom Lebensstil ausgeblendete Gedanken ans Licht.

Der Träumer vergisst – wie im Wachzustand –, was er vergessen möchte. Er unterschlägt, was er unterschlagen möchte. Die »Traumentstellung«, wie sie Freud charakterisiert, entspricht der subjektiven Wahrnehmung des Träumers, ist also keine Traumentstellung, sondern Ausdruck des Lebensstils.

- Ich sehe, was ich sehen will,
- ich höre, was ich hören will,
- ich fühle, was ich fühlen will,
- ich empfinde, was ich empfinden will.

Meine unverstandenen Äußerungen – im Wachen oder im Schlafen – sind Äußerungen meines Lebensstils, meiner Einstellung zu Gott und den Menschen.

Adler schreibt zur Traumzensur: »Was aber Freud ›die Zensur‹ nennt, ist nichts anderes als die größte Entfernung von der Wirklichkeit im Schlafe, ein beabsichtigtes Fernbleiben vom Gemeinschaftsgefühl, dessen Mangelhaftigkeit eine normale Lösung eines vorliegenden Problems verhindert, sodass das Individuum, wie in einem Schock, anlässlich einer erwarteten Niederlage einen anderen Weg zu einer leichteren Lösung sucht, zu dem ihm die Phantasie, im Banne des Lebensstils, abseits vom Commonsense (vom Gemeinschaftsgefühl) behilflich sein soll.«[3]

Die Traumzensur kommt in der Individualpsychologie Alfred Adlers nicht vor, sie ist überflüssig.

Das Gemeinschaftsgefühl ist für Alfred Adler das Barometer

- für seelische Gesundheit,
- für Beziehungsfähigkeit,
- für ein konstruktives Zusammenleben.

Der Mensch, der auf Grund seiner Lebensführung dieses Gemeinschaftsgefühl vermissen lässt, weicht im Leben und im Traum der Verantwortung vor Gott und vor dem Nächsten wie auch den Anforderungen des Lebens aus. Er sucht eine »leichtere Lösung«, die sich aber als gemeinschaftsfeindlich entpuppt.

Wo Freud die Verdrängung sexueller Wünsche anspricht, spricht Adler von gestörten Beziehungen. Für Adler gibt es keine Traumzensur. Der Traum offenbart unser Denken, Fühlen und Handeln und damit unseren Lebensstil. Ist die Beziehungsfähigkeit untergraben, kommen im Traum die »leichten Lösungen« zur Sprache, die sich der Träumende zurechtlegt.

Wie können »leichte Lösungen« im Traum und im Leben aussehen?

- Der Träumende tritt auf der Stelle, er geht nicht vorwärts;
- der Träumende wird krank oder ohnmächtig und reagiert mit Angst;
- der Träumende überlässt anderen die Arbeit und die Verantwortung;
- der Träumende empfindet Reue und Schuld, aber er tut nichts;

- der Träumende – wie der Mensch im Alltag – hält sich für klein, untauglich, hilflos und schwach. Er *glaubt* an seine Unfähigkeit und weicht dem Leben aus.

Worin besteht die Entstellung des Traumes? Freud spricht von der Traumzensur. Adler schreibt:

»Daraus aber folgt die wichtigste Funktion des Traumes, den Träumer auf einen Abweg vom Commonsense, vom Gemeinschaftsgefühl, zu führen ... Im Traum begeht also der Träumer einen Selbstbetrug. Unserer Grundanschauung gemäß können wir hinzufügen: einen Selbstbetrug, der ihn angesichts eines Problems, für das sein Gemeinschaftsgefühl nicht ausreicht, auf seinen Lebensstil verweist, damit er das Problem diesem entsprechend löse. Indem er sich von der Wirklichkeit losreißt, die soziales Interesse verlangt, strömen ihm Bilder zu, die sein Lebensstil ihm eingibt.«[4]

Das heißt für uns:

- Der Lebensstil spiegelt sich in den Bildern des Traumes wider. Es gibt keine Zensur.
- Der Lebensstil drückt unbewusste, vielleicht neurotische und irrige Ziele aus, die der Nächstenliebe oder dem Gemeinschaftsgefühl zuwiderlaufen.
- Der Träumer produziert Bilder, die einem grandiosen Selbstbetrug gleichen. Er phantasiert Möglichkeiten, um auf gemeinschaftsfeindliche Weise zu Lösungen zu kommen.

Und ein letzter Gedanke, wie Adler die *unverstandenen* Äußerungen des Traumes kommentiert: »Die Unverständlichkeit des Traumes, eine Unverständlichkeit, die sich im Wachen in vielen Fällen ebenso konstatieren lässt, wenn einer mit weit hergeholten Argumenten seinen Irrtum befestigen will, ist demnach Notwendigkeit und nicht Zufall.«[5]

Das Unverstandene ist das Unbewusste. Wenn jemand beispielsweise im Traum sich als Kind klein und hilflos im Bett liegen sieht, gibt er damit zu verstehen,

- dass er nicht wie ein Erwachsener gefordert werden will,
- dass er der Verantwortung ausweicht,
- dass er lieber wie ein Hilfloser angesehen und behandelt werden möchte.

Traum und Lebensstil spiegeln im Schlaf wie im Wachen einen Menschen wider, der im verantwortlichen Zusammenleben Störungen und Fehlhaltungen aufweist.

Der Traum als Wunscherfüllung

Für Sigmund Freud sind Träume in erster Linie Wunscherfüllungsträume. Nach seiner Meinung sind Wünsche Erreger des Traumes. Über Kinderträume schreibt Freud:

»Das Gemeinsame dieser Kinderträume ist augenfällig. Sie erfüllen sämtliche Wünsche, die am Tage rege gemacht und unerfüllt geblieben sind. Sie sind einfache und unverhüllte Wunschvorstellungen.«[6]

Da Kinder in der Regel als unkompliziert und offen gelten, so Freud, offenbaren auch ihre Träume leichter als die Träume Erwachsener die geheimen Wünsche ihrer Seele:

- Die Gedanken der Kinder, die im Traum zur Sprache gebracht werden, sind Wünsche, die in der Regel aus dem Tagesgeschehen zu erklären sind. Sie werden häufig mit intensiven Gefühlen ausgestaltet.
- Auch in den Träumen Erwachsener sieht Freud die Wunscherfüllung am Werk. Sie träumen vom Trinken, weil ein nächtlicher Durstreiz sie quält. Oder sie träu-

men von üppigen Mahlzeiten und vom Zuhausesein, wenn sie sich auf Expeditionen weit weg von zu Hause befinden.
- Der Ratsuchende entwickelt laut Freud Widerstand gegen die Enthüllung seiner triebhaften, sexuellen Bedürfnisse.

Ich bin dagegen mit Alfred Adler der Meinung:

- Die Wunscherfüllung, die es selbstverständlich im Traum gibt, ist nur eine der Möglichkeiten, nach Überlegenheit zu streben.

Das Streben nach Überlegenheit meint:

- Der kleine Mensch will groß werden;
- der Mensch mit Minderwertigkeitsgefühlen will stark und vollkommen werden;
- der Mensch denkt und handelt zielstrebig, um Sicherheit, Erfolg, Wachstum und damit Überlegenheit zu gewinnen. Es ist ein gesundes, von Gott dem Menschen gegebenes Streben.

Dieses Streben nach Überlegenheit und Selbstentfaltung kann allerdings egoistisch entarten. Es kann zu einer unseligen Selbstverwirklichung, zu Macht- und Geltungsstreben werden. Wir sprechen dann vom Überlegenheits*komplex*.

»Da jede seelische Ausdrucksform von unten nach oben, von einer Minussituation nach einer Plussituation sich bewegt, kann man auch jede seelische Ausdrucksbewegung als Wunscherfüllung ansprechen«, schreibt Adler.

- Kinder wie Erwachsene sind häufig verwöhnte Menschen, die ständig danach streben, unbefriedigte Wünsche im Traum erfüllt zu bekommen.

- So genannte Wunscherfüllungsträume bringen nicht in erster Linie unterdrückte Bedürfnisse zur Sprache (das kann sein), sondern artikulieren häufig unberechtigte Wünsche, die gegen das Liebesgebot verstoßen: Liebe deinen Nächsten wie dich selbst.

Diese unberechtigten Wünsche müssen durch ein soziales oder christliches Verhalten im Sinne der Nächstenliebe korrigiert werden.

Was Freud Wunscherfüllung nennt, charakterisiert Adler als eine Leitlinie, die aus einer Minussituation in eine Plussituation führt, den Menschen aus der Minderwertigkeit in die Überlegenheit bringt und den Träumer aus einer erlebten Unvollkommenheit in eine überideal formulierte Vollkommenheit befördert.

Lebensstil und Traum

Der Begriff des Lebensstils spielt in der therapeutischen Seelsorge eine große Rolle. Es ist eine der großen Entdeckungen Adlers, der damit den komplizierten Menschen besser verstehen will. Adler nannte seine Psychologie – im Gegensatz zu Freud – Individualpsychologie (Individuum heißt in seiner ursprünglichen Bedeutung das unteilbare Ganze).

Adler will den Menschen nicht zerteilen, sondern ihn in seiner unteilbaren Ganzheit verstehen. Der Lebensstil bedeutet für ihn:

- die Lebens-Grundüberzeugungen, die ein Mensch in sich hat;
- das Denkschema, mit dem der Mensch seine unbewussten Ziele ansteuert; – die Meinungen, die er über die anderen hat;

- die Vorstellungen, die er von Gott, dem christlichen Glauben und dem Sinn des Lebens hat;
- die private Logik, die er sich über Liebe, Arbeit, Freizeit, Genuss, Aktivität, Ehrgeiz usw. gebildet hat;
- die subjektive Wahrnehmung, in der er Welt, Dinge und Menschen beurteilt;
- das Bewegungsgesetz eines Menschen, das ihn zwanghaft oder mutig, pessimistisch oder optimistisch, aktiv oder passiv, entscheidungsstark oder entscheidungsschwach an die Aufgaben des Lebens herangehen lässt;
- die Gangart eines Menschen, die ihn langsam oder schnell, kreativ oder einfallslos, plump oder elegant, vorurteilslos oder voreingenommen alles im Leben in Angriff nehmen lässt;
- ein Programm, das sich dieser Mensch geschaffen hat, um allen Anforderungen gewachsen zu sein;
- die Summe von Erfahrungen, die der Mensch schon als Kind gemacht und in sein Lebensprogramm eingebaut hat;
- die schöpferische Antwort, den Herausforderungen des Lebens auf konstruktive oder neurotische Art und Weise zu begegnen; alle Umgangs- und Verhaltensmuster, mit denen er aggressiv, charmant, betrügerisch, nachgiebig, kämpferisch, abwertend oder fürsorglich die Lebensaufgaben anpackt.

Der Lebensstil ist also die Summe aller Denk-, Fühl- und Verhaltensmuster, die ein Mensch einsetzt, um den Ansprüchen des Lebens gewachsen zu sein. Der Lebensstil ist die Schablone, die der junge oder erwachsene Mensch über alle Situationen, Gegebenheiten und Ereignisse stülpt. Im Lebensstil kommt der ganze Mensch mit allen seinen Sonnen- und Schattenseiten ungeschminkt zur Sprache. Der Lebensstil ist ein getreues Spiegelbild dieser einmaligen Persönlichkeit.

Aufgabe der therapeutischen Seelsorge ist es, diesen Lebensstil mit dem Ratsuchenden herauszuarbeiten. Je klarer der Lebensstil definiert ist, desto besser kann dem Ratsuchenden geholfen werden:

- seine Mängel zu erkennen,
- seine Probleme zu verstehen,
- seine Beziehungsstörungen einzuordnen,
- seine Glaubensschwierigkeiten wahrzunehmen,
- Lösungen für Konflikte anzustreben.

Der Traum ist *eine* Möglichkeit, den Lebensstil eines Menschen zu verstehen. Denn im Traum kommen die Muster und Lebens-Grundüberzeugungen zur Sprache, die für sein Denken, Fühlen und Handeln kennzeichnend sind.

An einem Beispiel möchten wir deutlich machen, wie der Traum den Lebensstil enthüllt. Den Traum erzählte eine achtunddreißigjährige Frau, die die Beratung aufsuchte. Zunächst beschrieb sie ihr Problem:

»Ich bin verheiratet und habe Schwierigkeiten mit meinem Mann. Immer bin ich unzufrieden. Bei den kleinsten Dingen, die nicht nach meinen Vorstellungen verlaufen, reagiere ich mit Kritik. Ich habe das Gefühl, dass ich es richtig mache, und er macht vieles falsch. Meine Unzufriedenheit ist so stark, dass ich mit der Kritik nicht aufhören kann. Ich werde unwahrscheinlich aggressiv. Als ich heiratete, wusste ich, dass ich einen großen Fehler machte, aber ich wollte den Mann nicht enttäuschen.«

Mein Traum war so:

»Ich gehe zu einem Mann in die Seelsorge. Er hat lange, schlohweiße Haare. Der Bischof hat mir den Mann empfohlen. Auf dem Weg dorthin werden meine Schritte langsamer. Ich spüre,

wie ich selbst mit mir rede. ›Warum gehst du langsamer?‹ Und ich höre mich sagen: ›Er wird das Gespräch nicht bringen, was du dir vorstellst!‹ Als ich die Tür öffne, kommt mir ein Gesicht entgegen, das ich langweilig finde. Ich spüre keine Überzeugung, dass er mir helfen kann. Was er sagt, ist oberflächlich. Ich spüre, dass in mir Zorn hochkommt. Plötzlich fallen ihm seine Aufzeichnungen aus der Hand. Auf der Erde liegt alles durcheinander. Er findet nichts wieder. Da wache ich auf.«

Der Lebensstil erschließt sich durch fünf Fragen:

a) *Wie sieht die Ratsuchende sich selbst?*
   - Unzufrieden, pessimistisch,
   - selbstkritisch, besserwisserisch,
   - überheblich, fehlerorientiert.

b) *Wie sieht die Ratsuchende die anderen?*
   Wie sehen die anderen die Ratsuchende?
   - Die anderen genügen nicht,
   - sie machen alles falsch,
   - sie sind schuld,
   - besonders Männer sind enttäuschend,
   - sie erfüllen nicht ihre Erwartungen,
   - die anderen werden entwertet,
   - die Ratsuchende wirkt in den Augen der anderen unangenehm,
   - handelt in den Augen der anderen lieblos und unpartnerschaftlich,
   - wird als arrogant und kritiksüchtig erlebt.

c) *Wie fühlt sich die Ratsuchende in der Welt?*
   Wie ist ihre Glaubenserziehung?
   - Sie lebt unglücklich in dieser Welt,
   - das Leben bleibt ihr vieles schuldig,

- sie findet, Gott ist ungerecht,
- der Glaube ist eher eine Last und keine Freude,
- sie fühlt sich auch von Gott oft im Stich gelassen.

d) *Welche Ziele verfolgt die Ratsuchende?*
- Sie muss überlegen sein,
- sie handelt richtig,
- nur durch Überlegenheit meistert sie das Leben,
- sie weiß alles und weiß alles besser,
- durch ständige Entwertung anderer steigert sie ihre eigene, allumfassende Macht,
- selbst die Ratschläge eines namhaften geistlichen Führers, eines Bischofs, sind irrig.

e) *Mit welchen Mitteln und Methoden verfolgt die Ratsuchende ihre Ziele?*
- Mit unbarmherziger Kritik,
- Aggressionen,
- Entwertungen,
- unmenschlicher Überheblichkeit,
- Besserwisserei,
- Selbstgerechtigkeit (»Ich mache alles richtig!«),
- Verachtung von Menschen, besonders der Männer.

Zusammenfassend lässt sich sagen: Das geschilderte Eheproblem und der Traum sind in den Aussagen so deckungsgleich, dass die Leitmotive des Lebensstils in beiden Äußerungsformen klar ersichtlich sind. Denken, Fühlen und Handeln eines Menschen kommen so eindrücklich zur Sprache, dass es der Seelsorger leicht hat, den roten Faden im Auge zu behalten.

Die verschiedenen Aspekte des Lebensstils sollen allerdings *nicht* vom Seelsorger gedeutet werden. Der Seelsorger hat die Aufgabe, die Selbstaussagen, die im Problem und im Traum offenbar werden, mit der Ratsuchenden ins Licht zu heben.

Sieht sich die Ratsuchende im Spiegel seiner Stellungnahmen, kann die Selbsterkenntnis so hilfreich sein, dass mit Gottes Hilfe eine Korrektur des alten Lebensstils gelingt.

Die Zielrichtung des Traums

Ein Begriff, der das Konzept der therapeutischen Seelsorge und des biblischen Denkens beherrscht, ist der Begriff der Zielgerichtetheit, der Finalität (finis = Ziel). Das Ziel des Menschen besteht darin,

- im Geistlichen wie im Menschlichen positive oder auch zerstörerische Vorstellungen zu verwirklichen,
- mit praktisch gelebter Liebe, aber auch mit störenden Verhaltensmustern das Leben zu meistern,
- von klein auf Hilflosigkeit in Stärke zu verwandeln,
- Unsicherheit in Sicherheit zu überführen,
- Unvollkommenheit in Vollkommenheit zu verarbeiten, die Minussituation des Lebens in eine Plussituation umzugestalten.

Wo wird im biblischen Denken das zielorientierte Planen und Handeln des Menschen deutlich? Einige Bibelstellen sollen das verdeutlichen:

> »Gib dein Bestes im Glaubenskampf, damit du das ewige Leben gewinnst. Zu diesem Leben hat Gott dich berufen, als du vor vielen Zeugen das gute Bekenntnis des Glaubens ablegtest« (l. Timotheus 6,12).

> »Im Voraus setzt du (Gott) fest, wie alt er (der Mensch) wird, auf Tag und Monat hast du es beschlossen« (Hiob 14,5).

»Lehre mich, Herr, dass mein Leben ein Ziel hat« (Psalm 39,5).

»Jage nach dem vorgesteckten Ziel« (Philipper 3,14).

»Arbeitet an euch selbst in der Furcht vor Gott, damit ihr gerettet werdet! Ihr könnt es, denn Gott gibt euch nicht nur den guten Willen, sondern er selbst arbeitet an euch, damit seine Gnade bei euch ihr Ziel erreicht« (Philipper 2,12–13).

Der Mensch wird angehalten,

- zu Gott zu kommen,
- eine Hoffnung auf ihn zu setzen,
- Vertrauen nicht aufzugeben,
- im Glauben Zuversicht zu praktizieren,
- zu kämpfen, um den Siegespreis zu erlangen,
- die Seligkeit zu schaffen,
- auf das Ziel zu schauen usw.

Adler nennt seine Psychologie eine *Gebrauchspsychologie*, im Gegensatz zur *Besitzpsychologie*.

Die Besitzpsychologie stellt fest, was ein Mensch mit auf die Welt bringt. Aus dem Besitz wird alles Seelische abgeleitet. Die Gebrauchspsychologie verdeutlicht, was ein Mensch mit seinen Anlagen, Gaben und Möglichkeiten anfängt,

- wie er sie *benutzt*,
- was er damit *bezweckt*,
- wie er sie in *Dienst stellt*.

Im Umgang mit Christen und Nichtchristen und in der Seelsorge mit Ratsuchenden wird deutlich, wie ein Mensch seine

Gaben, Anlagen und von Gott geschenkten Möglichkeiten ausnutzt.

Redet er sich auf seinen »Besitz« heraus? Gebraucht er seine *vererbten* Anlagen als Alibi? Ist er bereit, über seine Verantwortung nachzudenken, darüber,

- was er aus Anlage und Umwelteinflüssen *gemacht* hat?
- wie er seine Gaben *in Dienst* gestellt hat?
- wie er Gaben und Talente vergraben oder für Gott und andere Menschen *eingesetzt* hat?

Im Wachen wie im Traum kommen diese Deutungsmuster zur Sprache.

Die Traumdeutung nach Adler versucht daher schwerpunktmäßig, zwei Fragen zu beantworten:

a) Was ist das Ziel des Traumes?
- Was soll damit bezweckt werden?
- Welche Lebens-Grundeinstellungen (menschlich oder geistlich) offenbart der Träumer?

b) Wie ist die Stellung des Träumers zur Gemeinschaft?
- Handelt er gemeinschaftsfreundlich?
- Handelt er partnerschaftsfeindlich?
- Handelt er kooperativ oder destruktiv? Das Beispiel eines Flugtraumes soll beide Aspekte beleuchten.

Ein Manager eines mittelgroßen Betriebes, Zulieferer für ein großes Autowerk, kommt mit folgendem Problem in die Seelsorge:

»Mein Leben verläuft im Prinzip erfolgreich. Man beneidet mich um meinen geschäftlichen Fortschritt. Aber es macht mir zu schaffen: Ich verstehe die Menschen nicht. Die Menschen verstehen mich auch offensichtlich nicht. Ich denke prinzipiell sachlich und pragmatisch, die anderen haben Beurteilungskriterien, die mir fremd sind. Helfen Sie mir, es muss doch Kompromisse geben!«

Der Mann ist ein ausgesprochener Einzelgänger. Frau und Kinder distanzieren sich von ihm. Die Frau scheint sogar zu signalisieren, dass sie sich trennen will. In der dritten Beratungsstunde bringt er einen Traum mit.

»Ich sehe vor mir ein unbegehbares felsiges Etwas, einen zerklüfteten Hügel. Rechts davon läuft ein kleines Wesen weg. Es kann ein Mensch sein. Ich sehe, wie ich den Kopf schüttele. Einen Augenblick überlege ich, wie ich diesen schwierigen Hügel bezwingen kann. Dann nehme ich einen Anlauf, hebe ab und fliege wie im Gleitflug über das Hindernis hinweg. Auf der anderen Seite komme ich gut an und stehe fest auf der Erde. Ich schaue mich um und lächele. Dann wache ich auf.«

Meine Fragen lauten:

»Was ist Ihr Hauptgefühl an der dichtesten Stelle des Traumes?«
Antwort: »Ich wache auf und bin stolz. Ich habe das Problem gemeistert!«

»Wie sehen Sie sich selbst im Traum?«
»Ich spüre, das bin ich. So gehe ich das Leben an. Vor mir ein dickes Problem. Es sieht unlösbar aus. Man hat den Eindruck, es gibt keinen Weg.«

»Wie sehen Sie die anderen, soweit sie im Traum vorkommen?«
»Ja, das ist eine Schwierigkeit bei mir. Die anderen kommen nicht vor. Es sei denn, das flüchtende Wesen war ein Mensch. Leider ist das meine Schwachstelle im Leben. Die Firma interessiert mich, nicht die Menschen. Der Erfolg interessiert mich, nicht die Mitarbeiter. Mein Ehrgeiz frisst mich auf. Da bleiben nicht selten andere auf der Strecke.«

»Wenn das fliehende Wesen ein Mensch war, was sagt Ihnen das Bild?«
»Es könnte meine Frau sein, aber auch die Kinder. Vielleicht sogar Mitarbeiter der Firma, die vor den Problemen kapitulieren. Aber das reizt mich besonders. Ich fliehe nicht, ich will das Unbegehbare gangbar machen.«

»Was tun Sie im Traum?«
»Offensichtlich lasse ich sie laufen. Ich bleibe ja stehen und nehme mir wieder das riesige Problem vor. Mich befriedigt die Arbeit. – Ja, und abends und am Wochenende bin ich allein. Es stimmt tatsächlich, die anderen fliehen vor mir.«

»Welche versteckten Ziele verfolgen Sie? Was wollen Sie erreichen?«
»Ich will komplizierte Sachen meistern. In der Regel weiß ich, wenn ich einen Anlauf nehme, die Ärmel hochkrempele, dann komme ich darüber weg. Unüberwindliches hat für mich einen wahnsinnigen Reiz. Was andere nicht schaffen, das reizt mich besonders.«

»Welche unausgesprochenen Absichten verbergen sich dahinter?«
»Gut sein ist nicht genug. Ich sage es ungern, aber ich will besser als die anderen sein. Und dieses Ziel verleiht mir ungeahnte Kräfte.«

»Mit welchen Mitteln und Methoden verfolgen Sie Ihr Ziel?«
»Mit Wagemut gehe ich an die Sache heran, mit großem Ehrgeiz, das versteht sich von selbst. Ich denke nach, ich denke vorher wirklich gründlich nach. Leider übersehe ich die anderen dabei. Wenn es sein muss, mobilisiere ich alle Kräfte. Ich stecke so leicht nicht auf.«

»Was wollen Sie verändern, wenn der Traum Dinge offenbart, die problematisch sind?«

»An meiner Lebensauffassung will ich nichts ändern. Was mich erheblich stört, sind meine Schwierigkeiten mit Menschen. Mit meiner Frau, mit meinen Kindern und mit Mitarbeitern gibt es laufend Konflikte. In der Regel gehen die mit Gefühl an alles heran. Gefühle haben bei mir aber einen geringen Stellenwert. Mit Gefühlen löst man keine Probleme.«

Zusammenfassend lässt sich sagen: Die *Zielgerichtetheit* des Traumes wird deutlich. In allem, was der Mensch träumt, verfolgt er Zwecke und Ziele, die er selbst nicht versteht. Aber auch die *Beziehungsfähigkeit* wird im Traum offenbar.

Nach Adler ist das Gemeinschaftsgefühl ein Barometer für seelische Gesundheit oder Krankheit. Dieser tüchtige und erfolgreiche Manager ist nicht wenig gestört. Der Traum signalisiert ihm, dass die Menschen vor ihm fliehen. Im Spiegel seiner Selbstaussagen werden ihm die Mängel seiner Lebensgestaltung bewusst. Er spürt, dass er sich in die Isolierung hineinmanövriert hat. Die Veränderung seiner Lebens-Grundüberzeugungen braucht viel Zeit. Besonders der Traum hilft ihm, die Bremse zu ziehen, um sein Lebenskonzept zu revidieren. Es ist typisch für ihn, dass er nun wie ein Manager neue Wege im sozialen Bereich strategisch angeht.

Der Traum und das Unbewusste

Träume steigen aus dem *Unbewussten* hoch. Was heißt das eigentlich? Die Tiefenpsychologen sprechen übereinstimmend vom Unbewussten, doch es gibt Unterschiede in der Bewertung dieses menschlichen Bereichs. Die meisten gehen davon aus,

- dass das Unbewusste durch *Verdrängung* entstanden ist;
- dass verdrängte *sexuelle Impulse,* die dem Über-Ich (dem Gewissen) unangenehm sind, ins Unbewusste gerutscht sind;
- dass diese verdrängten Impulse dem Bewusstsein entrissen, aber noch in der Erinnerung vorhanden sind. Sie sind nicht ausgelöscht und können in Träumen, verkleidet in Bildern und Symbolen, wieder an der Oberfläche erscheinen;
- dass eine Grenzziehung zwischen Bewusstem und Unbewusstem fast unmöglich ist.

Die Vorstellung der Individualpsychologie Adlers ist eine andere. Er grenzt das Unbewusste nicht scharf gegen das Bewusste ab. Aufbauend auf Adler lässt sich über das Unbewusste Folgendes sagen:

- Der Mensch ist eine unteilbare Einheit. Seelisches und Körperliches, Unbewusstes und Bewusstes gehen nahtlos ineinander über. Die Aufspaltung wird dem Menschen nicht gerecht. Auch die Bibel lässt diese künstliche Aufteilung nicht zu.
- Das Unbewusste ist kein Ort, kein unheimlicher Dschungel, kein gefüllter Raum mit verdrängten und abgestellten Gedanken und Wünschen.
- Der Mensch denkt, fühlt und handelt im Sinne seines Lebensstils. Das heißt, er lässt Dinge, die ihm angenehm erscheinen, vor dem Bewusstsein zu, andere Dinge, die ihm unlieb sind, denen er ausweicht, lässt er im so genannten Unbewussten verschwinden.
- Wir haben uns so an die Unterscheidung zwischen Bewusstem und Unbewusstem gewöhnt, dass wir in der Tat an zwei verschiedene Bereiche glauben. Im Prinzip gibt es sie nicht. Nach Freud ist *das Unbewusste das Ver-*

drängte. Da für Adler im Gegensatz zu Freud das Ich keine Instanz neben Es und Über-Ich ist, sondern gleichbedeutend mit der Person, lehnt er den Gegensatz zwischen *bewusst* und *unbewusst* ab. Das Unbewusste meint nach unserer Sicht nicht versteckte Winkel unserer Seele, sondern Teile des *Bewusstseins,* die wir nicht verstanden haben.

- Das Unbewusste ist also das *Nicht-Zugelassene,* das Vergessene, das Ausgeblendete, das dem Lebensstil nicht entspricht. Das Unbewusste ist die unverstandene Seite unseres Lebensstils; die unverstandenen Lebens-Grundüberzeugungen, Selbstannahme, Beziehungs- und Umgangsmuster verkörpern den Lebensstil. Dieser Lebensstil bleibt den meisten Menschen unbewusst bzw. unverständlich.
- Der Lebensstil als unbewusster Lebensplan verfolgt Zwecke und Ziele, die dem Bewusstsein weitgehend unbekannt sind. Der Mensch verhält sich so, als ob er über seine Ziele bestens informiert ist.
- »Der Mensch weiß mehr, als er versteht!« (Dies war ein Lieblingssatz Adlers.) Der Mensch weiß unermesslich viel über sich zu berichten, auch im Traum. Aber er versteht es nicht. Seine verborgenen Absichten sind ihm unbewusst. Er kann dieses Wissen verstehbar machen. Mithilfe eines Seelsorgers oder Beraters kann er diese verborgenen Schätze ins Licht des Bewusstseins heben.
- Das Unbewusste ist also das Unerkannte, Unverstandene, Unverdaute und Ungeklärte. Das Unbewusste ist nicht die schweinische Rumpelkammer unserer Persönlichkeit, wo beschämende Wünsche und unsaubere Begierden verstaut werden.

Traumassoziationen

Die meisten Berater, Therapeuten und Seelsorger, die sich mit Traumdeutungen beschäftigen, benutzen die Methoden der Assoziation (freie Verknüpfung von Gedanken, von denen einer den anderen hervorruft), um die Bilder, Symbole und Geschehnisse im Traum zu verstehen. Diese Methode wurde von Sigmund Freud in die Traumdeutung eingeführt und von den meisten Autoren übernommen. Freud schreibt darüber:

»Dieses Verfahren ist leicht zu beschreiben, wenngleich seine Ausführung Unterweisung und Übung erfordern dürfte. Wenn man es bei anderen, etwa einem Kranken mit einer Angstvorstellung in Anwendung zu bringen hat, so fordert man ihn auf, seine Aufmerksamkeit auf die betreffende Idee zu richten, aber nicht, wie er schon so oft getan, über sie nachzudenken, sondern alles ohne Ausnahme sich klarzumachen und dem Arzt mitzuteilen, was ihm zu ihr einfällt ... Es mag also die Aussage genügen, dass wir bei jeder krankhaften Idee ein zur Lösung derselben hinreichendes Material erhalten, wenn wir unsere Aufmerksamkeit gerade den ›ungewollten‹, den unser Nachdenken störenden, dem sonst von der Kritik als wertlosen Abfall beseitigten Assoziationen zuwenden ... Es müsste jedes Traumbeispiel sich in gleicher Weise dazu eignen.«[8]

Freud zerlegt den Traum in seine Teile, geht einzeln an alle Bruchstücke heran und fragt den Träumer nach seinen Assoziationen.

Selbst kritische Einwände, die der Träumer gegen seine eigenen Einfälle vorbringt, kommen zur Sprache. In diesen kritischen Einwänden wird laut Freud der Widerstand des Träumers deutlich, verdrängte Elemente zu offenbaren.

Auch Adler und andere Psychologen haben diese Technik grundsätzlich anerkannt und praktiziert. Sie birgt zudem folgende Vorteile:

- In den Gedankenassoziationen kommen die *zielgerichteten Vorstellungen* des Träumers zur Sprache, denn der Träumer kann ja nichts anderes in seinen frei strömenden Einfällen beisteuern, als was in ihm angelegt ist.
- In den Gedankenassoziationen kommt der Lebensstil dieses Menschen zum Tragen; ohne dass er sich darüber im Klaren ist, geben seine Einfälle das *Bewegungsgesetz* und die *Grundüberzeugungen* wieder.
- In den Gedankenassoziationen kommen also *keine objektiven Vorstellungen* zur Sprache, sondern die Mittel, Ziele und Methoden dieses einmaligen Menschen.

Wie sieht die Assoziations-Methode praktisch aus?

Eine Frau träumt. Die ersten zwei Sätze dieses Traumes lauten:

»Es ist Winter. Ich gehe von zu Hause allein eine eisig glatte Straße hinauf.«

Der Berater und Seelsorger kann alle Traumelemente eingehend befragen.

- »Sie sprechen vom *Winter*. Was fällt Ihnen dazu ein?«
- »Sie *gehen von zu Hause weg*. Was empfinden Sie dabei?«
- »Sie sind *allein*. Wie fühlen Sie sich?«
- »Sie befinden sich auf einer *eisig glatten Straße*. Was löst das in Ihnen aus?«
- »Sie gehen eine eisige glatte Straße hinauf. Was hat das alles mit Ihrem Leben und Empfinden von heute zu tun?«

Schon die beiden ersten Sätze sind eine gekonnte Verdichtung der gegenwärtigen Befindlichkeit dieser Frau. Der Traum präzisiert Gefühle, Gedanken und das Handeln der Träumerin. Die Assoziationen bringen ihren kompletten Lebensstil zur Sprache.

KAPITEL 5

Nackt- und Entblößungsträume

Kleider haben eine Bedeutung. Sie schützen den Menschen, sie verdecken ihn. Menschen, die sich eine Blöße geben, die entblößt werden, schämen sich. Entblößungsträume sind also Träume, die eng mit dem Schamgefühl des Menschen und mit seinen Schuldgefühlen verbunden sind. Menschen, die schnell und gern Dinge auf sich beziehen und Schamgefühle als bedrückend erleben, träumen häufiger von Entblößungen.

Die Freud'sche Psychoanalyse hat uns deutlich zu machen versucht, dass Nacktträume in der Regel mit sexuellen Gefühlen oder mit Schuldgefühlen wegen Sex zu tun haben. In Wirklichkeit geht es um die Frage, in welcher Weise der Ratsuchende sich zum gegenwärtigen Zeitpunkt nackt, enthüllt, verletzt, bloßgestellt oder ungeschutzt vorkommt. Die Deutung der Entblößungsträume kann deshalb verschieden sein:

- Die einen fühlen sich nackt und möchten am liebsten im *Boden versinken*,
- die anderen sind *unsicher*, fühlen sich nicht richtig angezogen; die Kleidung symbolisiert eine starke Selbstwertstörung,
- wieder andere haben sich *nicht recht benommen* und kleiden den Traum in eine Entblößung,
- die Entblößung kann ein *unmoralisches Verhalten* symbolisieren; der Träumer fühlt sich ertappt und bloßgestellt,

- die Unordentlichkeit der Kleider kann einen *unordentlichen Lebenswandel* widerspiegeln,
- die Entblößung kann das *Unpassende* ins Bewusstsein heben. Jemand fühlt sich in einer Gesellschaft fehl am Platz.

Ich gehöre da nicht hin

Ein Chemiker, der im Forschungslabor eines großen Werkes beschäftigt ist und von seiner Frau zur Beratung gedrängt wurde, hat folgenden Traum:

»Die Firma hat alle leitenden Mitarbeiter eingeladen. Die anwesenden Männer und Frauen sind überaus festlich gekleidet. Alle Frauen tragen lange Gewänder. Die meisten Männer haben sogar eine Fliege umgebunden. Sie stehen zusammen und unterhalten sich angeregt. Ich sehe mich an einem Fenster stehen, mache mir an einer Pfeife zu schaffen und entdecke plötzlich, dass ich nur eine Unterhose anhabe. Einige Herren schauen mich an und schütteln den Kopf. Ich hätte mich am liebsten in Luft aufgelöst.«

Wir gehen gemeinsam diesen Traum durch.

»Was ist Ihr Eindruck an der dichtesten Stelle des Traumes?«
Der Ratsuchende sagt: »Ich gehöre da nicht hin! Das ist nicht meine Welt.«

Im Traum bringt der Mann sein Lebensproblem zur Sprache. Die Frau leidet unter seiner Sprachlosigkeit. Der Mann flieht zu Hause in den Keller, in dem er sich ein großes Privatlabor eingerichtet hat. Vor der Tür hängt ein nicht zu übersehendes Schild: »Eintritt verboten!«

Der Chemiker ist ein Einzelgänger und Einsiedler. Partys

sind ihm zuwider. Er hasst das oberflächliche Geschwätz der Menschen. Er hasst aber auch das »Aufgeputzte« und »Aufgemotzte«. Für ihn bedecken die langen Kleider der Frauen nur ihre Geistlosigkeit.

Er selbst steht im Traum als Einziger abseits. Die anderen können sich gut unterhalten. Sie haben Gesprächsstoff. Er macht sich an seiner Pfeife zu schaffen.

»Wie erleben Sie diese Szene im Traum?«
Der Chemiker lächelt: »Schon als Student habe ich das Pfeiferauchen angefangen. Ich sehe nur einen Grund: Wenn ich an der Pfeife hantiere, muss ich nicht reden. Ich bin beschäftigt. Ich falle nicht auf.«

»Plötzlich sehen Sie sich in der Unterhose. Was geht in Ihnen vor?«
Der Mann sagt: »Du bist anders als die anderen. Hier hast du nichts zu suchen. Elegante Anzüge und Unterhosen vertragen sich nicht.«

»Und die Herren, die den Kopf schütteln?«
»Die kennen mich. Ich bin als Querdenker verschrien. Sie schütteln den Kopf und lassen mich laufen. Keiner wagt es, mich umzustimmen. Keiner redet mir gut zu.«

An dieser Stelle geht die Frau des Chemikers dazwischen. Bis dahin hat sie ruhig zugehört. »Du gibst dir für dein unfreundliches Verhalten die passenden Erklärungen. Du glaubst, die anderen respektieren deine Frechheit. Nein, sie schütteln den Kopf. Und ich schüttele ihn auch. Du bist verheiratet, und wir haben drei Kinder. Wir alle haben ein Anrecht auf deine Gegenwart. Aber du ziehst dich in deine Laborwelt zurück.«

Der Angriff der Frau ist gezielt und überlegt inszeniert. Sie will mich zur Stellungnahme herausfordern. Ich soll für sie gegen ihren Mann Position beziehen.

»Und welche Schlüsse ziehen Sie aus diesem Tun? Was will der Traum Ihnen sagen?«, frage ich.
Der Mann reagiert ganz anders, als die Frau es erwartet hat. Er verteidigt sich nicht und geht auch nicht zum Gegenangriff über. Er sagt: »Du hast mich in die Beratung geschickt, weil du unglücklich bist. Bisher wollte ich das nicht einsehen. Aber ich spüre, auch die Kinder ziehen sich von mir zurück. Ich fühle mich in meiner Forschungsarbeit wohl, da besteht kein Zweifel. Aber ich bin auch einsam. Manchmal sogar sehr einsam. Und ich will da raus. Der Traum hat mir klargemacht, ich bin nicht nur ein Querdenker, ich bin auch ein Querschläger.«

Der Traum wird der Einstieg für eine Reihe von Ehegesprächen zu dritt.

Wahrscheinlich ist der geschilderte Traum kein typisches Beispiel für Nacktträume, aber ein Hinweis, wie gründlich wir unsere Blöße oder unsere Schwächen preisgeben. Auch die Schuld wird vom Träumer so gründlich uminterpretiert, dass sein Lebensstil das Handeln rechtfertigt. Der Lebensstil dieses Mannes bedeutet aber eine verzerrte Wahrnehmung; er spiegelt ein unpartnerschaftliches Denken wider und rechtfertigt die »Ich-gehör-da-nicht-hin-Haltung«. Die therapeutische Seelsorge hat die Aufgabe, die Lebenslügen aufzudecken.

Ich schäme mich zu Tode!

Ein Traum, der deutlich *Beziehungsprobleme* zur Sprache bringt, sieht zum Beispiel so aus:

> *»Meine Freundin hatte zur Geburtstagsfeier eingeladen. Es kamen viele Freunde, die ich gut kannte. Mein Mann forderte die Gesellschaft auf, sich zu erheben und mit Sekt auf das Geburts-*

tagskind anzustoßen. Und da passierte etwas Unangenehmes. Indem mein Mann das Glas anhob, rutschte ihm die Hose weg. Ich stand etwas im Hintergrund und kriegte das genau mit. Keiner der Anwesenden sah das aber, denn alle starrten auf das Geburtstagskind. Plötzlich drehten sich alle zu mir hin. Ich schaute betroffen an mir herunter und entdeckte, dass ich splitternackt war. Ich wäre am liebsten gestorben.«

Wie verstehen wir diesen Traum? Dazu einige Anmerkungen:

a) Traum und Problem gehören zusammen
Die Frau, die diesen Traum in die dritte Beratungsstunde mitbrachte, war ursprünglich gekommen, um Eheprobleme zu besprechen. Sie war mit ihrem Mann unzufrieden und hatte viele Punkte an ihm auszusetzen. Ich hatte mir an den Rand der Notizen aus der ersten Stunde geschrieben: »Sieht nur die Probleme beim andern!« Von ihren Schwächen und Anteilen war überhaupt nicht die Rede gewesen.

b) Wer kommt zur Party?
Eingeladen hatte die Freundin der Frau. Die Teilnehmer sind also in erster Linie der Familie und der Frau bekannt. Die Frau betont darum auch, dass sie selbst die Gäste gut kennt.

c) Die Unterhose des Mannes bemerkt keiner
»Haben Sie dafür eine Erklärung?«, frage ich die Frau. Sie selbst hat im Traum ihren Mann entblößt – um nicht zu sagen »ausgezogen«. Die Ratsuchende sagt: »Vielleicht kümmert sich darum keiner um die Unvollkommenheit meines Mannes, weil nur ich ihn in- und auswendig kenne.«

»Und woher?«

Die Ratsuchende lächelt und erzählt eingehend, wie oft sie sich im »Damenkränzchen« treffen und eingehend über ihre Männer »herziehen«. Die Frau bekennt, dass sie eine schlimme Kritikerin ist, die häufig vom Leder zieht und den Partner »entblößt«.

d) Plötzlich steht die Frau im Mittelpunkt des Interesses
»Wie verstehen Sie diesen Traumabschnitt? Alle wenden sich Ihnen zu?«

Die Träumerin schüttelt den Kopf, damit könne sie nichts anfangen. Sie sehe auch keinen Sinn in dem Ganzen.

»Und warum wären Sie am liebsten gestorben?«

Sie sagt: »Weil ich ganz nackt dastand. Das ist doch ein entsetzliches Gefühl.«

»Und warum entwerfen Sie einen Traum, in dem Sie sich selbst splitternackt zeigen? Warum schämen Sie sich? Was ist Ihnen so peinlich?«

Die Ratsuchende nimmt ihren Kopf in die Hände. Offensichtlich schämt sie sich. Nach einer Weile des Nachdenkens sagt sie: »Ich bin ja noch schlimmer dran als mein Mann.«

»Was wollen Sie damit sagen?«

»Ich habe über ihn geredet und ihn angeschwärzt. Aber Sie wissen ja gar nicht, was ich auf dem Kerbholz habe!«

Ich warte, um sie nicht zu drängen. Und dann kommen eine Reihe ehebrecherischer Begebenheiten ans Licht.

»Ich bin eine Heuchlerin. Ich schäme mich zu Tode. Aber ich bin froh, jetzt ist es raus!«

Die Beichte setzt einen Gesinnungswandel in Gang. Heuchelei und raffinierte Ablenkungsmanöver haben ein Ende. Die Schuldverschiebung, ein beliebtes Versteckspiel seit Adam und Eva im Paradies, hört auf.

Es ist schon so: Im Traum bringen wir unsere geheimsten Wünsche, unsere Schwächen und Blößen zur Sprache. Wir zeigen uns nackt, wie wir sind. Gott reißt uns nicht gewaltsam die Maske vom Gesicht. In einsichtigen Bildern hält er uns einen Spiegel vor. Wir können die Entblößung akzeptieren oder den Spiegel zerschlagen. Wir haben es in der Hand. Verständlich, dass viele Menschen darum nicht an die »nackten Tatsachen« heranwollen. Auch die Ratsuchende ist erschrocken darüber, wie sie im Traum das, was sie mir bisher zielstrebig verschwiegen hat, unverhüllt offenbart.

Nackt auf der Kanzel

Ein Pfarrer, seit zwei Jahren im Amt, träumt eines Nachts einen kurzen, aber eindrücklichen Traum:

> *»Es ist Sonntag, der Gottesdienst läuft, ich stehe auf der Kanzel und verlese den Text. Ich habe mir eine glänzende Predigt zurechtgelegt. Viele Ausleger habe ich zu Hilfe genommen. Ich sehe mich gestikulieren.*
>
> *Plötzlich lacht die Gemeinde. Es wird unruhig. Keiner hört mir richtig zu. Ich bin verwirrt. Als ich an mir herunterschaue, entdecke ich, dass ich oberhalb der Kanzelbrüstung einwandfrei angezogen bin, aber darunter bin ich nackt. Der Talar geht nur bis zu den Knien. Ich gebe eine komische Figur ab. Und die Kanzel ist aus Glas. Ich rede noch und bin schweißnass und weine.«*

Was bringt der Traum zur Sprache?

a) Der rote Faden in Traum und Problem

Pfarrer G. ist seit zwei Jahren als Gemeindepastor im Amt und unglücklich. Er sucht die Beratung auf, um eine Bestandsaufnahme seines Lebens zu machen. Er hat lange Theologie studiert und einige Semester »verschlampt«, wie er sagt. Immer wieder hat ihn die Frage beschäftigt: »Bist du eigentlich von Gott berufen?« Er ist ein gründlicher Mann, der nicht leichtfertig Theologie studiert hat. Was er macht, will er ganz machen. Noch ist er unverheiratet, weil er auch da nicht eine x-beliebige Partnerin wählen will, sondern eine Frau, die Gott für ihn auserwählt hat.

b) Der Anlass für den Traum

Pfarrer G. wollte über einen Text mit dem Thema »Erwählung« predigen. Er sah sein eigenes Lebensthema mit dem Text verwoben. Schon Wochen vor der Predigt sammelte er Auslegungen, besuchte die theologische Bibliothek und schrieb Predigteindrücke auf ein Blatt Papier. In der Nacht von Samstag auf Sonntag hatte er den besagten Traum. Sonntag sollte er die Predigt halten.

c) Haupteindruck des Traumes

»Ich stehe blamiert da. Ich bin ein Versager.« Der Pfarrer stellt die Blamage und das Versagen als Haupteindruck dar. Sein Lebensgefühl, von Gott nicht bestätigt zu sein, scheint der Traum auch deutlich zu machen. Das alles vermittelt mir der Ratsuchende.

d) Die glänzende Predigt

Pfarrer G. ist äußerst gewissenhaft. Seine Predigten werden gründlichst vorbereitet. Tagelange Arbeit investiert er in eine zwanzigminütige Ansprache.

»Lassen Sie Ihre glänzende Predigt sprechen?« ermutige ich ihn. Und er sagt, dass die biblischen Texte exegetisch sauber erarbeitet würden, bevor er sie für die Predigt zurechtschnitte. Es handele sich aber um viel angelesenes Wissen. Er habe schon den Eindruck, dass seine Predigten »äußeren Glanz« verrieten, aber ihm fehle der geistliche Funke.

e) Was bedeutet die Entblößung?

Hier wird das Lebens- und Glaubensproblem des Pfarrers deutlich. Er will überdurchschnittliche Predigten liefern. Sie sollen äußerlich glänzen und vollmächtig den Hörer treffen. Er hadert mit Gott, dass er nicht ein vollkommener Prediger ist. Er hadert mit seinem Leben, dass er diese Vollkommenheit als Gemeindepfarrer nicht aufweisen kann. Er glaubt, ein Seelsorger und Verkündiger müsse ein tadelloses Vorbild für die Gemeinde sein.

f) Er ist oberhalb der Kanzelbrüstung einwandfrei angezogen

Pfarrer G. entdeckt selbst im Traum, dass er oberhalb der Brüstung »einwandfrei angezogen« ist.

»Wie verstehen Sie sich selbst oberhalb der Brüstung?«

Ihm fällt dazu ein, dass er mit dem Intellekt und mit der Vernunft nicht auf Kriegsfuß lebt. Diese Teile seiner Persönlichkeit helfen ihm, eine »glänzende Predigt« zu halten. Aber er will mehr. Er will nicht nur äußerlich beeindrucken. Er will die Herzen anrühren. Seine Vergangenheit in einem frommen christlichen Jugendverband legt ihm nahe, so zu predigen, dass Menschen sich bekehren. Ihm liegt daran, Menschen wachzurütteln und vor die Entscheidung für oder gegen Christus zu stellen.

g) Die Kanzel ist aus Glas

Pfarrer G. fühlt sich durchschaut. Er gibt eine komische Figur ab. Seine christliche Existenz ist nicht makellos. Die Gemeinde sieht, dass nicht alles in seiner Persönlichkeit stimmig ist. Er glaubt, die Gemeinde lache über seine bloßen Stellen. Er möchte hundertprozentig ernst genommen werden. Sein Eindruck ist, er stehe Gott und der Gemeinde im Wege, seine Blößen machten ihn für das Pfarramt untauglich.

h) Hilfreiche Träume

Pfarrer G. weint, als er aus dem Traum erwacht. Ich konfrontiere ihn mit den letzten Aussagen. »Was sagt der Traum?«

Er sei für die Gemeinde untragbar. Seine »komische Figur« sei eine Zumutung für die Gemeinde.

Wir fassen noch einmal seine Gedanken zum Traum zusammen und suchen den roten Faden, der Traum und Problem verbindet.

Da wird dem jungen Pfarrer deutlich:

- Er *glaubt*, sich der Gemeinde nicht zumuten zu dürfen.
- Er *glaubt*, Gott suche einen vollkommenen Seelsorger.
- Sein persönliches Vollkommenheitsstreben, sein angestrebter Perfektionismus stehen ihm im Wege.
- Er *glaubt*, die Gemeinde lache über ihn, weil er seine Blößen für unverzeihlich hält. In Wirklichkeit lieben ihn die Gemeindeglieder, aber er kann und will es nicht glauben.
- Er *glaubt*, die Gemeinde erwarte einen Prediger, der über alle menschlichen Schwächen und Blößen erhaben ist.
- Er produziert einen Traum, der ihm die Rechtfertigung liefern soll, für das Pfarramt untauglich zu sein. In Wirklichkeit deckt der Traum ein falsches Selbstbild, irrige Glaubensüberzeugungen und eine Erwartungshaltung auf, die völlig überzogen ist. Je mehr er sich zwingt und seine Vollkommenheit beweisen will und muss, desto mehr *Blößen* kommen ans Licht. Im Lichte des Traumes erkennt er seine Selbstrechtfertigung. Der Traum offenbart einen Lebensstil, der leider vielen ernsthaften Christen zu schaffen macht: Sie wollen selbst und aus eigener Kraft vollkommen sein.

KAPITEL 6

Der Tod im Traum

Ratsuchende sind nicht selten bestürzt, wenn geliebte Personen im Traum sterben. Das Traumgeschehen lässt sie nicht los. Immer wieder entwickeln sie Schuldgefühle und große Ängste. Nicht selten sind die Träume äußerst realistisch und schildern den Tod als unvergessliches Ereignis.

Mutters Beerdigung

Frau B. will unbedingt in der Beratung über einen Traum sprechen, den sie vor Tagen hatte und der ihr den Alltag zur Qual macht. Ihre Mutter, die sie sehr liebt, war zu Besuch. Aber am letzten Tag gerieten beide heftig aneinander. Die Mutter verabschiedete sich von der Tochter mit Tränen in den Augen und fuhr mit dem Zug ab. Frau B. träumt einige Tage später:

> *»Ich gehe die Hauptstraße entlang, die durch unseren früheren Wohnort führt. Bis zu meinem zehnten Lebensjahr haben wir dort gewohnt. Plötzlich begegnet mir ein Leichenzug. Die Männer, die am Rande stehen, nehmen den Hut ab. Auch ich bleibe stehen. Neben mir ist eine Frau vom Fahrrad abgestiegen und wartet auch, bis der Leichenzug vorbei ist. Ich frage sie, wer gestorben sei, und sie antwortet, indem sie an mir vorbeischaut: ›Irene T.‹ Das ist der Name meiner Mutter. Ich werde wach, eine schreckliche Angst überfällt mich. Ich fliege mit dem ganzen Körper hoch und schreie: ›Mutter, Mutter, Mutter.‹«*

Frau B. schaut mich mit großen, weit aufgerissenen Augen an: »Sagen Sie mir ja nicht, dass der Traum wahr wird!«

Was macht der Traumzusammenhang deutlich?

- Frau B. hat mit ihrer Mutter, die sie liebt, eine schwere Auseinandersetzung gehabt. Beide sind mit bedrückenden Gefühlen auseinander gegangen. Die Tochter hat schwere Schuldgefühle empfunden.
- Frau B. hat das Gefühl, die Mutter sei schwer gekränkt und könnte sich von der Tochter zurückziehen.
- Frau B. produziert einen Angst erregenden Traum, der die Spannung zwischen Mutter und Tochter zuspitzt. Ihr kommt es in der Tiefe der Seele vor, als sei die Mutter wirklich gestorben. Mit anderen Worten: Der schmerzvolle Abschied ruft in der Tochter so starke Schuldgefühle hervor, dass sie aus der Trennung den Tod der Beziehung ableitet. Die Tochter lässt die Mutter im Traum sterben.
- Frau B. sagt: »Der Traum hat mir einen Stoß versetzt. Ich habe mein liebloses Verhalten erkannt. Die Todesangst um meine Mutter hat mein Verhalten zu ihr umgekrempelt.«
- Frau B., die vom christlichen Glauben nicht viel hält, ist überzeugt, dass »jenseitige Mächte« ihr diesen Schrecken im Traum eingejagt haben.

Wenn Menschen unserer Umgebung im Traum sterben, sind mehrere Deutungen möglich, die mit den Ratsuchenden genau erörtert werden müssen:

- Der Träumer will diese Person los sein und lässt sie im Traum sterben. Die Zielrichtung des Traumes ist eindeutig.
- Der Träumer weiß um Hass und Wut auf den Partner, Eltern, Kinder oder den Chef. »Ich hasse dich. Ich woll-

te, du wärst tot!« Da der Traum Gefühle dramatisiert, kann es Träume geben, in denen Menschen sterben.

- Der Träumer kann eine Scheidung, die er herbeisehnt oder befürchtet, im Traumgeschehen in einen Tod umwandeln, sodass der Tod des Gatten das Ende einer Beziehung signalisieren kann.
- Der Träumer ist mit bestimmten Eigenschaften seiner *eigenen* Person absolut nicht einverstanden. Er lässt sie in einer anderen Figur, die im Traum auftaucht, sterben.
- Der Träumer erlebt eine große Verlustangst, die im Sterben symbolisch zur Sprache kommt.
- Der Träumer, der mit geliebten Personen zusammenlebt, die alt werden oder krank sind, kleidet seine Befürchtungen im Wachen und im Unbewussten in einen Traum vom Sterben.
- Der Träumer ahnt wirklich den Tod eines Menschen voraus.

Darüber gibt es viele Theorien. Eine eindeutige Antwort steht bis heute aus. Aber warum kann Gott nicht bestimmten Menschen im Traum eine Botschaft mitteilen, die den Tod einschließt?

Katharina Luther träumt vom Tod

Martin Luther, der große Reformator und Bibelübersetzer, hatte einen guten Freund, Philipp Melanchthon. Melanchthon war ein sehr ängstlicher Mensch und beschäftigte sich intensiv unter anderem mit Astrologie und Traumdeutung.

Eines Tages hörte er von Luthers Frau Katharina, sie habe einen Traum gehabt, der sie beunruhigte. Zu der Zeit war ihre Tochter Magdalene krank. Im Traum waren Katharina Luther zwei schöne junge Männer erschienen, die festlich gekleidet gewesen seien, um die Tochter Magdalene zur Hochzeit abzuholen. Melanchthon hielt sich zurück, Frau Katharina seine Befürchtungen mitzuteilen. Aber anderen vertraute er seine Traumdeutung an:

»Die jungen Gesellen sind die lieben Engel, die werden kommen und die Jungfrau ins Himmelreich führen zur ewigen Hochzeit.«

Tochter Magdalene starb am selben Tag.[1]

Der Traum von Luthers Frau muss nicht unbedingt als prophetischer Traum gewertet werden. Tochter Magdalene war schon eine Zeitlang schwer krank. Und die Befürchtungen der Eltern, der Tochter könnte etwas Schreckliches zustoßen, lagen auf der Hand. Wir wissen heute, dass viele Träume, in denen der Tod von lieben Menschen vorweggenommen wird, berechtigte Befürchtungen beinhalten. Aber auch das andere gilt: Gott kann uns im Traum den Tod von geliebten Menschen zeigen.

Ein Wunsch wird zu Grabe getragen

Der Tod kann einfach eine symbolische Bedeutung haben. Der Mensch muss Abschied nehmen von geliebten Dingen, Wünschen und Zielen. Etwas Liebgewonnenes ist gestorben.

Als Björn Borg, ein ehemaliger schwedischer Tennisspieler, seinen Lieblingssport aufgeben wollte oder musste, hatte er einen kleinen, aber eindringlichen Traum:

»Ich gehe über einen Tennisplatz. Er sieht aber aus wie ein Friedhof. Überall Gräber und Kreuze. Mit dem Schläger in der Hand bleibe ich stehen. Mir kommen die Tränen in die Augen. Dann fällt mein Blick auf einen Grabstein. Mir springen die Worte entgegen: ›Hier ruht in Frieden …‹ Ich wache auf und bin schockiert.«

Befragt, wie er den Traum erlebt hat, antwortete Borg: »Ich habe tagelang über den Friedhofstraum nachgedacht. Zuerst konnte ich ihn nicht einordnen. Und dann wurde mir klar, du musst den Inhalt deines bisherigen Lebens begraben. Auf dem Friedhof habe ich über dreißig Jahre meines bisherigen Lebens zu Grabe getragen.«

Dieses Sichlösen von alten Gewohnheiten und dieses Sterben von Wünschen und Ideen, die unser Leben ausgefüllt haben, ist für viele Menschen äußerst schmerzlich und kann in Träumen vom Friedhof, von Gräbern, vom Tod von Personen erfahren werden.

Ein vorausschauender Traum

Während ich an diesem Buch arbeitete, unterhielt ich mich mit sehr guten Freunden über Träume. Bei dieser Gelegenheit erzählte die Frau einen Wahrtraum, den sie selbst hatte. Wahrträume bestätigen Zukünftiges. Sie unterscheiden sich von Warn- und Wunschträumen. Die Frau, die erzählte, war noch unverheiratet und pflegte eine innige Freundschaft zu einer anderen jungen Frau:

»Meine Freundin Hannelore heiratete und zog fort. Daher hatten wir längere Jahre keinen Kontakt mehr. Aber im Mai hatte sie Geburtstag, und ich wollte ihr schreiben.

Im April hatte ich einen eigenartigen Traum. Ich sah die drei Schwestern von Hannelore vor mir stehen, und zwar in schwarzen Kleidern. Sie zeigten mit ihren Fingern zu uns hin und sagten sehr betont: »Schreib der Hannelore!«

Als ich wach wurde, stand der Traum noch ganz deutlich vor mir. Aber ich wollte ihn abtun mit dem Gedanken, ich schreibe ihr ja im Mai zum Geburtstag. Aber immer wieder stand im

Laufe des Tages die Aufforderung vor mir: »Schreib der Hannelore!« Unter diesem inneren Druck setzte ich mich dann hin und schrieb ihr wirklich. Ich bekam aber keine Antwort von Hannelore, sondern die Mitteilung von einer der drei Schwestern, dass Hannelore im Krankenhaus ihrer Heimatstadt läge mit dem Verdacht auf Krebs.

Ich habe sie sofort besucht und verbrachte mehrere Stunden mit ihr. Sie konnte nach Hause, und es sah so aus, als würde alles wieder gut. Die Familie hoffte zuversichtlich auf Besserung. Nur ich musste immer an den Traum denken und an die schwarzen Kleider der Schwestern, und so kam es dann auch, dass sie nach kurzer Zeit der Besserung schnell heimging. Sie war nur ein Jahr verheiratet gewesen und mit 23 Jahren gestorben. Mir ging nach ihrem frühen Tod auf, warum ihr Losungswort war: ›Die Sache des Herrn hat Eile.‹ Ein Wort, dass sie häufig zitierte, das war ihr Lebensentwurf!«

Der Theologe Wilhelm Horkel kommentiert solche Warn-, Wahr- und Todesträume folgendermaßen:

»Doch wäre es eine arge Vereinseitigung zu folgern, ›Träume vom Tod sind nicht Träume Gesunder vom Tode, sondern die Träume Schwerkranker, deren Zustand sie in die Nähe des Todes brachte‹ (Ernst Äppli). Die Erfahrungsbeispiele sprechen in unzähligen Fällen dagegen. Gerade gesunde Menschen erfahren Todesträume, manchmal in enger Beziehung zu einer geliebten und nahe stehenden Person, aber auch zu ganz entfernten, mit den Träumern völlig unverbundenen Menschen. Gerade diese Todesträume wecken unsere Aufmerksamkeit und geben unlösbare Rätsel auf ...

Aber für die Todesträume, auch für viele Wahr- und Warnträume kann dies gelten: Sie sind Gottes vergessene, oft überhörte, oft totgeschwiegene geheimnisdunkle ›Sprache‹, die er schweigend, andeutend ›spricht‹.«[2]

Halten wir fest:

Wir träumen von Menschen, die wir lieben, die uns besonders nahe stehen. Wir empfangen Impulse auf geheimnisvolle Weise. Diese Traumbotschaften zwingen uns zu handeln.

In den Wahrträumen und Todesahnungen gibt uns Gott Hinweise. Er »spricht« mit uns. Warum sollen die Erfahrungen der Gläubigen in vergangenen Zeiten, die sie mit Gottes Botschaften im Traum gemacht haben, heute vorbei sein?

Ich werde im Traum umgebracht

Wir können auf verschiedene Art und Weise auch unseren eigenen Tod träumen. Entscheidend ist der Zusammenhang. Hüten wir uns, den Traum aus dem Lebenszusammenhang des Träumers herauszunehmen. Allein der Lebensstil, die Zusammenfassung aller Denk- und Erfahrungsmuster, erhellt das Traumgeschehen.

Frau M. erzählt in der ersten Stunde eines langen Beratungsprozesses ein bedrückendes Albtraumerlebnis:

»Es ist Nacht. Nur die dünnen Vorhänge sind vor das Fenster gezogen. Das Licht von draußen erhellt schwach das Schlafzimmer. Im Bett liegt eine Frau, die sich ganz zusammengekrümmt hat, als wenn sie Angst hätte. Ich weiß nicht, ob sie schläft. Dann sehe ich mich die Straße entlanggehen, niemand ist zu sehen. Vor einer Kneipe will ich stehen bleiben. Sie ist hell erleuchtet.

Drinnen grölen Leute. Ich gehe schneller, ziehe die Schuhe aus, damit mich niemand hört. Ängstlich schaue ich nach allen Seiten, ob mich auch niemand sieht und hört. Und da bin ich wieder im Schlafzimmer der Frau. Plötzlich sehe ich, wie sich ein bulliger schwarzer Schatten dem Bett der Frau nähert.

Die Frau ist wach geworden, streckt abwehrend die Arme aus dem Bett. Ihr Mund ist weit aufgerissen, aber es kommt kein Ton heraus. Das Gesicht verzerrt sich, aber ich höre keinen Ton. In mir verkrampft sich alles. Ich sehe, wie die dunkle Figur mit beiden Fäusten auf die Frau einschlägt. Sie fällt zusammen und erduldet alles.

Plötzlich ist es taghell. Ich schaue mich im Zimmer um. Der Schatten ist weg. Auch unter dem Bett ist er nicht. Im Bett liegt arglos die Frau. Ich glaube, sie ist tot. Die weißen Bettbezüge sind blutverschmiert. Ich sacke ohnmächtig zusammen und werde wach. Am ganzen Körper bin ich schweißnass.«

Was drückt dieser Traum aus?

Nimmt die Ratsuchende im Traum ihre eigene Ermordung vorweg? Oder handelt es sich um eine hellsichtige Ahnung, dass in ihrer Umgebung ein Mensch umgebracht wird? Nichts von alledem.

Frau M. schildert in der ersten Beratungsstunde ihr Problem. Sie fühlt sich vom Partner unterdrückt und ist nicht in der Lage, sich gegen den beherrschenden Ehemann durchzusetzen.

Der Traum bringt in wenigen Sätzen diese Unfähigkeit zur Sprache. Die schlafende Frau liegt »zusammengekauert« da. Sie wird beschrieben, »als wenn sie Angst hätte«. Sie wird von einem bulligen Schatten attackiert. Wortlos und stumm lässt sie alles über sich ergehen. Ihr Gesicht ist verzerrt. Der Mund steht offen, aber kein Wort dringt nach außen. Hilflos und ohnmächtig ist sie dem Angreifer ausgeliefert.

Auf die Frage »Wie erleben Sie den Traum?« antwortet die Ratsuchende: »Ich werde im Traum umgebracht!« Unmissverständlich hat sie sich selbst im Bett liegend erkannt. Im Traumgeschehen spielt sie die Frau zweimal. Einmal ist sie die ängstliche und »ohnmächtige« Beobachterin, zum anderen die Frau eines brutalen und unterdrückenden Ehemanns, der sie immer wieder nachts verprügelt, wenn er betrunken aus Kneipen heimkommt.

»Was sagt diese zusammengeschlagene Frau, die da im Bett liegt? Wollen Sie ihr Ihre Stimme leihen?«

Die Ratsuchende muss nicht lange überlegen: »Hätte er mich doch umgebracht, dann wäre alles hinter mir. Ich könnte aufatmen, und die lähmende Angst wäre ein für alle Mal verschwunden! Gott und die Welt würden erleben, was er mir angetan hat.«

Die lähmende Angst ist ihr Thema, die Kraftlosigkeit, die den ganzen Menschen vom Scheitel bis zur Sohle erfasst hat. Sie reagiert wie ein hypnotisiertes Kaninchen, das sich nicht regen und bewegen kann.

Dabei ist der Mann ein einziger Waschlappen. Von Stärke kann keine Rede sein. Aber er hat es verstanden, seit Anfang der Ehe die Partnerin einzuschüchtern, mit Drohungen gefügig zu machen. Und er weiß, dass sie bis heute geschwiegen hat – aus Angst. Das ist die eine Seite. Und die andere? Die Ratsuchende schweigt, weil sie im Leiden ihre geistliche Größe erblickt.

Die Frau ist eine gläubige Christin und hat das Leiden zum Leitthema ihres Lebens gemacht. Das 53. Kapitel des Jesaja-Buches ist ihr Lieblingstext. Die Passionszeit ist für sie die schönste Zeit des Jahres. Jeden Tag vertiert sie sich mit Christus in eine Leidensstation, wie sie katholische Christen auf dem Weg zum Kreuz nachempfinden.

Wir erarbeiten den Lebensstil und versuchen, ihn in einem Satz, der wie ein Stachel im Fleisch wirkt, zu formulieren: »Ich bin die große Dulderin, die in der Gemeinde und vor Gott angesehen ist, wenn ich mich widerstandslos demütigen lasse.«

Der Mann hat unaufgefordert diesen Lebensstil bestätigt, wenn er ihr gedroht hat: »Du brauchst mal wieder eine gründliche Abreibung, am besten mit einem blutunterlaufenen Auge, dann trägt dich deine Gemeinde auf Händen.«

Die Ratsuchende hat mir die Drohung des Mannes berichtet. Diese Drohung und der Lebensstil der Frau passen zusammen wie der Schlüssel zum Schloss. Zwei kranke Menschen haben sich gesucht und gefunden. Sie ergänzen sich auf krankhafte Weise.

Ihre Ehe steht unter dem Motto: »Die Heilige und der Bösewicht.« Solange beide dieses Motto unbewusst und unverstanden aufrechterhalten, können sie sich aus der neurotischen Verklammerung nicht lösen. Beide spielen sich unbewusst perfekt in die Hände

Der Traum schenkte der Frau eine neue Sicht, ihren neurotischen Lebensstil zu korrigieren. Ein halbes Jahr später willigte der Ehemann in eine Suchttherapie ein. Besonders die Frau erlebte schwere Krisen, weil sie sich in Jahrzehnten an den Lebensstil der »großen Dulderin« gewöhnt hatte und viel Anerkennung aus dieser Grundhaltung zog. Frau M. erkannte aber, dass wir uns nicht selbst zu Märtyrern machen müssen, um in den Augen Gottes geliebt zu werden.

Der Mord im Traum

Immer wieder kommt es in Träumen vor, dass Menschen umgebracht werden. Der Traum ist die Zuspitzung mörderischer Gedanken und Wünsche. Da sagte eine Frau von ihrem Mann in der Beratung: »Der Bursche ist keinen Schuss Pulver wert.« Es handelt sich um einen Partner, der ständig fremdgeht und die Frau mit seinen Eskapaden demütigt. Sie wird ihn nicht mit dem Revolver oder mit Gift umbringen, aber mit Worten hat sie ihn schon oft erledigt. Ist es ein Wunder, wenn im Traum der Partner sein Leben lassen muss?

Ich sitze im Auto auf dem Beifahrersitz eines Fahrers, der sich maßlos über andere Autofahrer mokiert. Seine Ausdrücke sind typisch für die innere Verfassung. »Schade, so was lebt, und Luther musste sterben!« »So ein Mistkerl gehört plattgemacht!«

Auf dem Schulhof stehen Jugendliche zusammen. Sie schimpfen über den Klassenlehrer. »Den könnte ich erwürgen!«

Überall im täglichen Umgang erleben wir verbale Aggressionen, die Mord und Totschlag bedeuten. Hass und Bitterkeit werden in Mord- und Tötungsphantasien umgesetzt, die unsere Gesinnung verseuchen. Wundern wir uns, dass sich aus der Tiefe unserer Persönlichkeit Todeswünsche im Traum abbilden?

Jesus sagt im Neuen Testament: »Ihr wisst, dass unseren Vorfahren gesagt worden ist: ›Morde nicht! Wer einen Mord begeht, soll vor Gericht gestellt werden.‹ Ich aber sage euch: Schon wer auf seinen Bruder zornig ist, gehört vor Gericht. Wer aber zu seinem Bruder sagt: ›Du Idiot‹, der gehört vor das oberste Gericht. Und wer zu seinem Bruder sagt: ›Geh zum Teufel‹, der verdient, ins Feuer der Hölle geworfen zu werden.« (Matthäus 5,21–22)

- Mord und Totschlag beginnen in Gedanken,
- Mord und Totschlag beginnen im Herzen,
- Mord und Totschlag sind die Folgen von Zorn, Bosheit und Rachegefühlen.

Jesus warnt und gebietet den Menschen, die Kettenreaktion der Sünde zu stoppen.

KAPITEL 7

Wiederholungsträume

Wiederholungsträume spielen in Seelsorge-Gesprächen eine besondere Rolle. Neben der frühesten Kindheitserinnerung kommt dem Wiederholungstraum eine besondere Aussage zu. Die Wiederholung verrät ein ernstes Problem des Träumers. Sie spiegelt eine ungelöste Schwierigkeit wider. Wer belastet ihn? Was macht ihm zu schaffen? Wiederholungsträume haben in der Regel keinen erfreulichen Hintergrund. Vielfach sind sie angstbesetzt. Sie können albtraumartig den Träumer in Panik versetzen.

Adler, der in Kurzdiagnosen jeweils nach einem Wiederholungstraum fragte, schreibt über sie:

»In wiederkehrenden Träumen können wir den Lebensstil mit großer Deutlichkeit ausgedrückt finden. Sie geben uns einen definitiven und unverkennbaren Hinweis auf das Ziel der Überlegenheit des Individuums. Ein wiederholter Traum ist eine wiederholte Antwort auf ein wiederholt konfrontiertes Problem.«[1]

Ich laufe hinter dem Berg her

Schauen wir uns den Traum eines sehr jungen Theologen an, der sich eines Tages zum persönlichen Gespräch meldete. Er kam, weil er unter Unzufriedenheit und Unglücklichsein litt.

»Ich soll eine frohe Botschaft verkündigen und bin in der Tiefe meiner Seele unfroh!« Vor einigen Tagen habe er wieder einen Albtraum gehabt. Er könne nichts damit anfangen, aber zum wiederholten Male jage ihm der Traum den Angstschweiß ins Gesicht. Der Traum, den er in kleinen, verschiedenartigen Abänderungen erlebte, lautete so:

> *»Ich gehe über eine schöne Wiese mit Blumen. Ich eile. Mich interessieren nicht die Blumen, sondern der Berg. Im Hintergrund liegt ein sehr hoher Berg. Dieser Berg fasziniert mich. Ich will ihn erklimmen. Ich muss ihn bezwingen. Wenn ich es nicht schaffe, kann ich vor mir nicht bestehen. Dieses Gefühl habe ich im Traum. Auf einmal setzt sich der hohe Berg in Bewegung. Er entfernt sich. Aber er wird größer statt kleiner. Ich erschrecke mich und gerate in Panik. Ich laufe hinter ihm her und kralle mich in seinem Abhang fest. Aber ich rutsche tiefer und tiefer. Ich wache auf und bin schweißnass.«*

Wir unterhalten uns eingehend über diesen Wiederholungstraum. Der junge Mann ist das zehnte und letzte Kind, er hat noch neun Geschwister vor sich. Der Abstand bis zum Ältesten ist gewaltig. Alle Geschwister sind in seinen Augen tüchtig; einige hält er für »haushoch überlegen«.

Als Jüngster fühlt er sich klein und muss nun diesen riesigen Geschwister-Berg bezwingen. Er läuft als »der Kleine« hinter dem Berg her und hat immer wieder das Gefühl, er rutscht in die Bedeutungslosigkeit.

Was macht das Traumgeschehen deutlich?

a) Was bedeutet der »Berg«?

Im Mittelpunkt des Traumgeschehens steht ein Berg. Meine Empfindung als Berater ist: Der Berg verkörpert Größe, Majestät, Stärke. In den Augen des Träumers ein sehr hoher Berg. Dieser Berg fasziniert ihn. Er muss ihn bezwingen.

Was verkörpert das Bild? Was will der Träumer damit ausdrücken?

Dem jungen Theologen fallen spontan seine neun Geschwister ein, die vor ihm sind. Er ist das zehnte und letzte Kind seiner Eltern.

»Ich erlebe sie wie einen Riesenberg!«

»Ich muss sie einholen!«

»Ich will nicht der Letzte sein! Immer die alten Sachen tragen, die die anderen schon strapaziert haben. Die älteste Schwester ist sechzehn Jahre älter. Sie hat mich bemuttert, aufgezogen, unterrichtet und hat mir bei den Schularbeiten geholfen. Einige Brüder haben studiert und sind längst in guten Stellungen. Zwei Mädchen sind musikalische ›Genies‹. Jedenfalls ist das in meinen Augen so.«

Er macht sie größer, als sie sind. Er hat sie als die Großen vor sich erlebt. Sein Eindruck ist, dass er dauernd hinterherhinkt. Eine Lebensstil-Kernaussage kennzeichnet ihn: *»Ich hinke überall hinterher.«*

b) Was bedeutet die »Eile«?

»Ich eile.« Weil ihm die ältesten Geschwister voraus sind, muss er sich beeilen. Nicht nur im Traum.

- Er geht schnell,
- er isst schnell,
- er spricht schnell.

Auch im Alltag muss er sich auf allen Gebieten sputen. Seine Geschwister sagen von ihm: »Er gehört zu den schnellen Truppen!« Er sieht die Wiese mit den schönen Blumen. Aber sein Blick ist in die Ferne gerichtet. Der junge Theologe kann nicht genießen. Eine Faust sitzt ihm im Nacken. Der amerikanische Therapeut Albert Ellis spricht von *Mussturbation,* abgeleitet von Masturbation. Im Mittelpunkt des Denkens, Fühlens und Handelns steht bei ihm das Müssen. Dieses innere *Muss* ist eine Lebensstil-Kernaussage. Es lastet wie eine Sucht über dem Menschen. Dieser irrealen Lebensüberzeugung hat sich der Betreffende freiwillig unterworfen. Der junge Mann kennt keine Muße, keine Gelassenheit und keine innere Ruhe. Er ist immer auf dem Sprung, um nicht zu spät zu kommen.

c) Warum »muss« er den Berg bezwingen?

Wenn er den Berg nicht bezwingt, kann er vor sich nicht bestehen. Was heißt das?

»Wenn ich nicht alle Geschwister überhole, kann ich vor mir nicht bestehen!«

Wir sprechen über den enorm hohen Anspruch, über ein Ziel, das nahezu unmöglich erreicht werden kann. Wer hat ihm dieses utopische Ziel eingeredet? Gibt es Menschen in seiner Umgebung, die ihn angestachelt haben? Der junge Theologe schüttelt den Kopf. »Man hat mich nicht ermutigt, man hat mich gedemütigt.«

Zwei ältere Brüder haben sich oft über den Kleinen lustig gemacht. Er ist in der Tat klein von Gestalt, aber zäh. Als wieselflink bezeichnet er sich selbst. »Ich werde es ihnen zeigen!« Mit dieser Parole hat er sich selbst Mut zugefächert. In der Schule hat er gebüffelt, um ein besseres Abitur zu schaffen als seine älteren Brüder. Er lebt in einem fortwährenden Konkurrenzkampf. Der Konkurrenzkampf hat ihn verspannt. Seine Schultern und sein Rücken sind hart und müssen fachmännisch massiert werden. Zum ersten Male denkt er darüber nach, ob er nicht Symptomkosmetik betreibt.

d) Was bedeutet der Misserfolg?

Der Traum bescheinigt ihm sein fruchtloses Bemühen. Der Berg setzt sich in Bewegung. Er entfernt sich. Die älteren Geschwister sind und bleiben die Vorreiter, die sich vor ihm entfernen. In gewissem Sinne wird er sie nie überholen können. Der Vorsprung ist gegeben, ist von Gott gewollt. Wer sein Leben nicht aus Gottes Hand nimmt, wer seine Geschwisterfolge nicht akzeptieren kann, bäumt sich vergeblich gegen Gesetzmäßigkeiten auf, die die Menschen unglücklich machen. Der junge Theologe ist ein Beispiel für Menschen, die gegen sich, gegen das Leben und gegen Gott Sturm laufen. Der Widerspruch bringt sie in übergroße, selbst geschaffene Spannungen. Und der Erfolg?

Der Traum ist realistisch. In der Tiefe seiner Persönlichkeit erkennt er, dass er unglücklich hinter einem Berg herläuft, dass er sich erfolglos in seinen Abhang krallt.

- Er wird auf diese Weise den Weg verfehlen,
- er wird auf diese Weise sein Lebensziel verfehlen,
- er wird auf diese Weise das Leben als Christ verfehlen.

Solange er der Bedeutende werden will, wird er in Bedeutungslosigkeit versinken.

e) Was ist das tiefere Motiv dafür, dass er es unbedingt »schaffen« muss?

Der Traum macht die Sünde des jungen Theologen deutlich. Träume spiegeln eben nicht widersinnige, unverständliche und uneinfühlbare Phantasiegebilde wider. Träume bringen unsere Haupt-Lebensüberzeugungen auf den Punkt. Unsere geheimsten Wünsche und tief sitzenden Bedürfnisse bringen wir zur Sprache. Wer setzt den jungen Mann unter Druck? Wer treibt ihn an?

Niemand als er selbst. Er glaubt, alle seine Geschwister überholen zu müssen. Er kann nur vor sich bestehen, wenn er es weiter gebracht hat, wenn er sie geistig und beruflich alle hinter sich gelassen hat. Ich frage ihn: »Wenn Sie diese Gedanken vor Ihrem Herrn im Gebet ausbreiten, was wird er Ihnen antworten?«

Er sagt selbst, dass er nie darauf gekommen sei, Gott könne ihm auch im Traum begegnen. Der Traum leitete in der Tat eine Gesinnungsänderung ein. Er erkannte seinen Hochmut und sein sündhaftes Überlegenheitsstreben, das ihn von Christus mehr und mehr entfernte. Ihm wurde bewusst, dass er seine Unzufriedenheit selbst produzierte. Mit seinem maßlosen Ehrgeiz ist Unglücklichsein nahtlos verknüpft. Wer alle überholen, übertreffen und überflügeln will, verkrampft sich. Er will nicht dienen, sondern herrschen. Er will nicht Christus groß machen, sondern sich selbst. Der Traum verhilft zur Selbsterkenntnis, die sehr schmerzlich ist. Und sie braucht viel Zeit, ehe sie die gesamte Existenz erfasst hat.

KAPITEL 8

Träume – Gottes vergessene Sprache

Wenn wir unseren Träumen Aufmerksamkeit schenken, werden wir in ihnen auch Gottes Stimme erkennen, auch wenn selbstverständlich nicht alle Träume Kundgebungen Gottes sind.

Ich habe die Strafe verdient

In meine Beratung kam ein Mann, um mich wegen bestimmter Probleme zu konsultieren. Ich bat ihn, einmal auf seine Träume zu achten. Eines Tages brachte er folgenden Traum mit:

> *»Mein Vater hat mich mit dem Handfeger verprügelt. Ich sehe die Szene mit Einzelheiten vor mir. Ob ich Kind oder Jugendlicher war, kann ich nicht mehr ausmachen. Aber ich habe mich wie ein Kind gefühlt. Irgendwie war kein Hass und keine Auflehnung in mir.*
>
> *Der Vater, sehr groß und stattlich, ganz das Gegenteil von meinem Vater, zog sich nach der Bestrafung wortlos zurück. Er verschwand einfach. Er hat nicht geschimpft, er hat auch nicht geredet. Ich sehe mich beschämt in der Ecke stehen. Und plötzlich finde ich mich unter einem wuchtigen Birnbaum wieder, der früher oft meine Zufluchtsstätte war, wenn ich was ausgefressen hatte. Ich meine, ich habe geweint. Aber nicht der Schläge wegen. Da war ein anderes Gefühl in mir. Und dann wurde ich wach.«*

Wir sprechen gemeinsam über sein Hauptgefühl, über Einfälle und Assoziationen. Der Kerngedanke stellt sich für den Ratsuchenden schnell heraus: »Ich habe die Strafe verdient.«

Als er auf meine Anregung hin den Traum ganz in die Gegenwart verlegt und angeregt wird, einen Bezug zum Hier und Jetzt herzustellen, hat er plötzlich ein Aha-Erlebnis. Er lächelt versunken in sich hinein und nickt dabei. Dann sagt er: »Jetzt wird mir klar, was der Traum bedeutet. Ich habe in der Firma vor etwa zwei Monaten einen Scheck unterschlagen. Mein Gewissen schlug, und ich habe lange Zeit darüber nachgedacht, ob ich von Gott dafür bestraft werde. Dann habe ich den Vorgang verdrängt.

Der Traum hat mir den Diebstahl wieder ins Gedächtnis gerufen. Ich fühle mich schuldig. Mein spontaner Eindruck ist: Die Strafe ist gerecht.«

Er schweigt eine Zeit lang und fragt dann: »Aber ich produziere den Traum doch selbst. Die Gedanken und Gefühle stammen doch aus meinem Innern und nicht von draußen. Wie kann Gott sich in mir bemerkbar machen?«

Ich sehe den Zusammenhang so: »Gott redet durch sein Wort der Bibel zu uns, die wir betend lesen. Die Worte der Vergangenheit werden heute lebendig durch seinen Heiligen Geist. Er spricht in unsere Gegenwart hinein, er antwortet auf unsere Fragen und Probleme – auch im Traum. Der Heilige Geist, der Tröster und Fürsprecher, legt uns die Worte in den Mund, die wir sprechen werden, wenn es erforderlich ist. Und er spricht in Träumen zu uns, wie es die Bibel an vielen Stellen unzweifelhaft bezeugt. Bei Hiob heißt es:

›Er redet doch! Er tut es immer wieder, mal sanft, mal hart – man achtet nur nicht drauf! Zur Nachtzeit, wenn die Menschen ruhig schlafen, in tiefem Schlummer auf den Betten liegen, dann redet Gott durch Träume und Visionen. Er öffnet ihre Ohren, dass sie hören; mit Nachdruck warnt er sie vor ihrem Tun, damit er sie von ihrer Bosheit abbringt ...‹ (Hiob 33,14–17).«

Der Traum wird für den Mann zu einer eindrücklichen Wiederbegegnung mit seinem Herrn, dem er einmal ernsthaft nachgefolgt ist.

Der Traum meint den ganzen Menschen

Er spricht die unbewussten Probleme und Konflikte an, er nimmt die unbewältigten und unerledigten Schwierigkeiten aufs Korn, und er bringt Glaubensfragen und Glaubensprobleme zur Sprache.

Träume können unmissverständliche Warnungen und Mahnungen enthalten. Sie können zu unausweichlichen Entscheidungen Mut machen. Und sie regen zu Auseinandersetzungen an, denen wir sonst ausweichen. Hiob hat das erfahren und schreit es heraus:

»Weshalb, Gott, lässt du mich so streng bewachen? Bin ich das Meer? Bin ich ein Ungeheuer? Wenn ich auf meinem Lager Ruhe suche, der Schlaf mir meine Schmerzen lindern soll, dann quälst du mich mit Träumen, mit Visionen und füllst mein Herz mit namenloser Angst.« (Hiob 7,12–14)

Hiob weiß, diese Träume sind nicht sinnlose Kundgebungen aus den tiefen Schichten seiner Persönlichkeit, sondern Botschaften, die Gott veranlasst. Gott will über Träume mit uns reden. Er will über Traumbotschaften uns zur Besserung rufen. Der Traum hat eine mehrdimensionale Blickrichtung. Er schließt mehrere Aspekte ein, die uns Aufschluss über uns selbst geben können. Der Traum verhilft uns dazu,

- unsere Identität zu finden, unsere innere und äußere Übereinstimmung,
- unsere Selbstwerdung anzustreben (Individuation – die Entwicklung eines Menschen zur reifen und eigenständigen Persönlichkeit),

- das zu werden, wozu der lebendige Gott uns bestimmt hat,
- die Motive für Ehrgeiz, Rechthaberei, Hochmut und falsche Demut offen zu legen,
- die Schattenseiten unserer Persönlichkeit vor dem lebendigen Gott auszubreiten, um biblische Antworten für lebenswichtige Fragen und Probleme zu erhalten.

In seinem Wort, der Bibel, gibt uns der Herr allgemeine, klare Anweisungen. Im Traumgeschehen erleben wir, was uns persönlich fehlt, was uns Kummer bereitet, welche unverstandenen Denk- und Fühlmuster unser Leben und Handeln bestimmen. Der Traum bringt also nicht nur konstruktive und schöne Muster ins Licht. Im Traum kommen auch Ängste und Aggressionen, Wildheit und Wut, Resignation und Verzweiflung und viele dunkle Regungen der Tiefe ans Licht. In diesem Sinne produziert der Traum Aufrufe zu einem neuen Denken und Handeln. Therapeutische Seelsorge kann da zu einem hilfreichen Vermittler werden.

Werner Jentsch schrieb über die Bedeutung der Träume:

»Die biblische Besinnung hat deutlich gemacht, dass Träume möglicherweise eine religiöse, ja eine christliche Dimension haben können. Von dem träumenden Samuel im Tempel (1. Samuel 3) bis herüber zu dem träumenden Paulus auf dem sturmumtosten Schiff (Apostelgeschichte 27) macht sich Gott durch Träume bemerkbar. Wie ein väterlicher Freund benutzt er die Fremdsprache des Traumes, um einen Menschen besonders eindrücklich anzusprechen oder ihm zuzureden. Der Seelsorger darf und soll, ggf. schon auf Grund seiner eigenen Träume, selber ›geistlich aufmerksam‹ sein und einmal fragen: Was willst du mir sagen? ›Rede, Herr, dein Knecht hört!‹ Was soll ich tun? Erst dann wird sein Versuch, einem anderen Menschen, eben dem Ratsuchenden, bei der Aufschlüsselung von dessen Träumen zu helfen, ganz glaubwürdig.«[1]

Träume – Gottes ungebetene Boten

Träume sind ungebetene Gäste. Wir träumen Nacht für Nacht, ob wir wollen oder nicht. Traum und Schlaf als Gottes Schöpfung sind aber auch wunderbare Geschenke an den Menschen.

Ohne Schlaf ist das Leben unmöglich. Das hat die Schlafforschung bewiesen. Die jüngsten Ergebnisse sind revolutionär.

»Die Forscher stellten fest, dass das Immunsystem während des Schlafs Energien nutzen kann, die im Wachzustand für andere Körperfunktionen benötigt werden. Wenn der Mensch schläft, beginnt eine regelrechte Entseuchung des Körpers. Die Zahl der Abwehrzellen explodiert. Sie vernichten Krankheitserreger und Mikroorganismen – zum Beispiel Pilze. Ebenso Krebszellen, von denen sich täglich hunderte im Körper bilden – ausreichender Schlaf mindert also das Krebsrisiko. Im Notfall (zum Beispiel beim Infarkt) können Abwehrzellen den Körper sogar ›einschlummern‹, bewiesen jetzt Max-Planck-Forscher.«[2]

Bekommt der Mensch permanent zu wenig Schlaf, bricht das Immunsystem zusammen.

Das Gleiche gilt für den Traum. Wer nicht träumt, lebt gefährlich. Noch einmal die neusten Ergebnisse des Max-Planck-Institutes:

»Ebenfalls ungesund: Ein fast traumloser Schlaf mit wenig REM-Phasen (siehe Seite 11–12). Ursachen: Schlaftabletten, Aufputschmittel, Antidepressiva, Alkohol. Wie dramatisch die Folgen sind, beweist diese Studie: Mit REM-Defizit steigt die Gefahr, bei einem Verkehrs- oder Arbeitsunfall zu verunglücken, um das 2,5fache. Grund: Die Konzentration lässt nach. REM-Mangel schwächt das Immunsystem nachhaltig.«[2]

Gott hat das in seiner Schöpfung wunderbar eingerichtet. Woran liegt es, dass viele Christen den Träumen trotzdem wenig Bedeutung beimessen? Dass wir die Bildersprache der Träume nicht mehr entziffern können? Woran liegt es, dass wir dumme Bemerkungen über Träume machen, die uns unruhige Nächte beschert haben?

Der amerikanische Franziskaner Richard Rohr, der in Deutschland durch eine Reihe bemerkenswerter Bücher bekannt wurde, hat sich in einer Predigt unter dem Thema »Träume – Gottes ungebetene Boten« speziell mit Träumen beschäftigt:

»Nun ist es vielleicht an der Zeit, einmal gründlich darüber (über Träume, R. R.) zu reden. Denn immerhin betrifft es ein Drittel unseres Lebens. In diesem Drittel passiert es ständig. Aber die meisten von uns haben nie gelernt, auf dieses Drittel bewusst zu hören. Es ist das Drittel, das wir im Schlafen zubringen. Gott ist kaum bereit, ein Drittel unseres Lebens zu verplempern. ›Er spricht zu uns in Nachtgesichten‹, sagt Hiobs Freund.

Wenn wir das nicht wissen oder nicht glauben, dann sind wir die Ausnahme von der Regel. Alle Völker und Kulturen der Erde haben zu allen Zeiten an Träume geglaubt ... Ich will versuchen zu zeigen, wie Gott uns durch unsere Träume beschenkt und wie wir uns schrittweise öffnen können, um ihn zu hören und zu verstehen, wenn er auf diese Weise mit uns redet ... Die westliche Welt hat in den letzten Jahrhunderten den Glauben an die Realität der spirituellen Welt so unterdrückt oder ganz abgeschrieben, dass dabei die Fähigkeiten, Träume zu verstehen und zu deuten, immer mehr verkümmert ist.«[3]

Rohr gibt eine überzeugende Erklärung dafür, warum wir seit Jahrhunderten unsere Träume nicht mehr ernst genommen haben. Die Aufklärung, die erwachende Vernunft und die Anbetung der Ratio haben dem Menschen die geistliche Ebene genommen.

Träume werden als unlogische Spinnereien abgetan. Wir

haben verlernt, die Logik einer anderen Dimension zu verstehen und die klare Logik einer Bildersprache für Menschen von heute zu übersetzen. Wir haben verlernt, »Gottes ungebetenen Boten« Gehör zu schenken.

Willst du einmal die Hölle sehen?

Träume sind die Sprache der Seele, die sich in Bildern ausdrückt. Sie äußert sich in Gleichnissen und Symbolen. Die Sprache der Seele kann

- die innere Not eines Menschen zeigen,
- Alarm schlagen,
- Nachrichten in einem bestimmten Geheimcode übermitteln,
- Botschaften senden, die im Alltag bewältigt und gelöst werden sollen,
- Botschaften Gottes ins Licht des Bewusstseins rücken.

Eberhard Busch erzählt in seinem Buch »Glaubensheiterkeit« von seinem Lehrer Karl Barth:

»Eines Morgens traf ich ihn niedergeschlagen an. ›Aber was ist Ihnen denn zugestoßen?‹ fragte ich. Er sagte:

> *›Denken Sie, ich hatte heute Nacht einen argen Traum. Mir träumte, dass mich eine Stimme ansprach: Willst du einmal die Hölle sehen? Und ich antwortete noch wohlgelaunt: Doch, die möchte ich gern einmal sehen; das hat mich schon lange interessiert. Da öffnete sich vor mir ein Fenster, und ich sah hinaus in eine unendliche Wüste, deren Anblick Mark und Bein erschütterte; und mittendrin saß einsam, steineinsam, ein einziger Mensch. Da schloss ich das Fenster, und die Stimme sprach: Und das droht dir!‹*

Ich sagte etwas leichthin: ›Ein Traum ...‹

Barth wehrte dem heftig: ›O nein, Träume sind in der Regel ernst zu nehmen.‹ Er schwieg eine Weile und fuhr dann fort: ›Und da gibt es noch Leute, die mir vorwerfen, bei mir fehle das Wissen um eine solche abgründige Bedrohung. Ich weiß nur zu gut davon. Aber was bleibt mir gerade darum übrig, als alles darauf zu setzen: Gott schwört bei seinem Leben, er dich nicht lassen will.‹«

Der große Theologe nahm in der Regel Träume ernst. Er wusste, dass Gott uns in Träumen Botschaften übermitteln will. Die endlose und trostlose Wüste des beschriebenen Traumes wird zum Symbol für eine existierende Hölle. Der Traum bedeutet einen geistlichen Appell: »Nimm die Hölle ernst!« Aber nicht die Hölle hat das letzte Wort, sondern der Auferstandene, Jesus Christus.

Gott hat sein Schaf zurückgeholt

Wie der Traum als Botschaft Gottes verstanden wird, der unserem Glaubensleben im Alltag neue Impulse vermitteln kann, macht der Traum einer schwangeren Frau deutlich.

Sie erwartet ihr zweites Kind und steht kurz vor der Entbindung. In einer Woche will die Familie umziehen. Die Frau hat alles renoviert; sie musste für den Mann da sein und hat das Gefühl, dass ihre Tochter zu kurz kommt und unter der Situation leidet. Die Mutter glaubt, der Tochter fehle Geborgenheit und Harmonie. Das ist der Ausgangspunkt für den Traum:

> *»Im Elternhaus, im Wohnzimmer. Ich war mit mehreren Menschen zusammen und hatte unsere Tochter bei mir. Ich wusste nicht, woher ich es wusste, aber sie sollte entführt werden. Ich musste mit ihr fliehen. Die Menschen um mich herum wa-*

ren mir nicht feindlich gesinnt, aber sie konnten meine Not nicht verstehen. Denn sie argumentierten, es ist doch nicht so schlimm, wenn sie das Kind auch einmal nehmen wollen. Die anderen haben mich nicht unterstützt, sondern eher besänftigt. Bevor ich aufgewacht bin, bin ich aus dem Fenster geflohen, als ich merkte, die Bedrohung kam näher. Ich spürte, dass es der vorletzte Moment war, wo ich noch unentdeckt fliehen konnte. Es war dunkel und finster, wir – meine Tochter und ich – haben gefroren. Ich hatte Angst davor, zu frieren, weil wir nicht so viel anzuziehen hatten.«

Im seelsorgerlichen Gespräch kam die Frau zu wichtigen Erkenntnissen:

a) *Was ist das Hauptgefühl des Traumes?*

- »Ich bin unzufrieden mit mir.«
- »Ich kann den anderen nicht klarmachen, dass die Entführung eine Bedrohung für mich ist. Ich entrinne der Gefahr, aber dadurch muss ich in die Kälte, in die Gefahr und in die Unsicherheit.«
- »Ich stelle mich nicht der Bedrohung, ich fliehe.«
- »Ich nehme die Entbehrung in Kauf und leide Unsicherheit.«
- »Die Unsicherheit bleibt, die Tochter und ich können ja doch gefunden werden.«

b) *Gefühle sind nicht stichhaltig*
»Ich weiß etwas, was die anderen nicht nachempfinden können, weil ich ihnen nicht sagen kann, woher ich die Gewissheit habe. Ich habe keine Informationsquelle, daher habe ich keine sachliche Begründung. Es muss belegt werden. Gefühle sind unsicher. Sie zählen nicht. Da kann ich mich nicht ausdrücken.«

Die Träumerin legt auf Sachlichkeit großen Wert. Was sie nicht wirklich belegen kann, hat in den Augen der andern keinen Wert. Sie glaubt und weiß, dass Gefühle ohne wirkliche Belege andere Menschen nicht erreichen.

c) Andere lassen sich nur durch Sachargumente überzeugen

Die Träumerin hat in ihrer Kindheit die bittere Erfahrung gemacht, dass nur Sachlichkeit zählt. Was sie nicht belegen kann, überzeugt nicht.

Ihr Problem ist, dass sie selbst im Traum Ängste entwickelt, andere nicht überzeugen zu können. Fehlen ihr Beweise, wird sie unsicher. Ist sie unsicher, wissen die anderen, dass sie keine Beweise hat.

»Weil ich aber sachlich nicht informieren kann, versteht mich der andere nicht. Denn nur wer meine Not versteht, der ist mein Freund. Die anderen können mir nicht helfen, weil sie nicht wissen, wie.

Die Unsicherheit spürt der andere, weil ich mich auf meine Gefühle nicht verlassen kann. Ich habe keine sachliche Begründung. Das Ganze spitzt sich zu. Die Bedrohung kommt dadurch näher.«

d) Aus der Unsicherheit wird Bedrohung

Die Unsicherheit, nicht verstanden zu werden bzw. sich nicht verständlich machen zu können, ruft Gefühle der Bedrohung hervor. Die Bedrohung kann sie nicht aushaken und flieht. Es wird auch deutlich, dass ein Vorurteil die Bedrohung steigert. Die Träumerin spürt, dass sie im Traum falsche Konsequenzen gezogen hat. Ihr wird klar: Die Flucht ist keine Antwort auf ihre gefühlsmäßige Bedrohung. Außerdem erkennt sie, dass sie selbst nur leben kann, wenn sie sachliche Argumente vorbringt. Sie erlebt aber eine Bedrohung, die überhaupt nicht sachlich begründet ist. Davon ist sie überzeugt.

e) Was haben die Aussagen im Traum mit ihrem Glauben zu tun?

Die Träumerin antwortet spontan und entdeckt einen deutlichen Mangel in ihrem Glaubensleben: »Normalerweise ist Gott für mich ein Rettungsanker. Gott erwartet, dass ich aktiv etwas tue. Weil ich so viel zu tun hatte, habe ich nicht genug auf ihn gehört. Und ich hätte besser und öfter nach ihm fragen sollen.

Ich laufe wie ein wildes Huhn herum. Wenn ich ihn gefragt hätte, dann könnte ich mein Leben vertrauensvoller leben und brauchte nicht zu fliehen. Ich laufe herum, ich bin aktiv, aber ich habe das Gefühl, gegen Windmühlenflügel anzukämpfen. Mir fehlen die wirklichen Argumente für mein Tun. Mir fehlt die Informationsquelle, die mein Tun und Lassen vernünftig begründet. Ich spüre ganz genau, seit längerer Zeit habe ich die stille Zeit (die Stille vor Gott, R. R.) versäumt, und zwar der vielen Arbeit wegen. Die stille Zeit gab mir Sicherheit, gab mir Klarheit, gab mir Informationen für meinen Alltag. Ich konnte alles mit Gott besprechen, das war schön. Komisch, ich war da noch viel gelassener.«

Die Träumerin sieht auf einmal klar. Ihre gespannte Haltung lässt nach. Ihre Schultern fallen herunter. Sie lächelt und zeigt auf einmal einen zufriedenen Gesichtsausdruck.

f) »Welche Konsequenzen wollen Sie aus dem Traumgeschehen ziehen?«

Die Träumerin macht deutlich, dass die Flucht die Trennung von Gott und von der Gemeinschaft, von lieben und nahen Menschen, verstärkt hat. Der Traum zeigt ihr, dass die Flucht ihr Kälte, Dunkelheit und Ungewissheit beschert.

In weiteren Gesprächen musste die Ehebeziehung thematisiert werden. Der Mann taucht nicht auf. Mit anderen Worten: In ihrem Denken und ihrem Erleben spielt er eine untergeordnete Rolle. Was wird in der Ehe gespielt? Welche Versäumnisse spiegeln beide Partner wider?

Drei konzentrierte Bilder bescheinigen ihr, was Flucht bedeutet:

- Flucht bedeutet, vor konstruktiven Lösungen im Leben wegzulaufen.
- Flucht schließt ein, vor der Verantwortung auszuweichen und neue Beschwerden auf sich zu laden.
- Flucht bedeutet, dem Nicht-verstanden-Werden und dem gemeinsamen Gespräch auszuweichen.

Der Traum veranschaulicht die Kommunikationsstörungen der Frau. Sie gibt den anderen die Schuld: »Die anderen verstehen mich nicht!«

Auch die wahnhaften Vorstellungen der Frau, die der Traum deutlich kennzeichnet (sie weiß, dass ihre Tochter entführt werden soll), wurden in weiteren Gesprächen behandelt.

Wie in einem Spiegel können wir durch Träume unsere fragwürdigen Heilungsversuche erkennen. Gott redet zu uns auf vielfache Weise. Erkennt die Träumerin in ihrem Traum eine Botschaft Gottes?

»Ich bin Gott für meinen Traum dankbar. Im Traum wird mir klar, ich bin von Gott abhängig. Ohne Gott habe ich keinen Boden unter den Füßen. Ich brauche Gott als Anker und als Informationsquelle. Gott ist wahrhaftig barmherzig. Er holt seine Kinder im rechten Augenblick wieder zurück. Gott wartet den rechten Zeitpunkt ab. Mir ist wichtig geworden, dass ich mich wie ein Kind unter den Schutz Gottes stellen muss.«

Die Beratungsstunde ist vorbei. Wir stehen schon vor der Tür und verabschieden uns. Im Hinausgehen sagt die Ratsuchende strahlend: »Gott hat sein Schaf im richtigen Moment zurückgeholt. Er wartet den richtigen Zeitpunkt ab.«

An diesem Beispiel wird deutlich:

- Träume bleiben Schäume, wenn wir der Botschaft im Traumgeschehen keine Beachtung schenken;
- Träume decken individuelle Ängste und Befürchtungen auf, die unserem Lebensstil entsprechen;
- Träume decken Versäumnisse und Mängel unseres Lebens und Glaubens auf, wenn wir die Sprache des Traumes entziffern;
- Träume sind Botschaften Gottes, die uns in Bildern und Symbolen Wegweisung für morgen vermitteln wollen.

KAPITEL 9

Wie Gott im Traum zu uns redet

Es ist deutlich geworden, dass Gott sich in vielen Träumen zu Wort meldet. Er ist es, der versteckte Sünden aufdeckt, uns vor sündhaften Handlungen warnt, uns ermutigt, konkrete Schritte zu gehen oder zu unterlassen, und uns Lösungen anbietet, die wir gesucht haben.

Was ich für Gott opfere, kann ich nicht zurückfordern

Immer wieder erleben Ratsuchende in der therapeutischen Seelsorge, dass ihnen durch den Traum geistliche Antworten zuteil werden. Träume sind Offenbarungen unseres Herzens. Was wir denken, glauben, meinen und leben, drucken wir im Traum aus. Und damit kommen auch »geistliche« Fehleinstellungen ans Licht. Wir spiegeln wider, wo sich »geistliche« Irrtümer eingeschlichen haben.

Gleichzeitig benutzt Gott auch den Traum dazu, um uns Antworten auf Lebensfragen zu geben, die wir im Traum ins Licht heben. Ein Beratungsbeispiel mag das verdeutlichen:

Eine vierundvierzigjährige Frau sucht die Beratung auf. Sie hat einige Jahrzehnte hauptamtlich für Jesus gearbeitet. Ihr Einsatz war echt, und sie hat alles gegeben, soweit man das menschlich sagen kann. Sie hat nichts für sich haben wollen; ihr Dienst galt dem Herrn aller Herren.

Doch plötzlich kommt sie in Schwierigkeiten. Ihre Existenz ist bedroht. Die materielle Grundlage ist brüchig geworden. Sie erwartet, dass die vielen Christen, denen sie jahrelang eine Hilfe und Stütze war, ein Stück Verständnis aufbringen und sie in dieser Lebenslage unterstützen. Aber ihre Erwartung wird bitter enttäuscht. Sie erlebt von vielen Christen Ablehnung. Mit diesem Problem wird sie nur ganz schwer fertig.

Es finden einige Beratungsgespräche statt. Zu einem bringt sie einen Traum mit, der ihr sehr nahe gegangen ist.

Ein Laden im Norden Skandinaviens

»In meinem Traum besaß ich einen Laden hoch oben im Norden Skandinaviens. Ich verkaufte all die Dinge, die man in der Wildnis zum Überleben braucht. Plötzlich war der Laden voll mit Menschen, die aufgeregt durcheinander redeten. Sie erzählten, dass eine große Naturkatastrophe bevorstünde und wir alle uns auf die Flucht machen müssten. Dazu brauchten alle die Dinge, die ich in meinem Shop hatte. Aber niemand konnte bezahlen. Das sollte später geschehen. So gab ich alle meine Ware weg, und als der Letzte aus dem Laden gegangen war, entdeckte ich draußen eine Lappenfamilie, die es nicht gewagt hatte, hereinzukommen. Sie brauchten auch Vorräte, aber ich hatte nichts mehr. Nicht mal für mich selber war etwas übrig geblieben. Die Lappenfamilie hatte zwei Hunde dabei, und ich spürte, wie sehr sie an den Tieren hingen.

So machte ich mich auf die Flucht. Unterwegs traf ich immer wieder auf Menschen, die in meinem Laden gewesen waren. Ich bat sie, mir doch von ihren Vorräten abzugeben, weil ich überhaupt nichts hatte. Aber überall stieß ich nur auf schroffe Ablehnung.

Ich merkte, wie meine Kräfte nachließen, Todesangst kroch in mir hoch. Plötzlich stand ich vor dem Zelt der Lappenfamilie. Sie baten mich in ihr Zelt. Ich sah, wie ausgemergelt und elend sie waren. Auf einmal sah ich, wie sie versuchten, ihre Hunde zu schlachten, um mir etwas zu essen anbieten zu können. Ich erschrak furchtbar und wachte auf ...«

a) Was ist das Hauptgefühl beim Erwachen nach dem Traum?
Die Frau hat sich schon selbst mit dem Traum beschäftigt. Sie spricht von drei Aspekten, die ihr sofort durch den Kopf geschossen und wichtig geworden seien:

Unverkennbar ist das schwerste Problem, dass sie eine Ablehnung der Menschen erfährt, für die sie im Auftrag Gottes als Christin gearbeitet hat.

Sie spürt vom Scheitel bis zur Sohle eine Abhängigkeit von Menschen, denen sie nichts gegeben hat.

Sie empfindet eine große Angst, kraftlos zu sein und das Leben nicht meistern zu können. Die Kraftlosigkeit kommt aus der Abhängigkeit von anderen Menschen. Ganz schwer nur kann sie damit umgehen. Das nimmt ihr alle Kraft.

b) Was bedeuten die Bilder des Traumes?
Die Träumerin kommt als Erstes auf den »Laden« hoch oben im Norden Skandinaviens zu sprechen, der Dinge enthält, die für die »Wildnis« zum »Überleben« gebraucht werden. Es ist immer wieder erstaunlich, wie präzise Menschen ihre Situationen in packenden Bildern beschreiben, die alles konkret ausdrücken.

Die Ratsuchende erfährt unsere Welt als »Wildnis«. Kein geordneter Garten, kein Park. Kein Raum mit einer durchdachten Infrastruktur. Unordnung und Chaos bestimmen das Leben in unserer Welt. Der Mensch ist in der Wildnis allein auf sich gestellt. Er erlebt kein geordnetes Beziehungsgefüge. Es fehlt das Aufeinander-Bezogensein. Jeder ist sich selbst der Nächste. Die Menschen können sich verlaufen und verirren, können in der Wildnis von wilden Tieren angefallen werden. Aber in ihrem »Laden« finden die Menschen das Notwendige, etwas, das die Not wenden kann, das sie stärkt und zurüstet.

Sie »besitzt« einen solchen »Laden«, der diesen Trappern oder »Waldmenschen«, die die Wildnis überwinden müssen, mit dem Nötigsten zum »Überleben« ausrüstet. Sie verkauft das Brot zum Überleben, das »Brot des Lebens«. Sie hat die Dinge, die Menschen brauchen.

Der Norden Skandinaviens bedeutet für sie Kälte, Not und kümmerliches Dahinleben. Wildnis und Weglosigkeit gehören zusammen. Und sie ist die »Anlaufstelle«, der »Laden«, in dem alle Dinge bezogen werden können.

c) Was drückt die Träumerin mit der »großen Naturkatastrophe« aus?

Sie weiß es nicht. Sie spürt nur, dass etwas Gewaltiges und Bedrohliches auf sie, auf alle zukommt. Die Katastrophe ist angesagt. Viele Menschen stürmen in den Laden und wollen sich auf das Bevorstehende mit Notwendigem versorgen. Ist es das »Jüngste Gericht«, das die Menschen heimsuchen wird? Sind es die »zehn Jungfrauen«, die noch schnell, bevor das »Ende der Welt« kommt, sich mit Öl ausrüsten wollen?

Die Frau will die Menschen zurüsten, damit sie für die »große Katastrophe« bereit sind.

d) Was bedeutet der »leere Laden«?

Die Träumerin hat ein zwiespältiges Gefühl. Sie gibt gern und hat immer gern gegeben. Aber sie war selbst versorgt. Sie litt keine Not.

Jetzt leidet sie. Kostenlos hat sie ausgeteilt. Kostenlos hat sie anderen geholfen und nichts dafür erhalten. Im Traum wie im Leben geht ihr auf: Sie hat sich verausgabt.

Sie »flieht«. Wohin? Sie rennt ziellos herum. »Flucht« ist immer der falsche Weg. Flucht ist ein kopfloses Handeln. Flucht ist ein »hilfloses Handeln«. Sie löst in der Regel keine Probleme. Aber die Träumerin begegnet überall den Menschen, denen sie geholfen hat. Ein positives Bild. Sie weiß selbst im tiefsten Unbewussten: Da gibt es viele Menschen, denen sie geholfen hat. Gleichzeitig erfährt sie die Enttäuschung. Sie bittet diese Menschen, ihr etwas von den Vorräten abzugeben, die sie bei ihr »erworben« haben. Aber überall begegnet ihr eine »schroffe Ablehnung«. Diese schroffe Ablehnung macht sie kraftlos und lässt »Todesangst« in ihr hochsteigen. Im Traum werden die Gefühle gesteigert, sodass eine tödliche Bedrohung erfahren wird.

e) Was sagt die »Lappenfamilie« im Traum?

In der »Lappenfamilie« begegnen ihr die Ärmsten der Armen, ausgestoßen aus der menschlichen Gesellschaft. Menschen, die am »Rande der Welt« leben. Sie haben nichts. Sie fordern nichts. Aber sie brauchen – wie alle Menschen – auch Lebensbrot, Brot zum Überleben. Sie haben nur noch ihre Hunde. Hunde sind in der Wildnis zum Überleben notwendig. Menschen und Hunde gehören zusammen. Der Tod der Hunde stellt das eigene Überleben infrage.

Auf der Flucht begegnet die Frau wieder der Lappenfamilie, den Armen, die nichts haben, den »Randsiedlern«. Sie steht vor dem Zelt. Zelte sind Notunterkünfte, keine festen Behausungen. Das Zelt bietet Schutz, aber nur unvollkommene Geborgenheit.

Vor Jahren wurden viele Kirchen als »Zeltdach« gebaut. Sie sollten uns daran erinnern, dass wir hier keine »bleibende Statt« haben, sondern die ewige suchen. Das Zelt erinnert die Frau daran, wie ungeborgen unser Leben ist und dass wir uns hier nicht ewig einrichten können.

Im Traum begegnet sie immer wieder der »Lappenfamilie«. Will ihr Gott deutlich machen, dass hier ihr Auftrag liegt? Die Ärmsten der Armen laden sie in ihr »Zelt« ein. Nicht die Reichen, nicht die Besitzenden. Diese sind unfähig, etwas abzugeben. Aber die Ärmsten der Armen sind bereit, das Letzte, das Liebste mit ihr zu teilen.

Diese Erkenntnis ist für sie furchtbar und lässt sie aufwachen. Sie ist noch nicht damit fertig. Der Gedanke ruft auch Abwehr hervor. Die Frau spürt ihren Auftrag an diesen »Randsiedlern«. Sie darf sie nicht im Stich lassen. Vorher hatte sie einen gut gehenden »Laden«, ein ansehnliches Hilfsangebot. Soll sie sich jetzt auf dem Zeltniveau einrichten?

f) Was sagt Gott durch den Traum für den Alltag?
Der Frau ist deutlich geworden: Ihre Erwartungen an Menschen, denen sie geholfen und vieles geopfert hat, sind falsch. Wir füllen uns mit Bitterkeit und Resignation, wenn wir unsere falschen Erwartungen nicht aufgeben. Wer im Namen Jesu gibt, kann nichts für sich zurückfordern. Menschlich erwarten wir immer wieder Dank. Wir werden aber daran verzweifeln, wenn wir uns auf diesen Dank verlassen. Wir machen uns »kraftlos« und füllen uns mit »Todesangst«, wenn wir auf Menschen schauen.

Aber auch das andere ist ihr klar geworden: »Ich muss von Menschen mich beschenken lassen, die nichts haben, denen ich nichts gegeben habe, die mit mir das Letzte teilen wollen. Wenn ich das aus Gottes Hand nehme, fallen Kraftlosigkeit und Todesangst von mir ab. Ich kann meine Wege gehen und muss meine Kräfte nicht vergeuden in der Auseinandersetzung mit Menschen, die mich nicht unterstützen.«

Wie Sprengstoff verwandelt wird

Bilder und Symbole sprechen eine eindeutige Sprache. Der Mensch im Computer-Zeitalter hat es verlernt, ihre Sprache zu verstehen. Wer Träume deuten will, muss diese Bilder und Symbole übersetzen können. Die folgenden Träume sind voller Bilder und Symbole, die der Träumer produziert hat. Was spiegeln die Bilder wider? Was will Gott dem Träumer sagen?

Eines Tages kommt ein Predigerehepaar in die Seelsorge. Sie waren jahrelang aktiv und sehr erfolgreich in einer Gemeinde, die sie vor zwei Jahren verlassen haben. Die neue, eher passive Gemeinde ist ihnen von der Bundesleitung empfohlen worden, um sie zu motivieren. Der Pastor kommt mit folgendem Problem in die Beratung:

Er erlebt mit seiner Frau in dieser Gemeinde nur wenige, die zu ihm stehen. Die meisten sind kritisch und ablehnend bzw. versuchen, den Gemeindeaufbau zu sabotieren. Jedenfalls glaubt er das zu spüren. Er hat das Gefühl, ihm begegnet eine feindselige Stimmung.

Seine Frage lautet: »Was kann ich tun, um die Gemeinde besser zu motivieren? Was kann ich tun, um mit der Situation besser fertig zu werden?«

In den ersten Stunden des Beratungsprozesses bringt er einige Träume mit, die ihn sehr beunruhigt haben, weil »kriegerische Aspekte« vorherrschten.

Krieg in der Gemeinde

»In einem Gehöft auf dem Land, es ist Besatzungszeit, wir sind zusammen mit anderen Leuten auf dem Hof, die aber offenbar keine näheren Verwandten sind. In den Mauern von Häusern und Nebengebäuden befinden sich große Löcher. Wir haben die Löcher zugestopft mit Maiskolben und anderen Sachen und sie nach Möglichkeit getarnt, denn wir haben Angst, dass die Besatzer die Löcher als Sprenglöcher verwenden würden, um den Hof in die Luft zu sprengen. Jedenfalls verwenden wir einige Mühe darauf, diese Löcher zuzumachen. Es scheint eine eher zufällig zusammengestellte Gruppe von Leuten beieinander zu sein. Wir überlegen uns, was wir machen, wenn die anderen trotzdem kommen, und treffen Vorbereitungen. Jemand schmiert Brote in der Küche. Jemand anderes weiß um eine Art Erdkeller, etwas außer-

halb, ein Loch, das in den weichen Erdboden tief eingegraben ist und einen kleinen Eingang hat. Wir fragen uns, ob das Loch wohl Schutz genug bietet, wenn das Gehöft in die Luft fliegt.

Später findet jemand von den anderen (Besatzern?) die Löcher in den Wänden und legt sie frei, tut aber noch keinen Sprengstoff hinein. Ich sehe, wie eine Katze in ein Loch klettert, in einem anderen scharrt ein Huhn. Wir sind enttäuscht, dass die Löcher jetzt doch gefunden worden sind, und sind gespannt, wie es jetzt weitergehen wird.«

Das Ehepaar hat gemeinsam die Beratung aufgesucht. Beide sind betroffen. Beide leiden unter der »feindlichen« Stimmung, die ihnen in der Gemeinde widerfährt. Wir heben einige konkrete Fragen hervor, die das Traumgeschehen verdeutlichen sollen.

a) »Wie ist Ihr Hauptgefühl nach dem Traum?«
Der Pastor antwortet: »Mein Hauptgefühl ist, ich befinde mich in Feindesland. Ich erlebe Feindschaft, alles ist merkwürdig kriegerisch. Ich habe Angst. Dieses beunruhigt mich. Was kann da noch alles passieren? Konkret bewegt mich die Angst, die ›Besatzer‹ finden die ›Sprenglöcher‹, und was wird dann geschehen? Die Stimmung verstehe ich, aber die Einzelheiten kriege ich nicht zusammen.«

b) »Wie verstehen Sie die Symbole und Bilder im Traum?«
Er: »Mein Eindruck ist, dass das ›*Gehöft*‹ die Gemeinde bedeutet. Neben den Gemeindegliedern gibt es ›*Besatzer*‹. Der ›*Hof*‹ verkörpert ebenfalls die Gemeinde, wo niemals eine Erweckung stattgefunden hat. In dem Gebiet herrschte keine Liebe und Annahme.«

Sie: »Die Besatzer sind Fremde, Feinde, die das Sagen haben. Die ›*Feinde*‹ wollen die Gemeinde kaputtmachen. Sie spielen sich als die eigentlichen Herren auf.«

Er: »Ich habe Angst, dass sie das ›*Gehöft*‹ in die Luft sprengen, dass sie die Gemeinde zerstören, dass sie alles hochgehen lassen. Besatzungszeit erlebe ich als Druck und Rechtfertigungsdruck.«

c) »Haben die Bilder von der Besatzung noch eine andere Bedeutung?«

»Wenn ich über die kirchliche und theologische Situation der Gemeinde nachdenke, kommt mir in den Sinn, dass diese Gemeinde ihre Prediger ständig als ›*Besatzer*‹ erlebt hat. Die Besatzer waren delegierte Prediger, die im Wesentlichen die Richtung, die Theologie, die ethischen Maßstäbe und die Verhaltensmuster der Gemeindeglieder bestimmt haben. Ihre Vorstellungen wurden ziemlich rigide durchgesetzt.

Das andere ist, dass sie auch mich als jemand erleben, der sie in die Falle locken will. Ich bin nicht rigoros. Ich mache Vorschläge, habe allerdings klare biblische Vorstellungen. Mein Eindruck ist, sie erleben auch in mir ein ›Besatzerverhalten‹.«

d) »Was bedeuten die Löcher in den Häusern?«

»Es können die Schwachstellen der Gemeinde sein. Überall gibt es bei Christen Schwachpunkte. Ganz klar, dass die ›*Feinde*‹ die Löcher benutzen, um ihren ›*Sprengstoff*‹ darein zu packen. Das ist nun mal im geistlichen Leben so: Der Teufel sucht die Schwachstellen bei Christen, um sie hochgehen zu lassen.

Ich bin sehr sensibel und fürchte um meine inneren ›*Sprenglöcher*‹. Mein Vollkommenheitsstreben, vorbildhaft und fehlerlos zu erscheinen, produziert Angst. Selbst untergrabe ich meine geistlichen Energien.«

e) »Haben die ›Löcher‹, die Sie im Traum produziert haben, auch eine Bedeutung in Ihrem Leben?«

»Es sind Wissenslücken, Persönlichkeitsdefizite, die ich zu tarnen versuche. Es sind auch Schönheitsfehler, die ich zu verdecken mich bemühe. Es sind theologische Unvollständigkeiten, in die die Gegner reinhauen können.

Wir haben die Löcher mit Maiskolben und anderen Sachen zugestopft. Schon wieder Bilder; ich frage mich, was die Maiskolben bedeuten?«

Wir arbeiten heraus, dass die Maiskolben mit dem »Brot des Lebens« verglichen werden können. In der Nachkriegszeit war Mais in erster Linie das Lebensmittel. Deutlich wird, dass der Pastor nicht mit kriegerischen Mitteln das Problem zu lösen versucht. Aber er erkennt, dass er viel zu getarnt vorgegangen ist. Im Grunde hat er viel zu viel Angst vor den »Feinden« produziert.

f) »Wie erleben Sie als Pastor sich selbst im Traum?«
Deutlich wird, dass der Pastor hochaktiv in das Geschehen eingreift. Den Träumer beschleicht Angst, dass die »Besatzer« die Gemeinde zerstören können. Aber er steht nicht allein. Er spricht ständig im Wir-Stil.

»*Wir* haben Angst ...«
»*Wir* haben die Löcher zugestopft ...«
»*Wir* verwenden viel Mühe darauf ...«
»*Wir* überlegen ...«
»*Wir* treffen Vorbereitungen ...«
»*Wir* fragen uns ...«

Die Gemeinde ist in den Augen des Pastors stark bedroht, aber es finden sich einige Menschen, die hinter ihm stehen, die mit zupacken, die zusammenstehen und zusammen überlegen, wie sie den »Feinden« begegnen können.

Der Pastor spricht es unmissverständlich aus: »In der größten Not, in der Bedrohung durch Feinde im Innern, wächst die Kerngemeinde zusammen.«

Wir stellen heraus:
»Jemand schmiert Brote ...«

»Jemand anderes weiß um eine Art Erdkeller ...«
»Eine Gruppe von Leuten steht zusammen ...«

g) »Welche Bedeutung haben die ›Katzen‹ und ›Hühner‹ im Traum, die die Sprenglöcher freilegen?«

Wir sprechen eine Zeit lang über diesen Punkt, weil diese Traumepisode sich nur schwer erschließen lässt. Schließlich kommen wir zu folgendem Ergebnis:

Wir dürfen den »Feinden« unsere Schwächen und Mängel zeigen. Keiner von uns muss eine falsch verstandene Vollkommenheit an den Tag legen. Je vollkommener wir sein wollen, desto mehr rutschen wir in eine Selbstgerechtigkeit hinein. Wir produzieren eine Werkgerechtigkeit, die am Kreuz Christi vorbeizielt. Katzen und Hühner sind harmlose Tiere, keine Feinde. Sie handeln arglos, kindlich und angstfrei. Sie symbolisieren uns, wie wir leben dürfen. Sie scharren die »Sprenglöcher« frei und offenbaren unsere Mängel und Defizite.

Die Bilder signalisieren dem Träumer, dass ein wirkungsvoller Widerstand organisiert wird. Der Pastor steht nicht allein. Allerdings ist seine Angst groß. Wahrscheinlich macht er sich mehr Gedanken als andere. Er hält die »Löcher« in den »Mauern«, in den Christen, in der Gemeinde und in ihm selbst für bedenklicher, als sie in Wirklichkeit sind. Aber der Pastor beweist auch im Traum eine unzerstörbare Zuversicht, ein grenzenloses Vertrauen zu Gott, dass die Gemeinde überleben wird.

h) »Was offenbaren die entdeckten ›Löcher‹?«

Die kleine Gemeinde ist bereit, in einem »Erdloch« sich einzugraben, in einem »Loch« zu überleben. Die Gemeinde ist bereit, Einschränkungen und große Entbehrungen auf sich zu nehmen. Sie geht nicht unter, sie praktiziert eine geistliche Überlebensstrategie. So sieht es der Prediger. Denn er glaubt, mit den entdeckten Löchern werde dem Träumer auch eine Botschaft Gottes vermittelt.

»Wenn du die Löcher stopfst und willst deine Gemeinde ›tarnen‹, wenn du aus Angst Taktiken benutzt, kannst du nicht siegen. Nicht wir retten unsere Gemeinde, sondern Gott rettet uns.« »Nicht wir sind gerufen, die ›Bultmänner und Käsemänner und Froschmänner, die das Schiff Kirche in die Luft sprengen wollen, zu schützen, sondern Christus sitzt im Schiff«, schrieb Helmut Thielicke.

Der nächste Traum verrät eine enge Beziehung zum ersten. Aber er bietet auch die Lösung für die gemeindlichen Konflikte an:

»Ich bin mit meiner Frau im Auto auf einem Schießplatz unterwegs. Es ist eine Art Truppenübungsplatz. Es ist eine große, freie Fläche, auf der eine Baracke steht. Die Baracke ist aus Holz, die Fensterläden sind verschlossen, wir treffen dort Frau R., die sich freut, uns zu sehen. Sie erzählt uns fröhlich, dass man da schießen könne, wenn man schon längere Zeit dabei ist. Mit ihr fahren wir zu einem anderen Teil des Geländes, wo etliche Holzhütten an einem bewaldeten Hang stehen. Es ist eine sehr düstere Stimmung, fast dunkel und muffig feucht. Der Weg führt in engen Kurven zwischen den Hütten durch. Meine Frau fährt. Sie ist locker, unbedacht und fährt viel zu schnell. Die erste Kurve kriegt sie gerade noch, für die zweite langt es nicht mehr ganz. Sie macht eine Vollbremsung und fährt mit dem Wagen noch in die Wand einer Baracke, die so morsch ist, dass sie nachgibt. Beim Zurücksetzen des Wagens kommt die eingebeulte Wand wieder heraus. Ich bin entsetzt, weil ich vermute, dass überall Munition und Sprengstoff lagern. Das wird von Frau R. auch bestätigt. Sie führt uns in die Baracke und sagt, Munition gebe es hier in jeder Form und Menge. Sie geht in eine der Stuben, wo offenbar die Leute übernachten, die auf dem Platz schießen dürfen.

Sie kramt länger in einer Ecke und kommt mit einer kleinen Tüte Sprengstoff, etwa so groß wie ein Tütchen Parmesankäse, wieder. Während sie uns das Tütchen zeigt, kommt eine Frau vom Bad oder vom Klo an uns vorbei zurück ins Zimmer. Sie wirkt verschlafen, wie behindert, nimmt uns gar nicht richtig wahr.

Ich wundere mich über das Tütchen Sprengstoff. Frau R. sagt, dass es hier jede Menge von dem Zeug gibt und dass ein Tütchen ausreicht, um damit den ganzen Berg in die Luft zu sprengen. Sie sagt, man solle das Pulver in Wasser lösen und dann langsam auf Zuckerwürfel träufeln. Man müsse aber aufpassen, dass der Zuckerwürfel sich dabei nicht auflöse. Wenn alles von dem Zuckerwürfel aufgenommen ist, könne man damit einen Kaffee aufbrühen.«

Was bedeutet dieser zweite Traum?

Mann und Frau sind wieder in der Gemeinde unterwegs, die einem »Schießplatz« gleicht. Es wird geschossen. Die Bilder sitzen. Sagen wir nicht auch, »jemand wird abgeschossen«? Auf dieses oder jenes Gemeindeglied oder auf den Pastor wird »geschossen«? Je aggressiver das Vokabular, desto feindseliger die Stimmung. Worte werden zu Schüssen.

Das gemeindliche Zentrum ist im Traum zur »Baracke« herabgewirtschaftet. Eine Baracke ist sehr baufällig. Es fehlen feste und stabile Mauern. Stürme und Witterung können sie schnell zum Einsturz bringen. Die Stabilität der Gemeinde ist in den Augen des Träumers nicht groß. Die »Fensterläden« sind geschlossen.

Das Leben ist ausgezogen. Die Gemeinde bietet keinen attraktiven Anblick. Sie ist mehr mit inneren Kämpfen beschäftigt als mit missionarischem Einsatz.

Die Stimmung ist »düster«, alles ist dunkel und muffigfeucht. Dunkelheit ist in der Bibel ein Ausdruck für Finsternis, für dämonische Kräfte, für »dunkle Mächte«. In der Luft hängt Muffigkeit, Modergeruch. Das Gegenstück zum Leben ist Fäulnis und Tod. Traumbilder übertreiben, aber sie ermahnen den Träumer, die Angst ernst zu nehmen.

Deutlich wird auch der Unterschied zwischen Mann und Frau. Der Mann nimmt vieles ernster, seine Angst ist stärker, seine Befürchtungen sind größer. Die Frau ist lockerer, verfährt im Gemeindeleben unbedachter und unängstlicher. Sie eckt aber in ihrer unbedachten »Fahrweise« nach seiner Meinung erheblich an. Die Frau führt und sitzt am Steuer und gibt das Tempo an. Sie verkörpert viel Elan und missionarischen Mut. Aber sie muss sich dann auch »bremsen«.

In seinen Augen rast sie in die »Baracke« hinein. Hat er Angst, dass sie Porzellan zerschlägt? Er erlebt, dass sie rasanter in der Gemeindearbeit zu Werke geht. Sie bringt Morsches zum Einstürzen. Der Mann ist entsetzt, weil dadurch auch mehr »Sprengstoff« und »Munition« freigelegt werden. Was sagen die Traumbilder noch?

a) Wer ist Frau R.?

Eine aktive Mitarbeiterin der früheren Gemeinde. Sie verkörpert eine bewusste Christin. Wichtig, dass sie sich nicht beeindrucken lässt von »Munition« und »Sprengstoff«. Sie überwindet die Angst und führt das Pastorenehepaar in die »Stube« der Gemeindeglieder und damit in die »Baracke«, in die Räume der Kirche. Sie nimmt Kontakt auf mit den Leuten, die sich in der Baracke, in der Kirche, inzwischen häuslich eingerichtet haben und »schießen« dürfen.

Sie verkörpert ein angstfreies Christsein, geht ohne Befürchtungen auf die »schießfreudigen« Gemeindeglieder zu und entwickelt geistliche Strategien, um den hochexplosiven Sprengstoff in der Gemeinde zu entschärfen. Die Frau wirkt wie ein »Bote Gottes«, der im Traum die Lösung für das feindliche Miteinander anbietet.

b) Wer ist die verschlafene Frau, die an Frau R. vorbeiläuft?

Sie verkörpert die »verschlafene« und »behinderte« Gemeinde. Entweder handelt es sich um »verschlafene Christen«, die wenig Energie und missionarische Kraft auf die Beine stellen, oder um »schießwütige Leute«, die angreifen, die zerstören statt aufbauen. Die verschlafenen Gemeindeglieder nehmen die aktive Christin, Frau R., nicht wahr, die mitten in der Höhle des Löwen eine Wandlung vorbereitet.

c) Welche Lösung schlägt Frau R. vor?
Frau R. hat in einer Ecke gekramt und kommt mit einer kleinen Tüte »*Sprengstoff*« wieder. Das Wort Gottes ist der »*Sprengstoff*«. Vor Jahren wurde von den vier Evangelien eins in Form einer Zeitung gedruckt und in Großauflage unter die Menschen gebracht. Der Titel: »Eine Hand voll Dynamit«.

Ein Tütchen des Sprengstoffs genügt, um einen ganzen Berg in die Luft zu sprengen. Richtig angewendet kann es die feindlichen Bastionen sprengen. Aber der »Feind« soll nicht vernichtet, er soll gewonnen werden. Die Botschaft Gottes soll die Menschen nicht erschlagen, sondern locken. Sie soll nicht abschrecken, sondern einladen. Die Botschaft soll kein Kampf- und Streitprojekt sein. Sie soll wie ein »*Kaffee*« die schlafenden Menschen aufrütteln und wecken. Die Botschaft muss verdaulich sein.

Intensiv setzt sich der Träumer mit der Umwandlung der hochexplosiven Botschaft Gottes in genussfähige Speise auseinander. Er will dem »*Sprengstoff*« alles Zerstörerische nehmen, es soll zum wirklichen »*Lebensmittel*« werden. Die Botschaft, die der Prediger zu verkündigen hat, soll ganz in das »Wasser des Lebens«, in Christus, in die »Quelle des Lebens« hineingegeben werden.

Aus Angst vor falschen Anstößen wird das Ganze auf »Zuckerwürfel« geträufelt. Zucker ist die Süßigkeit in unserem Leben. Der Prediger hat Angst, dass seine Botschaft, die ganz im Wasser des Lebens, in Christus, weitergereicht wird, immer noch Menschen zerstört. Der »Zucker« soll die kraftvolle Verkündigung, die Feindschaft und Gegnerschaft hervorrufen kann, versüßen. Gleichzeitig hat der Prediger Angst, dass der Zucker sich völlig auflöst und der »Sprengkraft« des Wortes Gottes die Durchschlagsstärke nimmt. Er möchte einen »Kaffee« reichen, der aufweckt und »Verschlafenheit« beendet.

Was schließt der Träumer aus seinem Traum?

Er hat die Träume als Botschaften Gottes verstanden und ernst genommen. Er hat sie als Weisungen akzeptiert, neu und kraftvoll den »Feinden« in den eigenen Reihen zu begegnen. Der Pastor hat begriffen, dass er seine unnötige Angst und Vorsicht ablegen darf. Die Lösung im Traum und die gemeinsame Traumberatung haben ihm für die Gemeindearbeit eine fühlbare Entlastung gebracht.

Wie die Verkündigung unsere Worte und unsere Gedanken spiegelt, gleichzeitig aber Gottes Wort repräsentiert, so fördert der Traum unsere Bilder und unsere Vorstellungen zu Tage; gleichzeitig bietet er Raum für Gottes Geist, der sich im Traum zu Wort meldet.

KAPITEL 10

Gott spricht zu Jakob im Traum

Wir denken in diesem Buch über Gotteserfahrungen nach, die Menschen im Traum gemacht haben.

Die Bibel ist und bleibt die Offenbarungsquelle, auf der alles andere aufbaut.

Aber wir sollten auch den Mut haben, den Traum als eine Möglichkeit ins Auge zu fassen, die Gott in seiner Weisheit benutzt, um uns geistliche Anstöße zu geben – genauso wie Gespräche oder Erlebnisse, in denen er uns begegnet. Jakob, der Sohn Isaaks, von dem das erste Buch Mose berichtet, ist ein Musterbeispiel für Gottes Führung, obwohl er sich von seinem Vater den Segen des Erstgeborenen erschlichen hat. Er muss vor dem Zorn seines älteren Bruders Esau fliehen. Auf der Flucht hat er einen Traum:

> *Er sieht eine Leiter oder Treppe, auf der die Engel Gottes auf- und absteigen. Gott sagt zu ihm:*
>
> *Ich bin der Herr, der Gott deiner Vorfahren Abraham und Isaak. Das Land, auf dem du liegst, will ich dir und deinen Nachkommen geben ... An der Stellung zu dir und deinen Nachkommen wird sich für alle Menschen Glück und Segen entscheiden ... Ich bewahre dich, wo du auch hingehst, und bringe dich wieder in dieses Land zurück.« (1. Mose 28,12–15)*

Der lebendige Gott würdigt den Traum, um eine gewichtige heilsgeschichtliche Entscheidung in die Tat umzusetzen: Jakob wird trotz seiner Schuld als Träger der Verheißung eingesetzt. Gott bekräftigt damit seinen Bund mit Abraham und dessen Nachkommen. Dieser Bund oder Vertrag wird Auswirkungen für die ganze Menschheit haben.

Hätte sich Gott da nicht einen beweiskräftigeren Weg aussuchen können? Wäre es ihm nicht möglich gewesen, einen für alle Menschen überzeugenden Kraftakt zu demonstrieren? Nein, unser Gott wählte den Traum.

Was geht dem Traumgeschehen voraus?

Nachdem Jakob sich von dem blinden Vater Isaak den Erstgeburtssegen ergaunert hat, fasst Esau den Entschluss, seinen jüngeren Bruder umzubringen.

Mutter Rebekka erfährt davon und drängt Jakob zur Flucht zu ihrem Bruder Laban in Mesopotamien.

Um Jakobs geplante Abwesenheit unverfänglich erscheinen zu lassen, greift sie Isaak gegenüber zu einer List:

Die Eltern machen sich seit einiger Zeit Sorgen um Esau, weil er sich mehrere Hetiterinnen zu Frauen genommen hat, die nicht an den Gott Abrahams, sondern an die Götter des Landes Kanaan glauben.

Nun sagt Rebekka zu Isaak, sie sei deswegen verzweifelt und lebensmüde. Und was wäre, wenn nun auch noch Jakob eine Hetiterin zur Frau nähme?

Da holt Vater Isaak Jakob zu sich und verfügt als letzten Willen über ihn: »Du darfst auf keinen Fall eine Frau aus dem Lande Kanaan heiraten! Geh nach Mesopotamien zur Familie deines Großvaters Betuel und nimm dir eine von den Töchtern deines Onkels Laban zur Frau. Der Gott, der alle Macht hat, wird dich segnen und dir viele Nachkommen schenken, so dass aus dir einst eine ganze Schar von Völkern wird. Auf dich und deine Nachkommen wird der Segen übergehen, den Abraham empfangen hat: Ihr werdet das Land in Besitz nehmen, in dem du als Fremder gelebt hast und das Gott einst Abraham zugesprochen hat.« (l. Mose 28,2–4)

Isaak spricht in prophetischer Sicht seinem Sohn Jakob eine besondere Zukunft zu. Der Segen Abrahams wird noch einmal an Jakob weitergegeben. Dann folgt die Traumgeschichte:

»Jakob machte sich auf den Weg von Beerscheba (im Land Kanaan) nach Haran (in Mesopotamien). Als die Sonne unterging, beschloss er, an dem Platz, an dem er gerade war, zu übernachten. Unter den Kopf legte er einen der Steine, die dort herumlagen.

Während er schlief, sah er im Traum eine breite Treppe, die von der Erde bis zum Himmel reichte. Engel kamen auf ihr zur Erde herunter, andere stiegen wieder zum Himmel hinauf. Der Herr stand selbst auf der Treppe und sagte zu ihm: ›Ich bin der Herr, der Gott deiner Vorfahren Abraham und Isaak. Das Land, auf dem du liegst, will ich dir und deinen Nachkommen geben. Sie werden so unzählbar sein wie der Staub auf der Erde und sich nach allen Himmelsrichtungen ausbreiten. Am Verhalten zu dir und deinen Nachkommen wird sich für alle Menschen Glück und Segen entscheiden. Ich werde dir beistehen. Ich bewahre dich, wo du auch hingehst, und bringe dich wieder in dieses Land zurück. Ich lasse dich nicht im Stich. Alles, was ich versprochen habe, werde ich tun.‹

Jakob erwachte. ›Der Herr wohnt an diesem Ort‹, rief er, ›und ich wusste es nicht! Man muss sich diesem Platz in Ehrfurcht nähern. Hier ist wahrhaftig das Haus Gottes, das Tor des Himmels!‹

Früh am Morgen stand Jakob auf. Den Stein, auf dem er gelegen hatte, stellte er als Steinmal auf und goss Öl darüber, um ihn zu weihen. Er nannte die Stätte Bet-El (Haus Gottes); vorher hieß der Ort Lus.

Dann legte Jakob ein Gelübde ab: ›Wenn der Herr mir beisteht‹, sagte er, ›und mich bewahrt auf der Reise, die ich jetzt antrete, wenn er mir Nahrung und Kleidung gibt und mich wohlbehalten wieder nach Hause zurückbringt, dann soll er allein mein Gott sein. Hier an dieser Stelle, wo ich den Stein aufgestellt habe, soll ein Heiligtum für ihn errichtet werden. Von allem Besitz, den er mir schenken wird, werde ich ihm den zehnten Teil geben.« (l. Mose 28,10–22)

Dieser Traum enthält viele wichtige Hinweise. Wir leiten daraus im Folgenden sechs Denkanstöße ab.

Gott gibt Wegweisung durch Träume

Jakob folgte dem dringenden Rat seiner Mutter und machte sich auf den Weg. Unterwegs ging die Sonne unter, und Jakob legte sich nieder, um zu schlafen. Und er hatte einen klaren, wichtigen Traum.

Nicht alle Träume unseres Lebens sind Träume, in denen Gott zu uns redet. Der Traum des Jakob ist ein biblisches Beispiel, dass Gott Träume benutzen kann, um Gedanken und Probleme, die uns beschäftigen, oder Fragen, die uns quälen, einer Lösung näher zu bringen.

Es gibt immer wieder Hinweise in Träumen, die wir aus Gottes Hand nehmen dürfen. Was können das für Hinweise sein?

- Wir werden im Traum *gewarnt*. Der Traum warnt uns davor, diesen oder jenen Weg zu gehen. Wir können die Hinweise aus Gottes Hand nehmen und halten uns an die klaren Aufforderungen, die uns im Traum gegeben wurden. Entscheidend ist, dass wir ohne Zweifel diese Traumbotschaften aus Gottes Hand nehmen.
- Wir werden im Traum *ermutigt*. Der Traum gibt uns einen klaren Auftrag, bestimmte Schritte zu wagen. Ein schönes Beispiel ist Paulus, der in Apostelgeschichte 16,9–10 Folgendes erlebt: »Dort (in Troas, an der Grenze

zu Europa) hatte Paulus in der Nacht eine Vision: Er sah einen Mann aus Mazedonien vor sich, der ihn bat: ›Komm zu uns herüber und hilf uns!‹ Daraufhin suchten wir sofort nach einem Schiff, das uns nach Mazedonien mitnehmen konnte. Denn wir waren sicher, dass Gott uns gerufen hatte, den Menschen dort die Gute Nachricht zu bringen.«

Die Traumvision bestärkte Paulus, die Botschaft von Christus nach Europa zu tragen. Träume haben häufig eine grundlegende Bedeutung und eine wegweisende Funktion.

Jakob erfuhr im Traum, dass seine Herden wachsen würden, wenn er gestreifte, gesprenkelte und gescheckte Böcke für die Fortpflanzung benutzte. Im Traum teilte ihm Gott mit, dass er nicht vergeblich in Labans Diensten stehen sollte.

Gott bestätigt den Betrüger

Jakob sieht im Traum eine Treppe auf der Erde stehen, die bis in den Himmel reicht. Einige Ausleger sprechen von der »Himmelsleiter«, andere reden von einer »Treppe«. Der hebräische Ausdruck bezeichnet wohl eine »treppenartige Aufschüttung« (Gerhard von Rad). Der Alttestamentier Gerhard von Rad schreibt zu der Stelle:

»Zum Verständnis des Ganzen muss man aber noch wissen, dass man im alten Orient ziemlich allgemein zwischen dem irdischen Erscheinungsort einer Gottheit und ihrem eigentlichen himmlischen Wohnort unterschieden hat. So ist auf dem riesigen babylonischen Treppenturm in dem oberen Gemach der Wohnort der Gottheit symbolisiert, während sich unten auf der Erde ein Erscheinungstempel befindet ... So macht auch Jakob in diesem Sinn eine deutliche Unterscheidung: Dies ist ein Gotteshaus, das heißt der Erscheinungsort Gottes, der zu einem Kultort und Kultgebäude werden soll.«[1]

Durch den Traum wird Jakob der Gründer des späteren Heiligtums, nämlich »Bethel«. Noch etwa tausend Jahre später, im Jahre 722 v. Chr., ist Bethel als Heiligtum genannt, trotz der Besetzung durch die Assyrer. Erst Josia ließ das Heiligtum zerstören (2. Könige 23,15), da dort inzwischen fremden Göttern geopfert wurde.

Im Traum geht es um die Doppelverheißung, nämlich um den Landbesitz und um das Entstehen eines Volkes. »Deine Nachkommenschaft wird wie der Staub auf der Erde sein« (Vers 14).

Gott stellt sich Jakob persönlich als Vätergott vor. Diese direkte Ansprache durch Gott im Traum ist für Jakob eine vorher unvorstellbare Erfahrung: Jakob, der Listenreiche, der Betrüger, wird von Gott im Traum bestätigt.

Dass ein raffinierter Betrüger den Segen Gottes erbt, hat besonders die Führung im Dritten Reich erbost. Mit wüsten Beschimpfungen zogen die nationalsozialistischen Wortführer gegen die Juden als das »Volk der Betrüger und Verbrecher« zu Felde, um so ihre eigenen Verbrechen zu rechtfertigen. Lügnerische Praktiken würden moralisch und ethisch geheiligt. Und der skrupellose und durch und durch verdorbene Jakob, der mit seiner intriganten Mutter eine beispiellose Betrugskampagne inszeniert habe, werde als »verehrungswürdiger Glaubensvater« von Gott selbst rein gewaschen. Das sei »personifizierte Infamie«.

Aber auch einem unbefangenen Leser können Zweifel an Gottes Gerechtigkeit kommen.

- Mit keinem Wort macht Gott Jakob fertig.
- Mit keinem Wort stellt er den Betrüger infrage.
- Mit keinem Wort erwähnt er Jakobs schmutzige Vergangenheit.

Weiß Gott nicht, was vorgefallen ist? Doch, aber er geht ganz anders mit Menschen um, als wir das erwarten. Jakobs Geschichte kann uns gerade auch in Seelsorge, Therapie und Erziehung Regeln für den Umgang mit Menschen zeigen. Wir glauben,

- moralisieren zu müssen,
- geistliche Nachhilfe praktizieren zu müssen,
- den Sünder noch einmal gründlich mit seiner Schuld konfrontieren zu müssen.

Gott weiß um unsere menschliche Schwäche. Er rechnet mehr damit als wir. Gott bestätigt den Betrüger. Gott gibt den Segen an einen Menschen weiter, der wahrlich Dreck am Stecken hat. Jakob fühlt sich dadurch aber nicht in seinem schlechten Tun bestätigt. Der Traum erschüttert ihn bis ins Mark. Er wirft diese Botschaft des Himmels nicht achtlos beiseite, etwa mit den Worten: »Das ist ja nur ein Traum!« Jakob nimmt die Botschaft ganz ernst und testet sie.

Das geschah vor einigen tausend Jahren, und es kann heute noch geschehen. Es gibt keinen ausdrücklichen Hinweis in der Bibel, dass sich Gott nicht auch heute noch im Traum Menschen offenbaren will.

Welche Rolle spielen die Engel?

Im Traum sieht Jakob Scharen von Engeln die Himmelsleiter auf- und niedersteigen. Hat Jakob den Traum ein bisschen ausgeschmückt? Nein, Jakob beschreibt präzise, was sich zwischen Himmel und Erde abspielt. Engel sind keine mythologischen Fabelwesen, die Menschen erfunden haben. Engel tauchen immer wieder in der Bibel auf.

Die Engel, die Boten Gottes, diese Mächtigen im Himmel,

»seine Diener« und »Vollstrecker seines Willens«, wie der Psalmdichter David sie nennt, sind Gottes Dienstboten.

Als Jesus vom Geist Gottes in die Wüste geführt wurde und vom Teufel auf die Probe gestellt werden sollte, steht Jesus am Schluss der Auseinandersetzung nicht allein: »Da ließ der Teufel von Jesus ab, und Engel kamen und versorgten ihn« (Matthäus 4,11).

Jesus macht darauf aufmerksam, dass besonders die einfachen Menschen, die Kleinsten und Geringsten von Engeln bewacht sind. Unsichtbar halten sie zwischen Himmel und Erde die Verbindung.

Sind die Engel in Jakobs Traum die Überbringer der Botschaft? Der Theologe Hellmuth Frey ist jedenfalls dieser Meinung: Jakob erfährt im Traum, dass Gott selbst über die Engel mit ihm redet. »Die Boten Gottes tragen die Sprache zwischen Gott und Menschenherzen auf und nieder. In lautloser Geschäftigkeit tragen sie die Gaben und Kräfte Gottes hinab und die Gebete und Seufzer der Menschen hinauf und dringen in endlosen Scharen hinaus zu allen Geschlechtern mit dem Segen ... Jakob darf hier den großen Gottesplan schauen, der sich in Abrahams Samen erfüllen sollte und erfüllt ist in den beiden Jesus-Worten: ›Von nun an werdet ihr den Himmel offen sehen, und die Engel Gottes hinauf- und herabfahren auf des Menschen Sohn‹, Johannes 1,51, und in dem anderen: ›Siehe, ich bin bei euch alle Tage bis an der Welt Ende‹, Matthäus 28,20.«[2]

Jakob wacht aus dem Traum auf und wird im ersten Augenblick von Furcht gepackt. »Wie furchtbar ist diese Stätte! Das ist nichts anderes als Gottes Haus, und das ist das Tor des Himmels« (Vers 17).

Der Flüchtling und Betrüger wird von Gott und seiner machtvollen himmlischen Begleitung gestellt. Er erschrickt darüber, dass sich der lebendige Gott einem niederträchtigen Lumpen offenbart. Auch der heutige Leser ist überrascht. In diesem Traum dokumentiert Gott seine Macht, aber auch seine große Liebe, in der er sich mit einem solchen Aufwand um einen Schurken bemüht.

Gott redet im Traum verbindlich

Der Traum ist kein flüchtiger Gedanke, den wir hören und vergessen können. Gott redet im Traum verbindlich.

- Gott erwartet unsere Antwort.
- Er erwartet nach dem Traum Entscheidungen.

Der Theologe Gottfried Voigt drückt es so aus: »Der flüchtige, einsame Jakob hat es jetzt ganz unmittelbar mit Gott zu tun. – Und noch etwas, was sich da ergibt, wo wir Gott begegnen. Der Gott, der uns in den Weg tritt, gleich ob im Traum, wie bei Jakob, oder in einem der Gnadenmittel, wie bei uns –, entlässt uns nicht in die Unverbindlichkeit.«[3]

Jakob erwacht aus dem Traum und stellt keineswegs alles infrage. Er denkt nicht, der Traum könnte wahr sein. Er spricht nicht in der Möglichkeitsform. Er überlegt nicht, ob seine frommen Wünsche ihm einen Streich gespielt haben könnten. Etwa wie wir sagen: »Der Wunsch ist der Vater des Gedankens.« Abgewandelt: »Der Wunsch ist der Vater des Traums.« (Sigmund Freud war der Meinung, dass alle Träume »Wunschträume« seien.)

Jakob erwacht und sagt: »Gewiss, der Herr ist an diesem Ort ... Hier ist wahrhaftig das Haus Gottes, das Tor des Himmels« (1. Mose 28,16–17).

Jakob handelt. Er steht auf und stellt den Stein, auf dem er im Schlaf gelegen hat, als Steinmal, als Denkmal auf, gießt Öl darüber und weiht ihn. Das können wir von Jakob lernen: Wer Gott beim Wort nimmt, den wird Gott segnen. Gott wird ihn nicht hängen lassen, selbst wenn der Traum sich in der Ewigkeit als menschliche Wunschvorstellung herausstellen sollte.

Die Glaubensgewissheit in solchen Traumsituationen ist und bleibt auch eine Gefühlsfrage. Sicherheit, die wir gewinnen, gibt es nur als Glaubensgewissheit, nicht in Form eines naturwissenschaftlichen Beweises. Das Gleiche gilt für die Führung durch Träume in unserem Leben. Trotzdem gilt: Wer Gott beim Wort nimmt, wird gesegnet.

Diese Gewissheit, dass Gott geredet hat, bringt Konsequenzen. Jakob wirft das Traumgeschehen nicht einfach aus seinem Gedächtnis und geht zur Tagesordnung über.

- Jakob *weiß*: Gott hat geredet.
- Jakob *vertraut*, dass Gott bei ihm ist.
- Und dann legt Jakob ein Gelübde ab.

Wir erinnern uns an Paulus im Neuen Testament. Wie wir bereits gesehen haben, stand er vor der Frage, ob er seine Missionsarbeit nach Europa ausdehnen sollte. In dieser kritischen Situation hatte er in der Nacht eine Vision (ein Traumgesicht). Er sah einen Mann aus Mazedonien vor sich, der ihn bat: »Komm zu uns herüber und hilf uns.« Lukas berichtet weiter: »Darauf suchten wir sofort nach einem Schiff, das uns nach Mazedonien mitnehmen konnte« (Apostelgeschichte 16,9–10).

Paulus nimmt die Vision aus Gottes Hand – und die Konsequenz? Er handelt – wie Jakob.

Er sucht *sofort* ein Schiff, das ihn nach Mazedonien bringt. Hätte er sich von Zweifeln beeindrucken lassen oder sich dem Grübeln hingegeben, wäre vielleicht die »Gute Nachricht« in Kleinasien hängen geblieben. Entscheidend ist, dass wir nicht erhabene »Gefühle« produzieren, sondern Entscheidungen treffen. So können Träume die Welt verändern. Auf diese Weise können heute noch Träume, die als Gottes Botschaft ernst genommen werden, zu neuen Ufern aufbrechen lassen.

Erwählung trotz Verfehlung

Das ist die Pointe dieser Geschichte von Jakobs Traum:

- Gott erwählt einen *Betrüger*, mit dem er seine Heilsgeschichte fortführt;
- Gott erwählt einen *Unwürdigen*, den er würdigt, der Vater ganzer Völker zu werden;
- Gott erwählt einen kriminellen *Flüchtling*, dem er Verheißungen für Land, Nachkommenschaft und Segen gibt.

Eine nahezu unvorstellbare Tat Gottes. Wir meinen, Gott kann nicht anders, als den Tüchtigsten, den Reinsten und in jeder Weise Vorbildlichsten zu wählen. Gott stellt wieder einmal unsere Maßstäbe auf den Kopf. Die Zuwendung Gottes ist unerwartet, unvorhergesehen und unbegreiflich.

Gottfried Voigt kommentiert sie so: »Man kann sich nur wundern: *lauteres Evangelium.* Der von Isaak unwissend gewährte Segen, der Segen also, den Jakob sich durch ein unverantwortliches Gaunerstück verschafft hat, soll gelten! ... Der Flüchtende, der das Land schleunigst verlassen muss, bekommt eben dieses Land für sich und seine Nachkommenschaft aufs Neue zugesprochen ...

Damit gibt Gott zu erkennen, dass der Unwürdige des verheißenen Erbes nicht verlustig geht, sondern in den heilsgeschichtlichen Strom des Segens einbezogen bleibt. Wir sagten schon: Hier bereits stellt sich Israels Berufung und Bewahrung dar. Es kann seine Stellung und seinen Auftrag in der Heilsgeschichte nur als ein Wunder des göttlichen Erbarmens ansehen.«[4]

Das heißt für uns: Die »heilige christliche Kirche«, von der das Glaubensbekenntnis spricht, ist die Gemeinde der Sünder und Versager, der Armen, die nichts zu bieten haben; nicht nur der Erfolgreichen und in der Welt Angesehenen, sondern gerade auch der Menschen, die nicht durch Titel, saubere Westen und glänzende Zeugnisse in die Vorauswahl kommen. Die Jakob-Geschichte ist für Sauberkeitsfanatiker und Moralisten ein Schlag ins Gesicht.

Jakob prüft, ob sich der Traum bestätigt

Für uns selbst und für die therapeutische Seelsorge können wir viel aus dieser Geschichte lernen.

Jakob ist Realist. Seine nüchterne Einstellung ist augenfällig. Er schwelgt nicht in himmlischen Gefühlen. Jakob hat wirklich (Vers 16) Gottes Gegenwart im Traum erlebt. Und er zieht Konsequenzen aus dieser Begegnung. Er spricht ein Gelübde aus:

»Wenn Gott mit mir sein und mich auf dem Wege, auf dem ich mich jetzt befinde, behüten wird, und mir Brot und Speise und Kleidung zum Anziehen gibt, und ich wohlbehalten zum Hause meines Vaters zurückkehre, dann soll der Herr mein Gott sein« (Vers 20–21).

Dieses Gelübde hat es in sich. Jakob verpflichtet sich seinem Gott. Aber er stellt auch Bedingungen. In einen Satz packt er drei Bedingungen:

- *Wenn* Gott mich auf dem Weg, den ich jetzt gehe, behüten wird;
- *wenn* Gott mir Brot, Speise und Kleidung zum Anziehen gibt;
- *wenn* Gott mich wohlbehalten zum Hause meines Vaters zurückkehren lässt ...

Jakob stellt eine Kette von Bedingungen auf. Einige Ausleger haben den Eindruck, dass hier ein unerträglicher Kuhhandel abgeschlossen wird. Will Jakob mit Gott Geschäfte machen? Oder spricht so ein Mensch mit Gott, der rückhaltlos mit ihm rechnet?

So redet ein Kind mit seinem Vater. Wenn uns Jesus im Neuen Testament die Geschichte vom verlorenen Sohn und seinem älteren Bruder berichtet, dann wird auch im Gleichnis Jesu deutlich, wie vertrauensvoll der Sohn dem Vater gegenübertritt, ehrlich und offen. Nur wer vertraut, kann so mit Gott, dem Vater, reden. Unser Bild von Gott ist durch Jesus in ein neues Licht gerückt. Kinder kommen zu ihrem Vater und können Wichtiges und Unwichtiges loswerden. Kinder können reden, wie ihnen der Schnabel gewachsen ist. Sie begegnen keinem Tyrannen, sondern einem Vater. Mit dem können sie auch verhandeln. Schauen wir uns Jakob an: Er verhandelt, aber er legt sich auch rückhaltlos fest. Er verhandelt, aber er trifft auch einmalige Lebensentscheidungen.

Die Geschichte vermittelt uns: Wir dürfen mit Gott handeln. Er ist unser Vater, dem wir unsere versteckten Unsicherheiten und ungelösten Fragen anvertrauen dürfen. Jakob will auf Nummer sicher gehen. Er will keinen Wunschträumen nachhängen.

Der himmlische Vater lässt sich darauf ein. Er offenbart sich als großzügig, großmütig und barmherzig.

Jakob ist nicht der einzige Mensch in der Bibel, der eine Zusage Gottes zunächst prüft. Denken wir an Gideon im Alten Testament, der Gottes Stimme vernommen hat und unsicher ist, ob er nicht Trugbildern aufsitzt. Einige Male versichert er sich, dass er sich nicht geirrt hat. Dazu erbittet er von Gott zweimal ein Zeichen. (Die Geschichte mit dem Schaffell wirkt schon fast peinlich.) Aber Gideon überprüft zu Recht die Botschaft, die er gehört hat, um nicht seinen Gefühlen und der inneren Stimme ausgeliefert zu sein (vgl. Richter 6,11–40).

In Amerika nennt man dieses Verfahren in der psychologischen Praxis »reality testing«. Die Botschaften eines Menschen werden in der Realität, im Alltag auf ihre Richtigkeit hin überprüft. Jakob testet und überprüft die nächtliche Traumbotschaft auf ihre Richtigkeit. Das ist kein ungebührliches Verhalten, keine Herausforderung Gottes. Wir sagen gern: Träume sind Schäume. Wir sind zutiefst unsicher bei bestimmten Träumen. Jakob zeigt uns einen Weg, wie wir die Botschaft Gottes im Traum auf ihre Echtheit prüfen können.

»Wenn du mich auf dem Wege bestätigst, nehme ich das als Zeichen deiner Botschaft an mich.«

Entscheidend ist,

- dass wir gehen,
- dass wir handeln,
- dass wir leben, was er uns gesagt hat.

Im Handeln erfahren wir Gottes Bestätigung, nicht im Grübeln.

KAPITEL 11

Traumdeutung und Lebensstilkorrektur

Träume können also immer wieder klärende Bedeutung für das Leben eines Menschen haben. Doch zunächst muss der Träumer sie für sich deuten können und Hinweise auf Lebensprobleme als solche erkennen. Wie können die Probleme eines Träumenden mit seinen Träumen in Verbindung gebracht werden? In welcher Weise hilft ein Traum dem Ratsuchenden, seine Schwierigkeiten zu überwinden?

Auf den folgenden Seiten werden einige Träume beschrieben, die in der therapeutischen Seelsorge zur Sprache kamen.

Ich fühle mich allein und abgelehnt

Eine Frau von vierundvierzig Jahren sucht die Beratung auf. Sie ist allein erziehend und hat eine siebzehnjährige Tochter.

Ihr Problem:

»Ich fühle mich allein und abgelehnt. Ich sitze in einer Sackgasse. Was kann ich tun?«

Ihr Traum:

»Ich bin mit Mutter Straßenbahn gefahren. Die Mutter ist ausgestiegen und hat mich zurückgelassen. Ich habe geweint.

Die anderen Fahrgäste haben mich aus dem Wagen herausgebracht und der Mutter abgegeben, die draußen stand. Sie ha-

ben mit ihr geschimpft. Mama stand da und sagte nichts. Vom Gesichtsausdruck her fühlte sie sich mir gegenüber ablehnend und zugleich schuldig.«

Einige Anmerkungen zu diesem Traum:

a) Problem und Traum stimmen inhaltlich überein
Der Traum taucht im Rahmen des Beratungsprozesses auf. Die Frau schildert ihn als Wiederholungstraum. Deutlich wird, dass die Ratsuchende eine langfristige, ungelöste Lebensschwierigkeit beschreibt. Die Wiederholung demonstriert, dass dieser Lebenskonflikt schon viele Jahre in ihr schwelt.

b) Das Hauptgefühl des Traumes
Die Ratsuchende, die sehr wortkarg ist und wenig Gefühle zur Sprache bringt, wiederholt monoton, aber klagend: »Ich fühle mich allein und abgelehnt.«

Sie spricht einsilbig, und doch vermittelt sie dem Berater, dass sie leidet und unglücklich ist.

c) Mutter und Tochter fahren Straßenbahn
Die Ratsuchende verbindet mit dem Bild der Straßenbahn das Leben. Mutter und Tochter sind »unterwegs«. Beide werden gefahren. Sie sind beide nicht besonders unternehmungslustig, zeigen keine große Initiative und lassen sich durchs Leben schaukeln.

Ohne Ankündigung steigt die Mutter plötzlich aus. So hat die Ratsuchende es im Leben immer wieder erfahren: »Meine Mutter sagt nichts und geht ihrer Wege.«

d) Was tut die Tochter?
Sie läuft nicht hinter der Mutter her. Sie sagt nicht: »Warum steigst du aus?« Sie bettelt nicht. Sie macht keinen Terror. Sie lässt weinend das »Schicksal« über sich ergehen.

»Was drücken Sie mit Weinen aus?« Die Ratsuchende hat deutlich ihre Macht erkannt. »Tränen sind Wasserkraft!« sagte Alfred Adler. Die Fahrgäste werden angeregt und dazu veranlasst, sich um das weinende Kind zu kümmern. Die Ratsuchende vermittelt Hilflosigkeit. Sie versteht es, andere Menschen wortlos in Dienst zu stellen.

Die Fahrgäste beschimpfen »die Rabenmutter«. Die Tochter verhält sich so, dass diese Aktionen ohne Aufforderungen in Szene gesetzt werden. Ein Lebensstilmuster, das die Ratsuchende lächelnd bestätigt.

e) Was tut die Mutter?

Sie entfernt sich von dem Kind. Sie hat keinen Kontakt zur Tochter. Ein Gespräch findet nicht statt.

»Sie steigt aus«, ein doppeldeutiges Bild. Die Träumerin hat es treffsicher in Worte gebracht. Man kann aus der Straßenbahn aussteigen, aber auch aus eingefahrenen Gleisen, aus dem Leben, aus dem Alltag usw.

»Wo entdecken Sie sich in der Mutter wieder?« Die Ratsuchende verdeutlicht, dass die geschilderte Mutter auch sie selbst ist. Mit ihrer Tochter verfährt sie ebenso.

Die Ratsuchende spiegelt die sich widersprechenden Empfindungen wider. Sie lehnt die Tochter ab und fühlt sich gleichzeitig schuldig.

f) Wo liegt die Hilfe für die Ratsuchende?

Der erste Schritt zur Beantwortung des Lebensproblems ist es, den Lebensstil mithilfe des Traumes erkennbar zu machen. Denn der Lebensstil zeigt, was die Ratsuchende wirklich tut. Je deutlicher ihr Handeln ins Licht gerückt wird, desto eher erkennt die Ratsuchende, mit welchem Ziel sie sich so und nicht anders verhält.

Welche Lebensstil-Aspekte sind erkennbar?

- Ich bin allein, weil ich nur indirekt etwas unternehme.
- Ich lasse mich durchs Leben schaukeln, ich lasse mich treiben. Sich treiben lassen ist eine wichtige Lebensentscheidung.
- Ich bin stumm, verweigere mich dem Kind und blockiere den Kontakt mit anderen Menschen.
- Ich weine mein Leid still vor mich hin, in der Hoffnung, dass andere für mich aktiv werden. Damit stelle ich die anderen in Dienst.
- Durch mein Schweigen schaffe ich Distanz und gewinne keine Freude. Ich erwarte, dass die anderen für mich etwas tun.

Je klarer die Lebensstil-Aspekte mit der Ratsuchenden herausgearbeitet werden, desto überzeugender ergeben sich die Schritte für eine Lebensstilkorrektur.

Die Ratsuchende muss erkennen, dass sie sich selbst in die Außenseiterrolle hineinmanövriert hat. »Andere Leute haben oft gesagt, dass ich stärker auf andere zugehen sollte. Ich verstand das gar nicht. Im Traum erlebe ich, dass das stimmt. Wenn ich mich nicht auf die anderen zu bewege, passiert nichts. Ich wusste gar nicht, dass ich ein Aussteiger bin. Ich werde wieder einsteigen! Ich werde wieder mit anderen mitfahren. Das ist mir klar geworden.«

Träume offenbaren unsere Fehlhaltungen und Sünden. Die Ratsuchende hat sich auch in der Gemeinde rar gemacht. Warum?

Lange war sie der Meinung, dass die ändern Gemeindeglieder sie nicht mochten, dass sie abgelehnt würde. Den andern warf sie Lieblosigkeit, Unbarmherzigkeit und Ungerechtigkeit vor.

Nun wurde ihr klar, dass sie Mitchristen verurteilte und

dass sie durch ihre distanzierte Einstellung andere Gemeindeglieder dazu bewog, sich ihr gegenüber auch zurückhaltend zu äußern.

Ich schaffe es nie!

Eine Sprechstundenhilfe sucht die Beratung auf, um berufliche Schwierigkeiten zu besprechen.

Ihr Problem:

> »Irgendwie habe ich berufliche Schwierigkeiten. Ich komme nicht zurecht und weiß eigentlich nicht, warum.
> Ich will die Zusammenhänge erkennen und möchte wissen, was ich ändern kann. Obwohl ich Christ bin, hänge ich fest.«

Ihr Traum:

> *»Ich bin mit einem Bus unterwegs. Da sollte ich für den Busfahrer Fahrkarten kontrollieren und ausgeben. Zuerst fand ich die Schachtel nicht, in der die Fahrkarten aufbewahrt wurden. Dann ist der Fahrer am Ende der Fahrt, aber ich bin noch nicht fertig.*
>
> *Das Ganze wiederholt sich. Und auch da fehlt mir wieder erst die Schachtel. Ich muss sie vorne holen. Es ist auch sehr schwierig mit dieser Schachtel und unpraktisch.*
>
> *Die Fahrkarten sind auf einer Rolle und müssen abgerissen werden. Ich werde wieder nicht fertig.*
>
> *Ein nächstes Mal zeigt mir ein Fahrgast, wo die Schachtel ist. Diesmal ist es noch schwieriger, da ich noch eine Tasche am Arm habe.*
>
> *Ich kontrolliere die Fahrkarten oder gebe welche aus und muss Geld einsammeln und wechseln. Dabei komme ich an ei-*

nen Tisch in diesem Bus. Da sitzt eine alte Frau, die ich kenne; ich freue mich. Sie gibt mir das Geld, aber ich habe kein Wechselgeld. Der Fahrer ist wieder am Ende der Fahrt. Er wartet und wartet, um wieder weiterfahren zu können, denn ich bin wieder noch lange nicht fertig.

Dann merke ich, dass ich nie Geld hatte oder Geld bekam für die Fahrkarten. Ich erwachte mit Kopfweh.«

Der Traum wird mithilfe von Fragen besprochen.

a) Was ist mein Hauptgefühl in diesem Traum?
»Ich werde nie fertig mit dem, was ich soll. Ich mache alles verkehrt und erfülle die Aufgaben nicht.

Ich erlebe einen enormen Druck.«

b) Wie sehe ich mich selbst im Traum?
»Im Beruf muss ich manchmal Aufgaben übernehmen, bei denen ich mich unwohl fühle, weil ich den Anforderungen nicht gewachsen bin.

Ich bin zu langsam. Ich hinke hinterher, fast jeden Abend habe ich Kopfschmerzen.«

c) Wie sehe ich die anderen, soweit sie im Traum vorkommen?
»Da ist keine Beziehung. Höchstens zu der alten Frau. Aber durch den Druck ist diese Beziehung auch nicht gut. Ich bin so mit mir und meinen Problemen beschäftigt, dass ich Beziehungen gar nicht pflegen kann.

d) Wie ist mein Weltgefühl im Traum? Was drückt der Traum über meine Gottesbeziehung aus?
»Mein Weltgefühl ist bedrückend. Alles ist ungewohnt. Die Welt stellt Forderungen. Ich bete, aber werde nie ruhig. An Gott halte ich mich fest, aber erfahre keine richtige Befreiung. Irgendwie *mache ich etwas falsch.«*

e) Wie aktiv oder passiv bin ich in diesem Traum?
»Im Traum und im Leben bin ich immer aktiv. Ich habe ja ständig das Gefühl, etwas treibt mich. Ich will es gewissenhaft schaffen, aber es gelingt mir nicht. Ich bin einfach zu langsam. Dann will ich es zwingen und werde aggressiv.«

f) Welche Überschrift oder Schlagzeile finde ich für diesen Traum?
»Da fällt mir sofort der Satz ein: ›Ich schaffe es nie.‹ Das haben meine Eltern von klein auf gesagt. Sie saßen hinter mir und haben mich getrieben. Zufrieden waren sie mit mir nie. Ich habe mich wahnsinnig angestrengt und habe doch versagt.«

g) Wie wünsche ich den Verlauf des Traumes, wenn ich ihn nach meinen Vorstellungen umändern könnte?
»Ich hätte alle Aufgaben sauber und gewissenhaft erfüllt. Meine Pingeligkeit hätte mir keinen Streich gespielt. Ich wäre nicht zu langsam und behielte den Überblick. Wahrscheinlich verheddere ich mich in Kleinigkeiten. Schließlich muss eine Sache doch perfekt sein.«

h) Welchen Bezug zur Gemeinschaft habe ich im Traum?
»Kontakte sind *ganz wenige* da.«

»Worauf führen Sie das zurück?«

»Meist stehe ich so unter Druck, bin verkrampft und überfordert, so dass ich mich anderen Menschen nicht in Ruhe widmen kann. Zudem glaube ich, die anderen haben hohe Erwartungen an mich.«

i) Welche Ziele verfolge ich im Traum?
»Ich möchte meine Aufgaben, die mir übertragen werden, recht und gewissenhaft ausfüllen.«

»Sind das Ihre Wünsche oder Ihre Ziele?«

»Das sind meine Wünsche, richtig.«

»Und Ihr Ziel?«

»Ich will nicht als Versager dastehen. Irgendwie brauche ich eine Entschuldigung, sonst bin ich total blamiert.«

k) Welche Mittel, Methoden und Verhaltensmuster wende ich dabei an?

Die Ratsuchende sagt: »Ich versuche mein Bestmögliches!«

Ich: »Sie versuchen Ihr Bestmögliches! Sie versuchen, die Vorgesetzten zu überzeugen, dass Sie gutwillig sind!«

»So ist es. Die sollen nicht denken, ich sei faul. Schließlich bin ich mit den Nerven runter.«

Ich: »Können Sie konkret schildern, was Sie im Traum tun? Schildern Sie einmal alle Denk-, Fühl- und Verhaltensmuster!«

- »Ich bin aktiv, keiner kann mir nachsagen, ich gäbe mir keine Mühe!«
- »Ich mache etwas gehetzt.«
- »Ich glaube, ich lebe in Panik.«
- »Ich will es zwingen.«
- »Ich reagiere aggressiv.«
- »Ich hinke hinterher.«
- »Ich strenge mich wahnsinnig an und versage.«

Ich frage die Ratsuchende: »Wenn Sie Ihre Arbeit im Bus beobachten, was genau macht Ihnen Schwierigkeiten?«

»Jetzt spüre ich es: Ich kann nicht zwei Sachen gleichzeitig machen!«

»Welche?«

»Fahrkarten kontrollieren und Fahrkarten verkaufen! Das Kästchen mit den Fahrkarten suchen, die Fahrkarten abreißen und Geld einsammeln, das gelingt mir nicht! Meine Tasche am Arm, die mir hinderlich ist, die Schachtel in der Hand und Geld wechseln müssen, das alles schaffe ich nicht!

Dann ist da der Erwartungsdruck des Busfahrers, und ich bin noch nicht fertig!«

l) Welche Antwort gibt der Traum auf mein Problem?

»Mir ist deutlich geworden, dass die Schwierigkeiten im Beruf nicht in den Umständen liegen, sondern in erster Linie mit meiner Bewertung zu tun haben.«

»Was glauben Sie, nicht richtig zu beurteilen?«

»Ich bin davon überzeugt, die hohen Erwartungen meiner Vorgesetzten nicht erfüllen zu können. Diese Tatsache setzt mich offensichtlich unter Druck.«

»Was haben die Vorgesetzten Ihnen gesagt?«

»Eigentlich nichts. – Kann es denn sein, dass ich mir ihre Erwartungen einbilde?«

Die Ratsuchende wurde von Kind auf mit Erwartungen konfrontiert, von denen sie glaubte, sie nicht erfüllen zu können.

»Wo sind Sie denn im Leben diesem Erwartungsdruck zum ersten Mal begegnet?«

»In meiner Kindheit habe ich das täglich erlebt. Meine Eltern waren unzufrieden mit mir. Beide sind Lehrer. Was immer ich machte, es reichte nicht. Dieser Erwartungsdruck ist bis heute geblieben!«

»Was ist noch deutlich geworden?«

»Ich muss darauf achten, dass ich nicht zwei oder drei Dinge gleichzeitig in Angriff nehme. Sonst verliere ich die Kontrolle über alles, werde immer hektischer und steigere mich in das Gefühl des Versagens hinein. Es klappt dann auch gar nichts mehr.«

m) Wozu träume ich diesen Traum?

»Das ist eine verrückte Frage. – Aber wenn ich überlege, beweise ich damit mir und aller Welt, dass ich ein Versager bin.«

»Wozu brauchen Sie das?«

»Ständig bin ich mit meinen Kräften am Ende. Muss krank feiern, habe Schuldgefühle und muss mich verantworten!«

»Sie brauchen also ein Alibi, um mit diesem Versagen fertig zu werden?«

»So sieht es aus!«

n) Im Traum begegne ich einer alten Frau. Was sagt sie mir?
»Die alte Frau sitzt am Tisch. Ich stehe vor ihr, unglücklich und in Spannung. Sie sitzt ruhig und zufrieden da, sie hat es gut. Sie braucht keine Verantwortung mehr zu tragen.«

o) Wie erlebe ich das in meiner Berufspraxis?
»Wenn Arzt und Patienten gleichzeitig von mir etwas wollen, werde ich schon nervös. Ich müsste alles der Reihe nach bewältigen, glaube aber, dass ich allen gleichzeitig gerecht werden muss.

Ich erkenne, dass das falsch ist.«

p) Was will ich arbeitsmäßig und geistlich in Angriff nehmen?
»Ich mache mir auch im Gebet klar, dass ich nicht allen gleichzeitig zu Willen sein muss. In den brenzligen Situationen will ich beten, dass ich die Prioritäten erkenne. – Nach diesem Gespräch fühle ich mich besser. Ich sitze im Moment ganz ruhig hier. Als ich kam, hatte ich fürchterliche Kopfschmerzen.«

Hinweise für den Beratungsprozess

Die Traumbearbeitung bildet eine Einheit im Rahmen der Gespräche. Sie wird durch andere Elemente ergänzt.

Der Fragenkatalog orientiert sich an den fünf Lebensstil-Aspekten, die von der Ratsuchenden klar definiert wurden und immer wieder im Beratungsprozess zur Sprache kommen.

Diese fünf Lebensstil-Aspekte lauten:

- Wie sehe ich mich selbst?
- Wie sehe ich die anderen? Wie sehen die anderen mich?
- Wie fühle ich mich in der Welt? Wie ist meine Gottesbeziehung?
- Welche Ziele verfolge ich?
- Mit welchen Mitteln und Methoden?

Die Verhaltensweisen der Ratsuchenden zeigen im Leben und im Traum neurotische Züge. Adler kennzeichnet die Neurotiker als *Nisiten* (aus dem Lateinischen nisi = wenn nicht).

- »*Wenn* ich diese Langsamkeit nicht hätte, wäre ich kein Versager.«
- »*Wenn* ich die Kopfschmerzen nicht hätte, könnte ich viel mehr leisten.«
- »*Wenn* die anderen nicht so hohe Erwartungen hätten, müsste ich nicht in Hektik geraten.«
- »*Wenn* die anderen mich besser verstehen würden, würden sie mir weniger zumuten.«
- »*Wenn* ich nicht unter Druck stünde, könnte ich Beziehungen pflegen.«

Die Ratsuchende versucht, sich nachträglich zu rechtfertigen, und sucht Entschuldigungen für ihr Verhalten. Sie macht die anderen, aber auch Gott für ihr Versagen verantwortlich. Die Ratsuchende redet sich heraus. Erst wenn sie Stück für Stück ihre falsche Lebenseinstellung erkennt, kann sie gesund werden.

Die Ratsuchende ist unverheiratet, sehnt sich stark nach einem Partner, pflegt aber keine Beziehungen, weil sie sich seelisch und körperlich verausgabt hat.

Sie geht nur einmal im Monat zum Gottesdienst, weil sie

sich am Wochenende erholen muss. Würde Gott ihr helfen, besser mit ihren Kräften hauszuhalten – das erwartet sie von ihm –, würde sie auch regelmäßig ihre Bibel lesen und den Gottesdienst besuchen.

Sie ist immer wieder krank, weil sie sich den Aufgaben nicht gewachsen fühlt.

Sie rächt sich an ihren Eltern,

sie rächt sich an der bösen Welt,

sie rächt sich auch an Gott – obschon es ihr schwer fällt, das einzugestehen. Sie hat den empfundenen Erwartungsdruck der Eltern auf Gott übertragen. Sie hadert daher mit den Eltern und mit Gott.

Die Antworten auf die Fragen nach dem Lebensstil kennzeichnen noch einmal die »private Logik« der Ratsuchenden: Sie identifiziert sich mit der »alten Frau«. Diese kann ruhig und zufrieden am Tisch sitzen. Verantwortung braucht sie nicht mehr zu tragen. Die Ratsuchende will keine Verantwortung mehr tragen.

In einer Bemerkung, wie sie sich ihre Zukunft vorstellt, sagt sie: »Am liebsten würde ich in einer Einrichtung leben, wo ich versorgt werde. Die Verantwortung wäre ich los, die Hektik fiele von mir ab, und die Kopfschmerzen würden auch verschwinden.«

Sie hat viele Lebensstrategien entwickelt, den Aufgaben, die das Leben und die Gemeinschaft ihr stellen, auszuweichen. Die neurotischen Verhaltensmuster helfen ihr, die »Vorgesetzten«, die ihr mit hohen Erwartungen begegnen, zu bestrafen. Eltern, Arbeitgeber und Gott sind »Vorgesetzte«, deren Ansprüche sie erfüllen muss. Aber sie sabotiert diese Erwartungen mit Unfähigkeit. Sie straft damit alle anderen – aber auch sich selbst. Auch im lebendigen Gott sieht die Ratsuchende einen fordernden und erwartenden »Vorgesetzten«. Ihr privates und geistliches Leben ist programmiert. Sie hat sich irrige Maßstäbe für Arbeit, Beruf und Glaubensleben zurechtgelegt.

Behält sie diese falschen Selbstüberforderungen bei, wird sie in absehbarer Zeit krank und arbeitsunfähig werden. Nur wenn sie im Glauben erkennt, wie sie sich destruktiv programmiert, kann sie gesund und heil werden.

Wie im Traum muss sie selbst erkennen, was sie falsch macht und wie sie für ihr Versagen selbst verantwortlich ist. Von klein auf hat sie Muster entwickelt, um hohe Erwartungen anderer zu sabotieren.

Krisen in der Lebensmitte – Chancen zum Neubeginn

Krisen im mittleren Alter müssen nicht zwangsläufig den Menschen heimsuchen. Sie sind in diesem Lebensabschnitt häufig anzutreffen, aber sie sind nicht phasentypisch und kommen auch nicht gesetzmäßig.

Der Mensch zieht Bilanz

Richtig ist, dass viele Menschen zwischen vierzig und fünfzig ins Fragen kommen. Bestimmte Lebensprobleme wandeln sich. Das Erreichte wird angezweifelt. Eine Zeit der Besinnung und Selbstreflexion steht an. Auf dem Höhepunkt des Lebens wird Bilanz gezogen. Dabei rutschen viele in Depressionen und in Resignation. Ihr Lebensschiff gerät ins Schlingern. Fragen wie diese werden plötzlich wichtig:

- »Habe ich im Leben das Richtige gemacht?«
- »Stehe ich hinter meinen wesentlichen Lebensentscheidungen?«
- »Welche Ziele kann ich noch erreichen?«
- »Welche Veränderungen will ich noch in Angriff nehmen?«

Christen halten geistlich Inventur und fragen ernsthaft: »Herr, was willst du, dass ich tun soll?«

Womit hängen die Krisen zusammen?

Krisen sind Einbrüche und Umbrüche. Sie packen uns emotional und körperlich. Das griechische Wort »Krisis« bedeutet »Entscheidung«, »Sichtung« und »Klemme«. Der Mensch sitzt in der Klemme und findet einen guten Ausgang, oder er vergaloppiert sich und gerät in Panik. Er gewinnt neue Perspektiven, oder die Geschehnisse überschlagen sich und brechen über dem Menschen zusammen. Irreale Ängste machen sich breit, oder der Mensch gewinnt neue Ich-Stärke, neuen Lebensmut und die Kraft, neue Handlungsmöglichkeiten zu erschließen.

Frauen und Männer erleben die Krisen verschieden. Frauen überfällt die Krise,

- wenn die Kinder aus dem Hause gehen,
- wenn das Klimakterium seinen Tribut fordert,
- wenn eine Leere entsteht und die Ehe bestimmte Erwartungen nicht erfüllt hat,
- wenn sie sich vom Mann und den Kindern ausgenutzt fühlen,
- wenn sie sich in den häuslichen Käfig eingesperrt sehen,
- wenn sie in eine Torschlusspanik geraten und mit manischen Gemütszuständen reagieren,
- wenn Haus und Familie nicht mehr den Sinn des Lebens ausmachen.

Männer überfällt die Krise,

- wenn sie eine Verengung ihrer Lebensmöglichkeiten wahrnehmen,

- wenn sie das Ende ihrer Erfolgskurve vermuten,
- wenn ihnen die Kraft der Jugend davonläuft,
- wenn sie glauben, ihre männliche Anziehungskraft eingebüßt zu haben,
- wenn sich Krankheiten einstellen und die Schaffenskraft empfindlich nachlässt.

Besonders Männer fliehen in Romanzen und Affären. Sie wenden sich neuen, sportlichen Aktivitäten zu. Sie wählen neue Hobbys, stellen ihre Kleidung um. Oder sie reagieren mit Bankrotterklärungen, Nervenzusammenbrüchen, Herzinfarkten, eingebildeten Krankheiten und Wehleidigkeit oder fliehen in Alkoholismus und Selbstmordgedanken.

Die Zeit der Wende, die Zeit der Wandlung

Der Traum eines vierzigjährigen Mannes kennzeichnet die Lebenskrise.

Sein Problem.

> Der Mann hat Herzrhythmusstörungen und leidet seit kurzem unter Atembeschwerden. Der Arzt für Inneres schüttelt den Kopf und hält die Beschwerden für psychosomatische Störungen.

Sein Traum:

> *»Wir sind alle zusammen auf einem Segelboot, meine Frau, meine beiden Kinder und ich. Ich bin am Steuer. Der Wind wird stärker, und um nicht auf einen Felsen aufzulaufen, muss ich das Boot durch den Wind wenden auf die andere Seite, damit wir einem Zusammenstoß entgehen. Während ich das Kom-*

mando zur Wende gebe und auf die Hilfe meiner Familie rechne, stelle ich fest, dass meine Frau liest, eine Tochter die Nägel poliert und die andere in den Spiegel sieht. Der Wind ergreift das Boot in der Wende, und wir sinken.

Im Wasser sehe ich beide Kinder in der Ferne mit einem Rettungsring auf eine Insel zuschwimmen. Am anderen Ende eines Holzstücks, an das ich mich geklammert habe, hängt meine Frau, die nicht schwimmen kann. Ich muss sie hinterherziehen.«

Der Traum spiegelt die Midlife-Crisis dieses Mannes wider.

Sein Organismus meldet sich zu Wort. Der Mann ist bewusster Christ und meldet sich in der Beratungspraxis an.

Was sagt ihm der Traum, und was will Gott dem Mann durch den Traum verdeutlichen? Ich fasse die gemeinsam erarbeiteten Aspekte zusammen.

a) *Was bedeutet die glückliche Fahrt im Boot?*
- Der Mann sieht seine Familie wunderbar vereint auf einem Segelboot zusammen. Die Fahrt verlief bis jetzt glücklich und harmonisch.
- Der Mann steuert das Boot. Frau und Kinder sind mit sich beschäftigt. Sie vertrauen dem Partner und Vater.

b) *Was bedeutet der Sturm?*
- Der Wind wird stärker. Das Leben wird unruhiger und beschwerlicher. Lebensstürme und Felsen im Meer bedrohen das Boot und den Mann am Steuer, der alle Verantwortung allein trägt und über die Sorglosigkeit seiner Familie erschrickt.

c) *Was bedeutet die Passivität der Familie in der Gefahr?*
- Er muss das Steuer seines Lebens herumreißen, wenn nicht alles verloren gehen soll. Plötzlich und unvorbe-

reitet für die übrige Familie gibt er das Zeichen zur Wende. Aber die Familie lässt ihn im Stich. Er hat die Familie verwöhnt, hat sich für alle aufgeopfert.

- Die plötzliche Kehrtwendung hat die Familie überfordert. Der Sturm und die Lebenskrise sind heftiger, als der Mann vermutet hat. Der Sturm bringt das Schiff zum Sinken.

d) *Was symbolisieren das Schwimmen der Kinder und die Hilflosigkeit der Frau?*

- In den Augen des Träumers schwimmen die Kinder mit einem Rettungsring auf eine Insel zu. Sie sind lebenstüchtig und meistern die Familienkrise. Der Mann hat sich an ein Holzstück geklammert. Am anderen Ende hängt seine Frau, die er hinter sich herziehen muss.

e) *Was ist Gottes Botschaft im Traum?*

- Bisher hat der angesehene Geschäftsmann den Starken und Unverwüstlichen »gespielt«. Er hat Gott, den andern und sich etwas vorgemacht. Frau und Kinder sind ahnungslos. Der in sich gekehrte Mann macht die schweren körperlichen und existenziellen Probleme mit sich ab. Nur Gott vertraut er im Gebet seine Nöte an. Zum Seelsorger kommt er allein. Er schämt sich und will seine Schwächen vor Frau und Kindern nicht offenbaren.
- Selbst im Traum erkennt er, dass seine Kinder alt genug und selbstständig sind. Sie brauchen die Fürsorge der Eltern nicht mehr. Sie werden das Leben meistern.
- Aber die Ehe hat Risse. Das Gespräch fehlt. Es mangelt an gegenseitigem Vertrauen.
- Der Mann: »Gott hat mir klargemacht, dass unsere Traumboot-Familie eine Fassade ist. Ich erkenne meine Schuld, dass ich diese Illusion aufrechterhalten habe.

> Meine Frau wird mitkommen, und wir beide werden diese Krise meistern.«

Die Frau kam mit in die Beratung; beide stellten sich der Krise in der Lebensmitte.

KAPITEL 12

Konkrete Hilfen für die therapeutisch-seelsorgerliche Traumdeutung

Viele Seelsorger werden von Ratsuchenden nicht nur mit Problemen und Erlebnissen, sondern auch mit Träumen konfrontiert.

Die meisten stehen ratlos davor und blenden sie aus den Gesprächen aus. Sie wollen Wesentliches aufgreifen und Unwesentliches fallen lassen. Menschen, die uns mit Traumbotschaften ansprechen, haben jedoch ein Recht darauf zu erfahren,

- welche verborgenen Motivationen ihr Leben beherrschen,
- welche Selbsterkenntnis zur Sprache kommt,
- welche Lebenskrisen und Glaubenszweifel bedacht werden,
- wie es um ihre Beziehungs- und Gemeinschaftsfähigkeit bestellt ist,
- welches Lebensgrundgefühl offenbar wird und
- welche fragwürdigen Gottesbilder im Traumgeschehen aufleuchten.

Die Verknüpfung von Problem, Traum und frühkindlichen Erinnerungen

Wenn wir in der Traumarbeit sichergehen wollen, dass wir keinen Irrtümern aufsitzen, versuchen wir, das Problem des Ratsuchenden, seinen Traum und einige frühkindliche Erinnerungen miteinander zu verknüpfen.

Der Traum ist eine Möglichkeit, Konflikte, Probleme und Schwierigkeiten zu überblicken. Gelingt es uns als Seelsorgern, den roten Faden im Problem, im Traum und in den Erinnerungen zu erfassen, können wir ziemlich sicher sein, dass der Ratsuchende sich verstanden fühlt. Wir dürfen als Seelsorger darauf vertrauen, den Kern des Problems erkannt zu haben. Da der Mensch ein Ganzes ist und sich auf vielen Gebieten ähnlich ausdrückt, müssen auch im Problem, im Traum und in der frühkindlichen Erinnerung Verhaltensmuster und Lebens-Grundüberzeugungen aufleuchten, die nahtlos ineinander greifen.

Jemand sucht uns auf und schildert sein Problem. Damit gibt der Ratsuchende seine Visitenkarte ab. Das Problem kennzeichnet in der Regel Einstellungen und Verhaltensmuster:

Seine Lebenseinstellung: Optimismus, Pessimismus, Aktivität oder Passivität, Unzufriedenheit oder Zufriedenheit.

Seine bewussten oder unbewussten Ziele: Er kann und will sich nicht wehren, er will jeden Anstoß vermeiden. Er lässt sich in Dienst stellen, dann muss er keine Verantwortung tragen. Er stellt andere in Dienst, die für ihn die Dreckarbeit machen. Er will durch Kontrolle herrschen. Er braucht einen Ratgeber, der den Kopf hinhält für alle Entscheidungen, die er nicht fällen will. Er will Anerkennung durch Überfürsorglichkeit usw.

Seine Einstellung zu Menschen: Distanz oder Nähe, Klammern oder Rückzug, Isolation oder Vereinnahmung sind Beziehungsmuster, die unsere Einstellung zum Mitmenschen charakterisieren. Er will selbst führen, will geführt werden, will sich anlehnen, braucht Rückenstärkung, misstraut anderen Menschen usw.

Seine Selbstsicht: Er sieht sich als ängstlich oder mutig, fröhlich oder bedrückt, vertrauensselig oder misstrauisch, dumm oder intelligent, vorsichtig oder risikofreudig, hilflos oder kraftvoll.

Seine Verhaltensmuster: Nachgiebig oder durchsetzungsstark, aggressiv oder charmant, kämpferisch oder vermittelnd, starrköpfig oder tolerant, entscheidungsschwach oder entscheidungsstark, rechthaberisch oder angepasst.

Es gibt noch andere Lebenseinstellungen, Überzeugungsmuster, Denkgewohnheiten und Verhaltensstrategien, die in genau geschilderten Problemen zur Sprache kommen können.

Entscheidend ist aber, dass die Kernaussagen und Leitideen auch im Traum und in den frühkindlichen Erinnerungen lebendig werden. Die Übereinstimmung dieser Selbstaussagen gibt dem Seelsorger die Gewissheit, keine Fehldeutungen zu geben. Ganz abgesehen davon, dass der Seelsorger nicht in erster Linie deuten, sondern mit dem Ratsuchenden gemeinsam das Problem erarbeiten soll.

Welche Leitideen kennzeichnen Problem, Traum und frühkindliche Erinnerung?

Ich hatte eine etwa vierzigjährige Frau in der Beratung, die etwa achtzehn Jahre verheiratet war. Sie stellte ihr Problem vor, erzählte mir einige frühkindliche Erinnerungen und brachte eines Tages einen Traum mit.

Das Problem:

»Ich leide unter folgender Schwierigkeit. Mein Mann verletzt mich immer wieder dadurch, dass er mich im Stich lässt.

Er steht einfach nicht zu mir. Seine Mutter ist ihm wichtiger als ich.

Vorgestern waren wir bei der Schwiegermutter zu Besuch. Wir haben vorher vereinbart, dass wir auf keinen Fall zum Abendessen bleiben, sondern zu Hause mit den Kindern essen und mit ihnen unsere Urlaubspläne abstimmen. Die Älteste, sechzehn Jahre alt, hatte versprochen, das Abendessen für alle zu machen. Wir wollten spätestens um 18.30 Uhr wieder zu Hause sein. Als wir dann um Viertel vor sechs gehen wollten, sagte meine Schwiegermutter, das käme gar nicht infrage. Sie hätte das Abendessen vorbereitet, und wir blieben sicher da.

Ich sagte liebevoll zur Schwiegermutter, dass das nicht ginge. Wir wären zum Abendessen mit den Kindern verabredet. Die warteten auf uns. Mein Mann sagte zu mir: ›Wir können die Mutter doch nicht enttäuschen, sie hat alles vorbereitet. Wir bleiben hier!‹

Ich kann nur sagen, ich fühle mich vollkommen verraten.«

Welches Lebensgefühl vermittelt das Problem?

- Ich fühle mich von meinem Mann im Stich gelassen,
- ich fühle mich von meinem Mann verraten,
- ich erlebe, dass die Mutter dem Mann wichtiger ist als ich und die Kinder,
- ich erlebe, er fällt mir in den Rücken.

Die erste frühkindliche Erinnerung:

»Wir spielen zu mehreren Kindern auf dem Hof. Mein Vater ist Landwirt, und da können wir richtig rumtoben. Es ist Hochsommer. Das Obst ist reif. Mein Vater pflückt mit einigen Leuten Birnen von den Bäumen. Dann ruft er plötzlich alle Kinder zu sich. Wir kommen, vielleicht fünf oder sechs Mädchen und Jungen. Jedem Kind gibt der Vater einige Birnen zu essen. Ich stehe im Hintergrund und bekomme keine. Das hat mich wahnsinnig gekränkt.«

Welches Lebensgefühl vermittelt die frühkindliche Erinnerung?

- Ich fühle mich vom Vater übersehen,
- ich fühle mich vom eigenen Vater verraten,
- ich habe das Gefühl, die anderen Kinder sind ihm wichtiger als die eigene Tochter,
- ich fühle mich tief gekränkt.

Ein Traum:

»Wir sind auf einer Party. Die meisten Frauen haben lange Kleider an. Wir stehen in einem barocken Foyer. An den Wänden hängen echte Gemälde mit dicken Goldrahmen. Ein Mann kommt mit einem großen Kuchentablett in das Foyer. Es müssen tolle Küchenstücke auf dem Tablett sein, denn alle geben ein laut hörbares ›Hm‹ von sich. Der Mann bittet die Teilnehmer, sich ein Stück des Kuchens vom Tablett zu nehmen. Ich wundere mich, dass der Herr im schwarzen Anzug eine Fliege trägt, rot mit weißen Tupfen. Das Gesicht des Mannes erkenne ich nicht, aber er hat die Größe von meinem Mann. Gespannt verfolge ich, wie die Teilnehmer sich die Kuchenstücke vom Tablett nehmen. Als er zu mir kommt, ist das Tablett leer. Ich wache auf und könnte heulen.«

Welches Lebensgefühl vermittelt der Traum?

- Ich erkenne im Traum meinen Mann, der mich einfach stehen lässt und mich blamiert.

- Ich erlebe, dass ich von meinem eigenen Mann im Stich gelassen werde.
- Ich war so glücklich, auf dieser wunderbaren Party zu sein. Aber mein Mann verdirbt alles, er stellt mich hinten an.
- Ich bin nicht enttäuscht, kein Stück Kuchen bekommen zu haben. Ich bin enttäuscht über meinen Mann, der mich nicht respektiert.

Die Aussagen stammen jeweils von der Ratsuchenden selbst. Die Enttäuschung, die sie im Problem äußert, geht auf Kränkungen zurück, die sich tief in ihr Leben eingegraben haben. Wir erkennen ein Lebensstil-Grundmuster, das sich in Jahrzehnten aufgebaut hat und das die Partnerschaft der Eheleute stark belastet.

Einige Denkanstöße für die therapeutisch-seelsorgerliche Arbeit

a) Der Traum offenbart persönliche Probleme, Ängste und Hoffnungen des Träumers

Bleiben Sie als Seelsorger darum bei ihm und bringen Sie nicht *Ihre* Gefühle, Ihre Deutungen und Empfindungen zur Sprache, die Sie dem Ratsuchenden überstülpen.

Benutzen Sie daher keine Wörterbücher, die Traumsymbole nach einem bestimmten Schema deuten und entschlüsseln wollen.

b) Nehmen Sie den Traum wörtlich!

Das ist der erste Schritt. Warnungen, Mahnungen und Hilferufe sind Kundgebungen, die dieser Ratsuchende ausspricht.

Erst wenn die wörtliche Deutung keinen Sinn gibt, bemühen Sie sich, mit dem Ratsuchenden die unverstandenen Botschaften, Denk-, Gefühls- und Handlungsmuster ins Licht zu heben.

c) Das Traumthema hat mit Problemen des Ratsuchenden zu tun
Versuchen Sie, *mit* dem Ratsuchenden das Traumthema aus Ereignissen, Erlebnissen oder Belastungen der letzten Zeit abzuleiten.

Die Gefühls-Tönung (Panik, Trauer, Hilflosigkeit, Lähmung) ist für das Gesamtverständnis des Traumes und des Lebensproblems wichtig.

d) Wie sieht der Träumer die Menschen?
Der Traum spiegelt unsere persönlichen Gefühle gegenüber bestimmten Menschen in unserer nahen Umgebung wider.

Beziehungs-, Kontakt- und Freundschaftsfähigkeit kommen in vielen Träumen zur Sprache. Und da die meisten Probleme der Menschen Beziehungsprobleme sind, dürfen diese in der Deutung nicht übersehen werden.

e) Wiederholungsträume spiegeln ungelöste Lebensprobleme
Wiederholungsträume haben den Vorteil, dass sie in kleinen Abwandlungen existenzielle Probleme, die dem Träumer zu schaffen machen, ins Bewusstsein heben.

Wiederholungsträume kommen darum wieder, weil wir bestimmte Lebensfragen nicht gelöst haben.

Bei Kurzdiagnosen, die einen längeren Beratungsprozess nicht zulassen, ist die Frage nach einem Wiederholungstraum äußerst hilfreich.

f) Das Symbol im Traum ist das Symbol des Träumers!
Symbole werden von allen Menschen verschieden interpretiert. Das Haus im Traum kann für den Träumer bedeuten: sein Zuhause, sein Lebensraum, sein Gefängnis, sein »goldener Käfig«, seine Burg, sein Ort der Erholung.

Welche Gefühle und Empfindungen bringt der Träumer über sein Haus zur Sprache?

g) Die richtige Deutung

Ein Traum ist dann richtig gedeutet, wenn der Ratsuchende sich im Hinblick auf seine Lebenssituation und im Blick auf seine Beratungsprobleme voll verstanden fühlt.

Der Traum ist dann richtig gedeutet, wenn das Beratungsproblem, die erste frühkindliche Erinnerung und die zentrale Aussage des Traumes einen roten Faden aufweisen.

h) Wie lautet die Pointe des Traumes?

Versuchen Sie mit dem Ratsuchenden, den Traum auf den Punkt zu bringen. C. G. Jung fragte seine Patienten, wenn sie gemeinsam den Traum durchgearbeitet hatten: »Nun, in *einem Satz*, was bedeutet der Traum?«

Vor allem bei langen und komplizierten Träumen ist es hilfreich, in ein, zwei oder drei Sätzen die Hauptgesichtspunkte zu bündeln.

i) Welche Maßnahmen will der Träumer ergreifen?

- Träume sind keine unsinnigen Spielereien. Gemeinsame Deutungen verfolgen ein Ziel.
- Welche Entscheidungen will der Träumer in Angriff nehmen?
- Welche konkreten Schritte schweben ihm vor?
- Welche Schlüsse zieht er aus dem Traumgeschehen?

Zehn hilfreiche Fragen, um Traumbotschaften zu entschlüsseln

Die folgenden Fragen müssen nicht zwanghaft und starr abgefragt werden. Sie können helfen, die Vielschichtigkeit des Traumes zu erfassen. Jeder Leser, der sich an Träume erinnert, und auch Ratsuchende können selbst die Fragen an das Traumgeschehen stellen und beantworten.

Frage l:
Welche Erfahrungen und Erlebnisse der letzten Tage wurden im Traum verarbeitet?
So genannte »Tagesreste«, eindrückliche Begebenheiten, schöne oder unschöne Begegnungen fließen mit in den Traum ein.

In der Regel handelt es sich um »Staffage«, nicht um Kernaussagen des Traumes.

Frage 2:
Welches Hauptgefühl spiegelt der Traum beim Erwachen wider?
Ist das Grundgefühl Angst oder Panik, Erstaunen oder Zuversicht?

Ist der Träumer ermutigt, eine Lösung gefunden zu haben? Ist er erleichtert oder ratlos?

Frage 3:
Welche Lebens- oder Beziehungsprobleme kommen im Traum zur Sprache?
Träume sind nicht zufällig. Bewusstes und Unbewusstes gehen nahtlos ineinander über.

Der Träumer kann sicher sein, dass er Konflikte, Lebens- und Glaubenskrisen im Traum zur Sprache bringt.

Frage 4:
Welche Einfälle verknüpfen Sie mit Personen und Situationen im Traum?
Wenn Sie sich jeweils in die Personen Ihres Traumes hineinversetzen: An welche Menschen Ihrer Umgebung werden Sie erinnert?

Welche Lebensstil-Eigenarten dieser Person finden Sie (der Träumer) in Ihrem eigenen Leben wieder?

Wie wirken die Situationen auf Sie? Beschreiben Sie Umstände Ihres Alltags?

Frage 5:
Wie sehen und erleben Sie im Traum die anderen?
Ist Gemeinschaft und Beziehung im Traum vorhanden?

Überwiegen Isolation, Einsamkeit und Beziehungslosigkeit?

Wie reagieren die anderen im Traum auf Sie?

Frage 6:
Welches Lebensgefühl charakterisiert das Symbol, Bild oder Gleichnis Ihres Traumes am treffendsten?
Symbole und Bilder geben komprimiert Ihr Lebensgefühl wieder, wie es dauerhaft, schnell wechselnd oder vorübergehend ist.

Frage 7:
Welche unbewussten oder unverstandenen Ziele verfolgen Sie im Traum?

Wollen Sie herrschen oder sich anlehnen?
Sind Sie aktiv oder passiv?
Sind Sie konstruktiv oder destruktiv?
Sehen Sie im Rückzug Ihr Ziel oder im Angriff?
Wollen Sie Märtyrer, Kontrolleur oder Baby sein?
Wollen Sie führen oder geführt werden?

Wollen Sie den ersten Platz, oder stehen Sie lieber im zweiten Glied?

Wollen Sie moralisch oder intellektuell überlegen sein?

Sind Sie ein »Alles-oder-Nichts«-Mensch?

Frage 8:
Welche Verhaltensmuster kommen im Traum zur Sprache?
Erinnerungen und Träume verraten die Verhaltensstrategien des Träumers. Aktivität oder Passivität, konstruktive oder destruktive Handlungsmuster werden offenbar. Welche Verhaltensmuster, die der Traum kennzeichnet, kommen auch im Alltagsleben vor?

Frage 9:
Welche geistliche Herausforderung spricht Ihr Traum an?
Kommen geistliche Mängel und Defizite in Ihrem Traum zur Sprache?

Verkörpert Ihr Bild oder Symbol eine bestimmte Glaubenseinstellung?

Welche Aussagen, die Ihr Christsein berühren, bewegen Sie am meisten?

Frage 10:
Welche geistlichen Entscheidungen legt Ihnen der Traum nahe?
Spricht Ihr Traum Konflikte an, die Sie als Christ lösen sollten?

Sind Sie selbst oder mit dem Seelsorger zu neuen Entscheidungen gekommen?

Wollen Sie diese Entscheidungen ins Gebet nehmen und realisieren?

Drei Hinweise für die Traumarbeit in der Seelsorge

1) Auch die dunklen Seiten der Persönlichkeit werden erhellt

Der Traum greift die versteckten, unbewussten und im Dunkel liegenden Bereiche unseres Seelenlebens auf. Es kommen vielleicht Motive zur Sprache, die dem Träumer höchst peinlich und unangenehm sind. Nicht wenige huldigen dem Sprichwort – auch als Christen: »Schlafende Hunde soll man nicht wecken!«

Als Christ sollten wir jedoch wahrhaben, dass der Lebensstil immer auch den ganzen Menschen meint, mit positiven und zerstörerischen Aspekten, Gefühlen und Gedanken.

2) Arbeiten Sie mit weitgehend gesunden Ratsuchenden!

Der Seelsorger sollte eine intensive Traumarbeit nur mit relativ gesunden, mit seelisch einigermaßen stabilen Persönlichkeiten durchführen. Vielleicht bringt der Traum Konflikte ans Licht, die den Träumer seelisch unnötig belasten. Er glaubt, dem Blick in die Abgründe seiner Seele nicht gewachsen zu sein. Wir dürfen niemand zwingen, einen Blick in die Mördergrube seines Herzens zu tun.

3) Klammern Sie Traumarbeit mit Psychotikern aus!

Mit Menschen, die vom Psychiater als psychisch gefährdet oder als Psychotiker gekennzeichnet werden, dürfen Seelsorger nur in Absprache mit dem Psychiater an Tagträumen, Erinnerungen und Wachträumen arbeiten.

KAPITEL 13

Unterschiedliche Methoden der Traumdeutung

Traumforscher und Traumdeuter haben in den vergangenen Jahrzehnten immer neue Wege und Methoden gefunden, um den Geheimnissen des Traumes auf die Spur zu kommen. Einige Hilfen, die von der Bibel her zu verantworten und nach den Erfahrungen der Praxis effektiv sein können, sollen im Folgenden besprochen werden.

Der Tagtraum in der therapeutischen Seelsorge

Wir sprechen vom Traum im Wachzustand. Der spielt im menschlichen Leben eine nicht unwesentliche Rolle. Kinder und Erwachsene phantasieren sich in Rollen hinein, die sie oft im realen Leben nicht einnehmen. Auch der Tagtraum verfolgt das Ziel, »aus der Minusposition in eine Plusposition zu gelangen«, aus dem Kleinsein, aus dem Gefühl, unbedeutend und schwach zu sein, herauszukommen.

Der Tagtraum, der weitgehend im Bewusstsein seinen Platz einnimmt, schließt eine Kompensation ein. Mit anderen Worten: Der Träumer gleicht aus.

- Er hebt sein Selbstgefühl, indem er einen stärkeren Mann oder eine stärkere Frau phantasiert;
- er gleicht Kränkungen aus, indem er Beleidiger bestraft und demütigt;
- er weicht der unangenehmen Realität aus, indem er sich in schöne Umgebungen flüchtet;

- er wirkt einer Entwertung durch andere Menschen entgegen, indem er durch große Taten sein Minderwertigkeitsgefühl aufpoliert;
- er tritt im Wachtraum seinem Angstgegner entgegen und »erledigt« ihn mit einer flammenden Rede;
- er meistert in der Wachphantasie Situationen, die er im grauen Alltag nicht bewältigen kann;
- er überwindet Ohnmachten, die im realen Leben seinen Selbstwert zerstören;
- er weckt Gefühle und Leidenschaften, um massiven Schwierigkeiten mit phantasierten Gegenangriffen Paroli zu bieten;
- er befriedigt seine Eitelkeit in Erfindungen der Phantasie, um der mangelnden Anerkennung zu begegnen.

Der Wachtraum ist *ein* Instrument, um sich innerlich zu stärken, um in eine phantasierte Überlegenheit zu schlüpfen, die den »alten Adam« vorübergehend aufbaut.

Die Wachphantasien liefern so viel »Treibstoff«, dass Gefühle von Resignation, Hilflosigkeit und Ohnmacht verkleinert werden. Auf diese Weise können unbewusste Kräfte in Bewegung gesetzt und um sich greifende Ängste verringert werden.

- Wachphantasien spornen an.
- Wachphantasien rufen starke Abwehrkräfte auf den Plan.
- Wachphantasien entwerfen Lösungen, die nicht selten vom Träumer angewendet werden.

Im Tagtraum kommen die Lebensstil-Aspekte dieses Menschen ans Licht. Unbewusst drückt die Phantasie aus,

- wie der Mensch sich sieht,
- wie er die anderen erlebt,

- wie er sich in der Welt vorkommt,
- wie er seine Gottesbeziehung einschätzt,
- wie er den Sinn im Leben charakterisiert,
- welche Ziele er verfolgt und
- auf welche Weise er Schwierigkeiten und Konflikte meistern will.

Da jeder Mensch von seinen Taktiken und Verhaltensmustern überzeugt ist, wird er im Tagtraum Verhaltensweisen offenbaren, die ihm im Alltag verwehrt sind. Seine Phantasien verraten, was er im täglichen Leben vermissen lässt:

- Er führt ein überlegenes Streitgespräch mit einem »Gegner«, das er im wirklichen Lebensvollzug nicht leisten kann;
- er geht zum Chef und spricht selbstbewusst und selbstsicher über Gehaltsforderungen;
- er spielt im Tagtraum durch, wie er seinem Partner bzw. seiner Partnerin begegnen möchte.

Tagträume sind so etwas wie *Planspiele*. Sie fordern heraus, die schwierigen Aufgaben zu lösen. Die Kreativität wird beansprucht, innere und äußere Kräfte werden in Bewegung gesetzt, um Minus-Erlebnisse in Plus-Situationen umzuwandeln.

Selbstverständlich kann der Tagtraum auch ein *neurotisches Ausweichmanöver* bedeuten. Der Mensch flieht ständig in die irreale Traumwelt. Seine »Hans-guck-in-die-Luft-Gesinnung« weicht den Herausforderungen des Alltags aus. Verantwortungslos flieht er in eine unwirkliche Welt. Der Mensch erfährt im Tagtraum keine Selbstwertsteigerung, keinen Zuspruch, sondern seine Wachphantasien sind ein chronischer Rückzug.

Rainer Schmidt hat in seinem Buch über »Träume und Tagträume« eine psychotherapeutische Technik empfohlen, die er den »gelenkten Tagtraum« nennt. Sie geht auf Traumdeutungs-Techniken C. G. Jungs zurück. Schmidt geht davon aus,

- dass der Tagtraum derselben kreativen Kraft entspringt wie der nächtliche Traum;
- dass der Tagtraum ein Potenzial schöpferischen Mutes enthält, das für die Bewältigung der Realität nutzbar gemacht werden kann;
- dass der Tagtraum unseren Lebensstil widerspiegelt; aber auch die Möglichkeiten der Umorientierung, die der Tagträumer selbst anbietet;
- dass jeder Mensch viele ungenutzte Kräfte in sich speichert, die entfacht und entfaltet werden sollen.

Ein Beispiel aus der Seelsorge mag die Arbeit mit dem Tagtraum verdeutlichen.

Frau G. ist Mitarbeiterin eines Diakonischen Werkes, nicht verheiratet. Sie hat große Schwierigkeiten mit ihrer Mutter. Frau G. ist eine sehr liebevolle, nachgiebige und fürsorgliche Frau. Sie ist um andere Menschen bemüht, beliebt und sehr einsatzfreudig. Aber sie wird von der Mutter, mehr als ihr lieb ist, beherrscht. Die Mutter übt eine große Macht aus. Frau G. sieht sich als willenloses Werkzeug in der Hand der starken Mutter. Beide wohnen zusammen. Die Mutter ist seit vielen Jahren Witwe, noch rüstig und beweglich. Frau G. sagt:

»Wenn ich nach Hause komme, fällt alle Kraft von mir ab. Meine Eigeninitiative ist verloschen. Ich reagiere wie ein hypnotisiertes Kaninchen. Was meine Mutter wünscht, ich springe. Ich kaufe, was sie möchte, wähle die Farbe, die ihr gefallen kann, und handle, als wenn ihre Gedanken in meinem Kopf säßen.«

Eines Tages war sie beim Seelsorger in ihrer Gemeinde. Er riet ihr, sich vor ihrer Mutter aufzubauen und ihr liebevoll und fest zu sagen, dass sie ein Eigenleben habe und fortan eigenständig und selbstverantwortlich ihr Leben gestalten wolle. Ich fragte sie nur: »Was ist dabei herausgekommen?« Sie sagte kleinlaut: »Nichts! Ich war anschließend noch deprimierter über mich!«

Vierzehn Tage später fuhr Frau G. mit ihrer Mutter in Urlaub, an die holländische Nordseeküste. Ich gab ihr die Urlaubsaufgabe mit, einmal allein am Strand spazieren zu gehen und sich im Wachtraum auszumalen, wie sie ihrer Mutter am besten begegnen könne. Frau G. erzählte mir Wochen später, dass sie morgens früh allein aufgestanden, am Meer im Sand spazieren gegangen sei, laut gebetet und vor sich hin phantasiert habe. Meereswogen seien in regelmäßigen Abständen ans Ufer gespült worden. Da sei ihr eine Idee gekommen.

»Etwa alle acht Tage bekomme ich heftige Migräneanfälle, aber ich halte mich mit letzter Kraft aufrecht. Ich will ja meine Mutter nicht enttäuschen. Ich verrichte alle Aufgaben und gehe auch immer zur Arbeit. Im Grunde bin ich verrückt. Selbst Gott erwartet so etwas nicht von mir. Das nächste Mal bleibe ich liegen. Ich werde mir einfach sagen: ›Ich kann nicht!‹«

Einige Tage später bekommt Frau G. ihre Migräne, und zwar im Urlaub. Die Schmerzen sind beim Aufstehen so stark, dass es ihr leicht fällt, liegen zu bleiben. Die Mutter sitzt im Sofa und erwartet, dass die Tochter den Kaffeetisch deckt. Aber es geschieht nichts.

Die Mutter wandert zwischen Wohnzimmer und Schlafzimmer hin und her und wartet, dass die Tochter endlich aufsteht. Die Tochter hat die Jalousien heruntergelassen und die Decke über den Kopf gezogen. Die Mutter reagiert verwirrt. Das hat sie noch nie erlebt.

Plötzlich überkommt sie eine große Unruhe. Sie stürzt ans Bett und sagt: »Bist du sehr krank?« Die Tochter sagt gar nichts und nickt nur ein bisschen mit dem Kopf. Die Mutter hantiert in der Küche, stellt den Herd an, gießt Wasser in die Kaffeemaschine und deckt den Tisch. Zwischendurch steht sie immer wieder vor dem Bett und erkundigt sich nach dem Ergehen der Tochter. Eine Tochter, die krank im Bett liegt, hat sie noch nicht erlebt. Ängste kriechen in ihr hoch, und sie macht alles, um die Tochter wieder gesund zu pflegen. Frau G. kommt sich wie eine Fürstin vor, die bedient und gepflegt wird.

»Es war der schönste Urlaub meines Lebens. Und das Tollste, ich hatte in den letzten drei Wochen keinen Migräneanfall mehr.«

Frau G. wählte einen Weg, der ihr hilfreich erschien. Sie probte eine Veränderung ihres Lebensstiles mit geringem Kraftaufwand. Sie wusste, wie hilflos sie sich ihrer Mutter gegenüber fühlte.

Hilflosigkeit ist eine Möglichkeit zur Machtentfaltung. Hilflosigkeit legt Eltern oder Erzieher, Helfer oder Retter an die Leine. Wer sich völlig hilflos gibt, zwingt die andern in seinen Dienst. Hilflosigkeit ist ein oft verkannter Machtanspruch. Dazu gehört auch die Krankheit. Krankheit kann zielbewusst eingesetzt werden. Die Hilflosigkeit der Kranken kann andere zu Sklaven machen. Krankheit kann ein starkes Mittel sein, um aus Schwäche Stärke zu produzieren.

Frau G. machte mit der Krankheit den Anfang, ihr Leben umzugestalten. Sie hatte Erfolg. Sie fühlte sich bestärkt, weitere Schritte zu unternehmen. Ermutigt durch diese Erfahrung erlaubte sie sich, ihre notwendige Ablösung von der Mutter fortzusetzen. Den ersten Schritt, eine entscheidende Weichenstellung in ihrem Leben vorzunehmen, beschritt sie im *verordneten Wachtraum.*

Ein weiterer Begriff, der in einer bestimmten Art der Seelsorge (der Gestalt-Seelsorge) eine große Rolle spielt, ist der Begriff »*Integration*«. Der Traum wird als existenzielle Botschaft verstanden, die den Träumer ermutigt, die Persönlichkeitsanteile, die in anderen Traumpersonen auftauchen, in das eigene

Ich zu integrieren. Der Traum soll abgelehnte Seiten der Person ins Ich einfügen.

Tritt beispielsweise der Tod im Traum auf, soll die Botschaft vom Tod nicht verdrängt und ausgeklammert, sondern vom Träumer akzeptiert und angenommen werden. Der Tod gehört zum Leben dazu. Der Tod darf auch von Christen nicht einfach ausgeblendet werden.

Integration bedeutet aber auch die bußfertige Anerkennung der ausgeklammerten Seite unserer Persönlichkeit. Der Ratsuchende, dem in der Seelsorge diese dunkle Seite bewusst wird, kann seine persönliche Schuld bekennen.

Eine weitere Methode, einen Traum zu deuten, ist das *Rollenspiel* mit dem »heißen Stuhl« (oder dem elektrischen Stuhl). Frederick Perls benutzt sie in seiner Gestalttherapie.

Dabei fragt er als Berater härter als andere und geht konfrontierend das Problem und auch den Ratsuchenden an. Eine seiner typischen Anfangsfragen ist: »Wollen Sie mit mir arbeiten?« In dieser Frage wird schon die etwas aggressive Art deutlich, in der Frederick Perls an die Beratungsarbeit herangeht. Er will nicht stundenlang »um den heißen Brei herumreden«, um es einmal vereinfacht auszudrücken.

Ein Ratsuchender, dessen Persönlichkeit durch gegensätzliches Verhalten gekennzeichnet ist, verhält sich gern in einer Entweder-Oder-Weise: Entweder ist er arrogant oder unterwürfig, hilflos oder tyrannisch, niederträchtig oder rechtschaffen.

Diese widerstreitenden Kräfte bedeuten einen großen Konflikt. Die Rollenspiel-Technik von Frederick Perls, dem Gründer der Gestalttherapie, besteht darin, dass sich diese widerstreitenden Kräfte miteinander auseinander setzen. Der Mensch beginnt einen Dialog mit sich selbst, spielt die verschiedenen Rollen durch und wechselt die Stühle. Zunächst spielt er beispielsweise den Arroganten und unterhält sich mit dem Unterwürfigen auf dem anderen Stuhl, auf den er sich setzt, wenn er als der Unterwürfige antwortet.

Was ist das Ziel des Rollenspiels?

Die beiden Seiten unserer Persönlichkeit sollen spielerisch bewusst gemacht werden. Es geht nicht um eine Traumanalyse, sondern um ein Wiedererleben. Die beiden Seiten unserer Persönlichkeit kommen ins Gespräch. Sie schließen Kompromisse und versöhnen sich, wenn das Rollenspiel erfolgreich war. Die Integration der Persönlichkeit ist gelungen.

Der Dialog zwischen dem »Topdog« und dem »Underdog«

Eine spezielle Methode, die Frederick Perls entwickelt hat, ist das Rollenspiel zwischen dem Topdog und dem Underdog. Unter Topdog versteht Perls innere autoritäre Stimmen, die der übrigen Persönlichkeit ihren Willen aufzwingen wollen. Topdogs arbeiten mit Begriffen »du darfst nicht«, »du musst«, »du solltest« oder »du müsstest«. Der Topdog weiß immer, was für den Menschen richtig und am besten ist. Topdogs moralisieren:

- »Wenn du so weitermachst, wirst du sehen, wohin du kommst.«
- »Wie kannst du nur so verantwortungslos sein!«
- »Hast du nichts Besseres zu tun als rumzugammeln?«
- »Erst kommt die Pflicht, dann die Neigung!«

  usw.

Der Underdog reagiert unterwürfig:

- Er reagiert kleinlaut und entschuldigt sich,
- er jammert und bettelt,
- er verspricht, die Ratschläge des Topdogs ernst zu nehmen,

- er geht den unteren Weg, weil er ohne die Zustimmung des Topdogs nicht leben kann,
- er reagiert also feige, unterwürfig, als Opfertyp,
- er kann auch Methoden entwickeln, die verlogen und unehrlich sind.

Die Gestalttherapie setzt den Ratsuchenden abwechselnd auf zwei Stühle, die er jeweils wechselt, je nachdem, welche Person er gerade spielt.

Der Traum, der gespielt wird, kann lauten:

»Ich sitze hinter dem Haus, an geschützter Stelle, und lese einen Roman, der mich fasziniert. Plötzlich steht mein Lehrer vor mir, stemmt die Hände in die Seiten und fängt mit mir ein Gespräch an. Er hat eine riesige Gestalt, und ich muss hinaufschauen. Ich fühle mich in die Schule zurückversetzt. Sofort lege ich mein Buch zur Seite, und ich wache auf.«

Die beiden Stimmen, die dieser Traum verkörpert, werden vom Träumer gespielt. Topdog (Lehrer) und Underdog (Ratsuchender) unterhalten sich jetzt. Der Dialog, der vom Ratsuchenden gespielt wird, enthält den inneren Konflikt. Der Underdog offenbart im Gespräch seine Hintergedanken, seine Techniken und Methoden, den Topdog zu unterlaufen. Er kann mit Flucht, Lügen oder Krankheiten reagieren. In der Seelsorge können auf diese Weise sehr gut die Gewissensbisse des Underdogs herausgearbeitet werden. Der Seelsorger spricht mit dem Ratsuchenden seine Empfindungen, Erklärungen und Argumente durch.

Ziel des Dialogs ist es:

- dass der Konflikt zwischen Topdog und Underdog gelöst wird,
- dass die Verhaltensmuster des Underdogs nicht unehr-

lich, selbstbetrügerisch und selbstschädigend weitergeführt werden,
- dass der Mensch vor sich selbst, vor den anderen und vor Gott ein stimmiges Leben führt.

Den Traum zum Leben erwecken

Frederick Perls beschreibt in einem seiner Bücher, wie man Träume behandelt. Er schildert eine hilfreiche Methode, Träume lebendig werden zu lassen:

»In der Gestalttherapie deuten wir die Träume nicht. Wir tun etwas viel Interessanteres damit. Anstatt den Traum zu analysieren und immer weiter zu zerlegen, wollen wir ihn wieder zum Leben erwecken ... Wenn ihr also selbstständig arbeiten wollt, schlage ich euch vor, den Traum niederzuschreiben und eine Liste aller Einzelheiten im Traum anzulegen. Nehmt jeden Menschen, jedes Ding, jede Stimmung und arbeitet dann in ihnen, um jedes Einzelne von ihnen zu werden ... verwandelt euch wirklich in jeden dieser verschiedenen Teile. Werdet dieses Ding wirklich. Gebraucht eure Zauberkraft ... All die verschiedenen Teile – jedes Teil im Traum bist du selbst, ist eine Projektion deiner selbst.«[2]

Was ist der Sinn dieser Methode? Perls nennt diese Traumarbeit »Identifikationstechnik«. Er will die Teile in uns, die sich befehden, die nicht zusammengehören, wieder zusammenfügen.

Perls will den heilen, den ganzen, den integrierten Menschen. Der Traum soll die Lücken unserer Persönlichkeit aufdecken. Diese Traumarbeit will die unverarbeiteten Seiten in uns versöhnen.

- Die Traumarbeit will die Vermeidungen in uns aufdecken,
- sie will das Unbewusste bewusst machen,

- die Traumarbeit will, dass wir die Verantwortung für alles, was wir denken, tun und treiben, übernehmen.
- Die Traumarbeit will, dass wir uns annehmen, dass wir die Schatten in uns bejahen.
- Sie verrät, was uns fehlt, was wir vermeiden, was wir verdrängen und ausklammern.
- Die Traumarbeit benutzt überall die wörtliche Identifizierung:
- »Ich bin das Haus ...«
- »Ich bin die Lokomotive ...«
- »Ich bin die Mutter, der Vater, die Tochter, die alte Frau ...«

Ein Beispiel:
Jemand träumt, er geht in einem unfertigen Haus die Treppen rauf und runter.

»Ich bin das unfertige Haus ...«

- Was stört mich?
- Was ärgert mich?
- Was fehlt mir?
- Was wünsche ich mir?

Diese Identifikationstechnik macht mir meine Mängel, meine Vermeidungen, meine Konflikte, meine Wünsche und Schwierigkeiten bewusst.

Traumdeutung auf der Objekt- und auf der Subjektstufe

Die Traumdeutung auf der Objekt- und auf der Subjektstufe kann für die Arbeit mit Träumen sehr hilfreich sein. Zunächst zur Theorie.

Diese Art der Deutung geht auf C. G. Jung zurück, der in seiner analytischen Psychologie diese Unterscheidung im Traumverständnis vornimmt.

Die Deutung auf der Objektstufe besagt, dass alle Menschen, Tiere und andere Gestalten als Objekte betrachtet werden. Sie werden zum Träumer in Beziehung gesetzt. Mutter, Schwester oder Bruder sind die wirklichen Personen, die möglicherweise auch im Leben existieren. Wünsche, Ängste und Bedürfnisse, die der Traum widerspiegelt, werden auf frühkindliche Erlebnisse zurückgeführt.

Die Deutung auf der Subjektstufe, die der objektstufigen Deutung folgt, heißt, dass alle Personen, Tiere und Symbole, die im Traum auftreten, als Wesensanteile des Träumers verstanden werden müssen. Das bedeutet konkret:

- Alle auftauchenden Personen, Tiere und Symbole werden auf Fakten des eigenen Seelenlebens bezogen,
- alle auftauchenden Personen verkörpern Wesenszüge des Träumers selbst,
- Eltern, die im Traum auftauchen, symbolisieren beispielsweise das Über-Ich, das so genannte Eltern-Ich oder das Erwachsenen-Ich des Träumers.

Was drücken die Personen aus? Sind sie fordernd, überfordernd, manipulierend oder moralistisch? Geben sie Ratschläge, kritisieren sie, oder welche anderen Funktionen nehmen sie wahr?

Ein kleines Beispiel mag diese Deutungsarbeit erklären.

Ein Mann träumt, er begegnet auf einer Straße in der Stadt seinem Onkel Albert. Diesen Onkel kann der Träumer nicht gut leiden. Der Träumer schaut ins Schaufenster, um nicht dem Onkel begegnen zu müssen.

- Auf der objektiven Ebene assoziiert der Träumer, dass Onkel Albert ein schrecklicher Mensch ist, rechthaberisch und zwanghaft, der von vielen Verwandten gemieden wird.
- Auf der subjektiven Ebene sieht die Deutung anders aus. Der Seelsorger fragt:
  »Welcher Anteil Ihrer Persönlichkeit weist die gleichen Züge auf wie die von Ihrem Onkel Albert? In welcher Weise sind Sie ein schrecklicher Mensch?«
  »Wie gehen Sie selbst mit sich um, um diesen Charaktereigenschaften nicht zu begegnen?«
  »Welchen Stellenwert haben in Ihrem Leben Rechthaberei und Zwanghaftigkeit?«

Wo liegt der Vorteil dieser Deutungsmethode?

- Der Ratsuchende wird nur mit seinen eigenen Aussagen konfrontiert.
- Der Seelsorger enthält sich jeglicher Deutung und gerät auch in keinen Machtkampf oder in Widerstand, denn er bleibt ganz beim Ratsuchenden.
- Der Traum wird wörtlich genommen. Onkel Albert ist ein Symbol für Rechthaberei und Zwanghaftigkeit. Diese Züge, die dem Träumer an Onkel Albert bewusst geworden sind, spiegeln das eigene Wesen.

Träume sind keine Schäume!

Sie helfen uns bei Lebens- und Beziehungsstörungen. Träume sind ernst zu nehmende Botschaften, die das wahre Wesen des Menschen offen legen. In vielen Träumen meldet sich der lebendige Gott zu Wort. Direkt oder indirekt spricht er den Menschen an. Er warnt und mahnt, schließt Sünden und Fehlhaltungen auf und lässt uns seine Fußspuren erleben.

»Der Traum ist ein Angebot Gottes an uns« (Bischof Synesius im 5. Jahrhundert). Der Schlaf und viele Träume sind Gottes wunderbare Werke.

Anmerkungen

Zu: l. Traum und Schlaf

1 Eric Berne, Sprechstunden für die Seele, Reinbek 1970, S. 154

2 Werner Jentsch, Der Seelsorger, Moers, 3. Aufl. 1984, S. 267 ff.

Zu: 2. Die Symbol- und Bildersprache des Traums

1 Patricia Garfield, Frauen träumen anders, München/Zürich 1992, S. 21

2 Sigmund Freud, in: Die Darstellung der Symbole im Traum, zitiert nach: Friedrich W. Doucet, Psychoanalytische Begriffe, München 1972, S. 156 f.

3 Patricia Garfield, S. 94 ff.

4 Alfred Adler, Der Sinn des Lebens, Frankfurt 1973, S. 153

5 Vgl. Friedrich W. Doucet, Psychoanalytische Begriffe, S. 32

6 Patricia Garfield, S. 42

7 Ann Faraday, Deine Träume, Schlüssel zur Selbsterkenntnis, Frankfurt 1991, S. 62

8 Ann Faraday, S. 97

Zu: 3. Der Traum und der Träumer

1 Alfred Adler, Der Sinn des Lebens, Frankfurt 1973, S. 12

2 Carl Gustav Jung, Erinnerungen, Träume, Gedanken, aufgezeichnet und herausgegeben von Aniela Jaffe, Ölten 1971, S. 326

Zu: 4. Begriffe in der Praxis der Traumdeutung

1 Sigmund Freud, Über Träume und Traumdeutungen, Frankfurt 1974, S. 18 f.

2 Sigmund Freud, S. 48 f.

3 Alfred Adler, Der Sinn des Lebens, Frankfurt 1973, S. 154

4 Alfred Adler, S. 157

5 Alfred Adler, S. 158

6 Sigmund Freud, S. 20
7 Alfred Adler, S. 147
8 Sigmund Freud, S. 13 f.

Zu: 6. Der Tod im Traum
1 Wilhelm Horkel, Träume sind nicht nur Schäume, Moers 1992, S. 41
2 Wilhelm Horkel, S. 86 und 106

Zu: 7. Wiederholungsträume
1 Alfred Adler, On the Interpretation of dreams, 1936, in: International Journal of Individualpsychology 2/No. l, 3–16

Zu: 8. Träume – Gottes vergessene Sprache
1 Werner Jentsch, Der Seelsorger, Moers, 3. Aufl. 1984, S. 273
2 Hör Zu 6/1994, S. 7 ff.
3 Richard Rohr, Der nackte Gott, München, 4. Aufl. 1989, S. 70 ff.

Zu: 10. Gott spricht zu Jakob im Traum
1 Gerhard von Rad, Das erste Buch Mose, Göttingen 1953, S. 247 f.
2 Hellmuth Frey, Das Buch des Kampfes, Stuttgart, 4. Aufl. 1964, S. 79 f.
3 Gottfried Voigt, Die neue Kreatur, Göttingen, 3. Aufl. 1977, S. 66
4 Gottfried Voigt, S. 67

Zu: 13. Unterschiedliche Methoden der Traumdeutung
1 Rainer Schmidt, Träume und Tagträume, Stuttgart/Berlin/Köln/Mainz 1980
2 Frederick Perls, Gestalt-Therapie in Aktion, Stuttgart 1974, S. 78 f.

Reinhold Ruthe

Krankheiten – Signale der Seele

Wie Symptome des Körpers gedeutet werden können

Brendow
VERLAG + MEDIEN

5. überarbeitete Auflage 2007

Satz: Satz & Medien Wieser, Stolberg

Inhalt

Vorwort

Der Mensch ist ein unteilbares Ganzes. Seele und Körper sind miteinander verschmolzen. Keines seiner Glieder und Organe funktioniert selbstständig. Alle Teile sind miteinander durch Nerven, Blutbahnen, Empfangs- und Sendestationen verbunden.

In Verkündigung, Therapie und Seelsorge muss dieser Tatsache Rechnung getragen werden. Dieses Buch will zeigen: Gott will den *ganzen* Menschen heilen. Nicht eine leiblose Seele, die irgendwo versteckt im Körper haust, braucht Heilung. Christus will vielmehr die Seele, die den leibhaftigen Menschen vom Scheitel bis zur Sohle ausmacht, heilen.

Eine neuere Langzeitstudie über psychische Krankheiten bestätigt:

- Jeder fünfte Bundesbürger (alte Bundesländer) leidet unter einer psychischen Erkrankung.
- Die Krankheitsanfälligkeit von Frauen und Männern hat sich im Laufe der letzten Jahre angeglichen.
- Besonders Männer wenden sich ungern an einen Psychotherapeuten oder an eine Selbsthilfegruppe.
- Menschen über 65 Jahre haben die geringsten Kenntnisse über fachkundige Hilfe.
- Die Zahl der neurotischen und psychosomatischen Störungen ist erheblich gestiegen.

Viele Leiden und psycho-vegetative Regulationsstörungen überfallen uns nicht einfach, sondern setzen eine längere Leidensgeschichte voraus. Einsamkeit, Angst, Enttäuschung, Schuld, Ehrgeiz, Eifersucht und Misstrauen bahnen späteren Leiden den Weg.

Was setzt den Körper so unter Druck, dass er mit Organstörungen reagiert? Spannungen, Erregungen und Ängste werden zu Tyrannen, die den Körper bedrängen und schwache Organe beeinträchtigen.

Was will der Kranke mit seinen Symptomen den Angehörigen und der Umwelt sagen? Seelische Störungen und Fehlanpassungen treten nicht blindlings auf, sie können auch unbewusst *arrangiert werden.* Manchmal sind sie eine Folge geheimer Wünsche und verzerrter Vorstellungen. Eine Krankheit ist eine Mitteilung. Wir wollen sie nicht in erster Linie bekämpfen, wir sollen sie in erster Linie *verstehen.*

- Flieht der Mensch in die Krankheit?
- Weicht der Mensch den Anforderungen des Lebens aus?
- Benutzt er die Symptome als Mittel zum Zweck?
- Pflegt er die Krankheitssymptome, um Aufmerksamkeit zu erlangen?

Prof. Dietrich Grönemeyer, einer der Experten in Deutschland, der die Gesundheitspolitik in ihren Zusammenhängen gründlich erforscht, schreibt in einem seiner Bücher, in dem er die „Optimierung der Lebensqualität" bespricht und zehn Grundsätze formuliert, unter anderem:

„Boombranche der Zukunft: Das Gesundheitswesen ist die größte Branche. Mit Medizintechnik und Biotechnologie macht dies zurzeit zwölf Prozent aller Berufstätigen in 800 Berufen aus. Daher: Arbeitsplätze in der Gesundheitswirtschaft ausbauen und ein neues Ministerium schaffen – heute vier Millionen, morgen acht Millionen Beschäftigte."[1]

In seinen Augen ist der Gesundheitsmarkt unser größter Teilmarkt, bedeutender als andere Schlüsselindustrien und schafft mehr Arbeitsplätze als alle anderen.

Darum hat therapeutische Seelsorge auch den Sinn, dem Menschen zu helfen

- sich gesund zu erhalten,
- Leib, Seele und Geist in Gottes Namen zu pflegen und zu hegen,
- Prävention, Sport und Bewegung zu praktizieren und den Körper als Gottes Eigentum wahrzunehmen.

Paulus betont unmissverständlich:

„Wisst ihr denn nicht, dass euer Körper der Tempel des Heiligen Geistes ist? Gott hat euch seinen Geist gegeben, der jetzt in euch wohnt. Darum gehört ihr nicht mehr euch selbst“ (1. Korinther 6, 19).

Therapeutische Seelsorge versucht, den Menschen im Lichte der Bibel zu verstehen. Das heißt unter anderem: Wir *haben* keine Krankheiten, wie wir Haare auf dem Kopf haben, wir *sind* krank. Krankheiten deuten (fälschlicherweise) auf eine bestimmte Stelle im Körper hin – Kranksein meint den ganzen Menschen, der heil- und heilungsbedürftig ist.

Therapeutische Seelsorge ersetzt nicht den Arzt. Die medizinische Versorgung muss bei allen ernsthaften Funktionsstörungen beachtet werden.

Therapeutische Seelsorge will

- falsche Lebensgrundüberzeugungen aufdecken,
- ungeistliche Motive und Sünden ans Licht bringen,
- alternative Lebenseinstellungen vermitteln,
- Lebenslügen und Selbstbetrug ansprechen,
- die Maßstäbe der Bibel und Gottes Willen aufzeigen.

I. Wie gehen wir mit Problemen um?

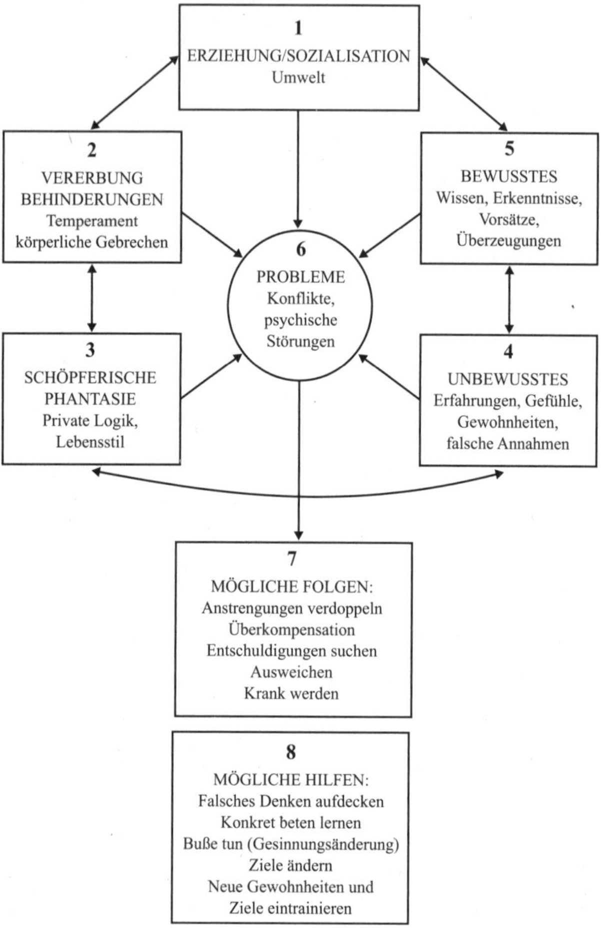

Acht Hinweise zum Verständnis

Diese Grafik ist der Versuch, das komplizierte Zusammenspiel der wesentlichen Faktoren zu erfassen, die den Menschen kennzeichnen. Für Beratung und Seelsorge ist eine gründliche Diagnose hilfreich. Dazu acht Hinweise.

Hinweis 1:
Erziehung, Umwelt und Sozialisation spielen für den Lebensstil des Menschen eine große Rolle.

Kasten 1 versucht, mit diesen Begriffen die Einwirkung von außen durch Eltern, Erzieher, Geschwister, Spielgefährten und Medien zu erfassen.

Wir werden nicht in ein bestimmtes Milieu hineingeboren, das uns prägt, formt und in bestimmte Rollen zwängt. Als Kinder gestalten wir unseren Weg entscheidend mit. Wir sind immer auch aktive Mitspieler.

Hinweis 2:
Der Mensch ist durch Erziehung, durch Vererbung und durch das, was er daraus gemacht hat, zu verstehen.

Kasten 2 beinhaltet die *Vererbung,* die das Geschlecht, ein bestimmtes Temperament, Organschwächen und Behinderungen, aber auch spezielle Begabungen und Vorzüge festlegt.

Wie viel Prozent unserer Persönlichkeit auf Vererbung zurückzuführen sind, kann kein Mensch genau sagen. Die Vererbung ist wichtig – aber sie ist nicht alles.

Hinweis 3:
Die schöpferische Fantasie (Kasten 3) ist eine Gestaltungskraft im Menschen, die Vererbung, Umwelt und Erziehung als *Baumaterial* benutzt, um daraus einen eigenen Lebensstil zu entwerfen.

Das menschliche Leben ist zielgerichtet. Die schöpferische Kraft des Kindes verarbeitet und beantwortet alle Herausforderungen, lernt aus Versuch und Irrtum und entscheidet sich für Lebensgrundüberzeugungen, mit denen sie die Zukunft plant.

Der Lebensstil (Kasten 3) ist also eine Eigenschöpfung des Kindes. Er beinhaltet die Leitmotive des Denkens, Fühlens, Wollens, Lebens und Liebens. Der Lebensstil fasst die Verhaltensmuster, die Gewohnheiten, die Charakterstruktur und alle Persönlichkeitsmerkmale zusammen und drückt sie aus.

Im Lebensstil ist auch der christliche Glaube eingebunden, der durch Erziehung, gläubige Eltern, kirchlichen Unterricht und andere christliche Impulse geweckt und entwickelt und durch den Heiligen Geist zum Durchbruch kommen kann.

Hinweis 4:
Im Lebensstil sind Bewusstes und Unbewusstes (Kasten 4 und 5) eingebunden. Dabei handelt es sich *nicht* etwa um zwei getrennte Bereiche, die gegenläufige Ziele verfolgen. Die Interessen im bewussten und im unbewussten Bereich laufen parallel. Der Lebensstil, der die Einheit der Persönlichkeit verkörpert, spricht durch Bewusstes und Unbewusstes.

Da wir Menschen mehr, als uns lieb ist, vom Unbewussten gesteuert werden, spielen unerkannte Wünsche und Bedürfnisse, versteckte Absichten und sündhafte Fantasien eine große Rolle.

Die Bibel spricht schlicht und eindrücklich: „Denn aus dem Herzen (aus der Tiefe unserer Persönlichkeit, d. Vf.) kommen böse Gedanken und mit ihnen Mord, Ehebruch, Unzucht, Diebstahl, Verleumdung und Beleidigungen" (Matthäus 15, 19). Es handelt sich um unverstandene Regungen unserer Persönlichkeit, die wir nicht wahrhaben wollen und die doch untrennbar mit den Leitmotiven unseres Selbst verknüpft sind.

Hinweis 5:
Wenn der Mensch durch den Heiligen Geist zum Glauben an Christus kommt, spiegelt auch der christliche Glaube in all seinen Äußerungsformen diesen Lebensstil wider. Der Glaube ist immer auch Spiegelbild *dieses* Menschen, mit *seinen* Wertvorstellungen, mit *seinen* Verhaltensmustern, mit *seinen* Angewohnheiten, Schwächen und Stärken.

Alle Erfahrungen des bisherigen Lebens (positive und negative Erlebnisse der Vergangenheit, gute oder schlechte Beziehungen zu Eltern und Geschwistern) hat der Heranwachsende kreativ verarbeitet und in seinen Lebensstil eingebaut.

Da wir Menschen Sünder sind und irren können, werden auch destruktive Verhaltensmuster, irrige und böse Strategien verwendet, um das Leben zu meistern. Im Zusammenspiel mit den genannten Faktoren können deswegen Störungen und Krankheiten auftreten.

Hinweis 6:
Die Grafik macht deutlich, dass Probleme, Konflikte und psychische Störungen (Kasten 6) in der Regel nicht nur *eine* Ursache haben, sondern dass die Inhalte in den Kästen sich wechselseitig beeinflussen.

Ein kompliziertes Zusammenspiel – das machen die Pfeile deutlich – ergibt die körperlichen und seelischen Schwierigkeiten im Menschen.

Wir dürfen daher auch nicht *einseitig* von gestörtem Glauben, *einseitig* von Erziehungsproblemen, *einseitig* von Körperkrankheiten und so weiter sprechen.

Der *ganze* Mensch wird jeweils in Mitleidenschaft gezogen. Christus will, dass der *ganze* Mensch Heil und Heilung erfährt.

Hinweis 7:
Was macht der Mensch, wenn er psychische Probleme und psychosomatische Krankheiten aufweist? (Kasten 7) Es gibt unzählige Wege und Strategien, die er benutzt, um damit fertig zu werden – konstruktive und destruktive, geistliche und ungeistliche.

Der Lebensstil (also die Summe der Lebensgrundüberzeugungen, die ein Mensch sich zugelegt hat) verrät, wie er das Leben meistert, ob er aktive oder passive, glaubensgemäße oder glaubensverneinende Muster benutzt:

- Er kann seine Anstrengungen verdoppeln, seinen Ehrgeiz steigern und gegen die Symptome ankämpfen.
- Er kann sie verleugnen, verdrängen und überspielen.
- Er kann sich herausreden und Entschuldigungen suchen, um vor Menschen und vor Gott bestehen zu können.
- Er kann in Krankheiten fliehen, in körperliche und seelische Zusammenbrüche, die er unbewusst herbeigeführt hat.

Hinweis 8:
Der Christ kann (Kasten 8) seinen Lebensstil unter die Lupe nehmen, um vor Gott seine irrigen Ziele und sündhaften Fehlverhaltensmuster kennen zu lernen.

„Durchforsche mich, Gott, sieh mir ins Herz, prüfe meine Wünsche und Gedanken! Und wenn ich in Gefahr bin, mich von dir zu entfernen, dann bring mich zurück auf den Weg zu dir“. Diese Psalmworte (139, 23.24) sind ein hilfreicher Anstoß, eine gründliche Selbsterforschung zu betreiben, die ungeistliche Motive und eine falsche Gesinnung offenbaren.

Oft ist ein Seelsorger notwendig, der die blinden Flecken

des Betroffenen erkennt, den fehlerhaften Lebensstil des Ratsuchenden deutet und eine Gesinnungsänderung in die Wege leiten kann.

Ständig erliegen wir der Gefahr, dass wir uns selbst belügen und unsere störenden Symptome bagatellisieren oder verdrängen. Ein therapeutischer Berater kann dies aufdecken. Die Gesinnungsänderung ist ein Geschenk des Heiligen Geistes – wenn wir sie ernsthaft *wollen.*

„Lasst euch vielmehr im Innern von Gott umwandeln. Lasst euch eine neue Gesinnung schenken, dann könnt ihr erkennen, was Gott von euch will. Ihr wisst dann, was gut und böse ist und was Gott gefällt“ (Römer 12, 2).

II. Seele meint den ganzen Menschen

Leib und Seele sind nur verschiedene Aspekte des einen Menschen. Es gibt kein Lebendigsein ohne den Leib. Man kann nicht den Leib von der Ganzheit des Menschen trennen, um die „reinen Teile", also Geist und Seele, zurückzubehalten.

- Mensch sein heißt *Leib sein,*
- Mensch sein heißt *Seele sein,*
- Mensch sein heißt *Geist sein.*

In der Schöpfungsgeschichte heißt es unmissverständlich: „Und Gott der Herr machte den Menschen aus einem Erdenkloß, und er blies ihm ein den lebendigen Odem in seine Nase. Und also ward der Mensch eine lebendige Seele" (1. Mose 2,7). Was heißt das?

- Der lebendige Odem wurde dem Menschen nicht in einen bestimmten Körperteil eingehaucht.
- Die Seele sitzt nicht in einem unerklärlichen Teil unserer Persönlichkeit.
- Der Mensch ist die lebendige Seele, und zwar vom Scheitel bis zur Sohle.

Nicht umsonst spricht das Alte Testament von Seelen, wenn sie Menschen meint. Die alte Luther-Übersetzung formuliert: „Und Gott sprach, das ist ein Zeichen des Bundes, den ich geschlossen habe zwischen uns und allen lebendigen Seelen ...“ (1. Mose 9,12).

Dieser ganzheitliche Begriff hat sich bis in unsere Zeit hinein erhalten. Wir sagen: Der Ort hat 300 Seelen. Selbstverständlich ist hier nicht von körperlosen Wesen die Rede, sondern von Menschen aus Fleisch und Blut.

Die Bibel kennt keinen Dualismus von Leib und Seele. Beides gehört zusammen, denn körperliche Krankheiten werden hier stets auch als Störungen der Seele verstanden als Folge der Heillosigkeit unserer Welt.

Der Begriff „Seele“ (hebräisch = *nefesch*, griechisch = *psyche*) bezieht sich in der Bibel stets auf den ganzen Menschen, in allen Aspekten seines Lebens.

„Denn wer sein Leben (*psyche*) retten will, wird es verlieren ...“ (Matthäus 16, 25).

Die Seele in Sprichwörtern

Der Mensch wird in seinem Seele-Sein von unterschiedlichen Gefühlen bewegt. Er wird

- von *Verzweiflung* gequält,
- von *Trauer* niedergedrückt,
- von *Hass* überwältigt,
- von *Ehrgeiz* heimgesucht,
- von *Freude* übermannt und
- von *Wut und Zorn* angestachelt.

Im Denken, Fühlen und Handeln reagiert der Mensch in und mit allen Gliedern. Das Seelenleben spielt in unserer Umgangssprache eine große Rolle. Seelisches wird in Sprichwörtern und Alltagsformulierungen gekennzeichnet.

Viele Redensarten bringen unser Seele-Sein zur Sprache:

- „Er hat seine Seele ausgehaucht.“
- „Nun hat die liebe Seele ihre Ruhe.“
- „Er hat seine Seele dem Teufel verschrieben.“
- „Zwei Menschen sind ein Herz und eine Seele.“
- „Das ist eine Seele von Mensch.“
- „Er hat mir das auf die Seele gebunden.“
- „Er hat eine durstige Seele.“
- „Das ist ein seelenloser Mensch.“
- „Alkohol ist ein gefährlicher Seelentröster.“
- „Der Ort hat 300 Seelen.“
- „Lobe den Herrn, meine Seele!“

Seelisch krank?

Es ist heutzutage üblich, von seelisch bedingten Störungen und Krankheiten zu sprechen.

Wir hören:

- „Das ist typisch seelisch!“
- „Ganz eindeutig psychisch.“
- „Der Mann/die Frau ist seelisch krank.“

Wenn wir nach biblischem Maßstab den Menschen jedoch ganzheitlich sehen, sind solche Bezeichnungen irreführend. In Wirklichkeit ist es nicht möglich, zwischen seelischen und körperlichen, zwischen psychischen und somatischen Symptomen eine klare Trennungslinie zu ziehen. Schlichte Beispiele machen das deutlich.

Wenn Sie Angst haben – und Angst ist in erster Linie ein so genanntes „psychisches Symptom“ –, dann reagiert der gesamte Organismus. Frederic Vester beschreibt in einem seiner Bücher, welche Reaktionen Angst hervorruft:

„Eine Assistentin hatte sich für ein Experiment zur Verfügung gestellt. Sie wusste nicht, was ihr ‚blühte'. Das Studio war verdunkelt und sie wurde in einen typischen Angstzustand versetzt. Die körperliche Folge der Reaktion wurde gemessen. Sie war an ein EKG angeschlossen, der Blutdruck wurde kontrolliert und der Effekt der Nebennieren auf Herz und Kreislauf auf einem Schreiber registriert. Die Fettwerte des Blutes in der Angstreaktion wurden mit Kontroll-Blutproben verglichen. An einem Stahldraht befestigt, ließ man von der Decke im zunächst verdunkelten Raum eine lebende Riesenkrabbe von den Karibischen Inseln herunter. Ein aufgeblendeter Scheinwerfer machte das Tier sichtbar. Die Assistentin schrie wie am Spieß. Sie hatte so ein Tier noch nie in ihrem Leben gesehen. Auf dem Messstreifen wurde der Schock der Frau markiert. Die Gehirnwellen änderten sich schlagartig. Der Herzschlag hatte sich nach dem Schock radikal verändert. Der Puls war beschleunigt. Der Blutdruck war in kurzer Zeit von 120 zu 60 auf 180 zu 100 angestiegen. Die Adrenalinausschüttung durch die Nebennieren, die ebenfalls durch die Schockreaktion in Gang gesetzt wurde, bewirkte den Anstieg des Fettsäuregehaltes um 24 Prozent. Der Hautwiderstand war abgesunken und eine erhebliche Schweißabsonderung hatte durch die Angstzustände stattgefunden. Deutlich wird: Jede seelische Reaktion wie Angst, Wut und Depression äußert sich über den Körper."[1]

Ein zweites eindrucksvolles Beispiel, das Erwartungsängste spiegelt, las ich bei Elisabeth Lukas, einer Schülerin von Viktor E. Frankl:

„Im großen Stil wurden derartige gefährliche Erwartungsphänomene unter anderem von dem israelischen Arzt Paul Schuger untersucht, der über ein Vorkommnis in Westjordanien zu berichten weiß, welches sogar die Weltgesundheitsorganisation in Genf beschäftigt hat. Begonnen hatte es damit, dass zwei Mädchen in einer Schule in Ohnmacht fielen.

Irgendjemand gab daraufhin das unheilvolle Gerücht raus, das Trinkwasser sei vergiftet. Binnen weniger Tage mussten 946 Mädchen aus dieser Schule wegen Übelkeit und Leibschmerzen in Krankenhäuser eingeliefert werden, wo die Blut- und Urintests ergaben, dass sie kerngesund waren. Die Erwartung der Krankheit allein hatte genügt, die dazugehörigen Beschwerden zu erzeugen, obwohl das Trinkwasser tadellos war.“[2]

Beide Beispiele zeigen, wie irreführend die Begriffe „psychisch krank“ oder „somatisch krank“ sind. Leib und Seele sind untrennbar miteinander vereint. Wir dürfen sie uns nicht als abgrenzbare Bereiche vorstellen.

Viele Krankheiten sind „nur“ Symptome

Diese Überschrift ist für viele Ärzte eine Herausforderung. Sie behandeln nach ihrer Vorstellung nicht Symptome, sondern Krankheiten. Ihr Wissen ist so spezialisiert, dass sie die verschiedenen *Krankheitssymptome* glänzend klassifizieren können. Aber mit den unzähligen Krankheiten haben wir *die* Krankheit des Menschen aus den Augen verloren. Krankheitssymptome sind in der Regel nicht die Krankheit selbst.

Was sind Krankheitssymptome?

- Symptome sind Signale, die der Organismus aussendet;
- Symptome sind Kontrolllämpchen, die aufleuchten und anzeigen, dass etwas fehlt;
- Symptome sind Anzeichen für eine tief liegende Störung;
- Symptome sind Hinweise, unseren Lebensstil zu hinterfragen;
- Symptome sind Alarmzeichen, die die Persönlichkeit als Ganzes herausfordern;

- Symptome sind der sichtbare Ausdruck eines unsichtbaren Prozesses;
- Symptome können Denkzettel Gottes sein, unser Un-Heil zu bedenken;
- Symptome sollen darum nicht verhindert, sondern verstanden werden.

Der Mensch will sich nicht stören lassen. Darum beginnt er, das Symptom zu bekämpfen. Ein gutes Beispiel dafür ist das *Fieber*. Es ist die Notwehrreaktion des Körpers gegen eine Infektion. Wie schnell lassen sich Fieberkranke dazu verleiten, mit starken Antibiotika solche wichtigen Symptome zu unterdrücken. Fieber ist ein Hinweis, dass der Organismus auf Hochtouren läuft, um einen feindlichen Angriff niederzuschlagen. Fieber ist eine gesunde Reaktion auf eine tief sitzende Störung.

Wenn uns Krankheitssymptome befallen, ist es hilfreich, einige konkrete Fragen zu stellen. Symptome sind Herausforderungen Gottes. Wenn nichts in unserem Leben ohne Gott geschieht, dann sind die folgenden Fragen Denkanstöße, die Aufforderung des 139. Psalms ernst zu nehmen: „Durchforsche mich, Gott, sieh mir ins Herz, prüfe meine Wünsche und Gedanken! Und wenn ich in Gefahr bin, mich von dir zu entfernen, dann bring mich zurück auf den Weg zu dir“ (Psalm 139, 23.24).

Fragen zum Nachdenken

Frage 1: Was geschah beim Auftauchen des Symptoms?

- Was geschah zu der Zeit *in* Ihnen? Gab es Probleme, belastende Ereignisse?
- Hatten Sie Ärger im Beruf oder in der Familie?

- Gab es *äußere* Ereignisse, die Sie beunruhigten und unter Druck setzten?
- Mit welchen Schwierigkeiten waren Sie beschäftigt?
- Können Sie sich vorstellen, dass diese Begebenheiten mit den Symptomen in Verbindung stehen können?

Frage 2: Versuchen Sie, die Sprache des Symptoms zu entziffern!
Viele Krankheiten und Funktionsstörungen bringen etwas zur Sprache. Und das ist wörtlich zu verstehen. Unsere Sprache verbalisiert psychosomatische Reaktionen. Sie formuliert psychische Schwierigkeiten und verbindet sie mit körperlichen Begleitsymptomen.

- „Was ist Ihnen auf den Magen geschlagen?"
- „Was hat Sie in Wallung gebracht beim Bluthochdruck?"
- „Welche Kröten haben Sie schlucken müssen?"
- „Wovon haben Sie die Nase voll?"

Der Körper drückt oft aus, was der Mensch sich nicht eingestehen und nicht aussprechen will.

Frage 3: Wozu zwingt uns das Symptom?
Symptome können unsere Unvernunft bremsen. Sie korrigieren Einseitigkeiten und bringen tief verwurzelten Kummer zur Sprache. Sie zwingen uns, kürzer zu treten.

Hier einige Beispiele, an denen das deutlich wird:

- Der Über-Ehrgeizige wird durch Kreislaufstörungen und Herzattacken zur Ruhe gezwungen.
- Der Gehetzte muss durch Rheumatismus langsamer treten.
- Der Alleinverantwortliche, der unter Migräne leidet und sich den Kopf zerbricht, muss abgeben.

- Der Mensch mit einem Halswirbel-Syndrom muss zu viel Verantwortung, die er sich aufgebürdet hat, abwerfen.

Ich denke an eine depressive Frau. Ihre Depression spiegelt eine große Bitterkeit und Wut wider, die sie jahrelang wortlos geschluckt hat.

Ihr Vater, der einen einsam gelegenen kleinen Bauernhof bearbeitet, hat sie immer wieder sexuell missbraucht und sie unter Todesandrohung zum Schweigen verurteilt. Die Depression als Symptom ist der stumme Schrei eines hilflosen und verzweifelten Menschen.

Das Depressions-Symptom zeigt außerdem, wie problematisch Tabletten sind, wenn die Seele in der Tiefe keine Heilung erfährt. Antidepressiva sind in diesem Falle Symptom-Make-up. Sie verdecken das eigentliche Leid und verschlimmern auf Dauer die Depressionen.

Frage 4: Was wollen wir mit den Symptomen vermeiden?
Krankheitssymptome können sich einstellen, um unsere unbewussten und unverstandenen Ziele zu realisieren. Sie treten unter Umständen wunschgemäß auf. Es ist, als hätten wir sie herbeigerufen. Folgende Aussprüche sind uns sicher nicht unbekannt:

- „Die Grippe kam wie gerufen!“
- „Die Infektion meldete sich wie bestellt!“
- „Der Unfall nahm mir die Entscheidung ab.“

Ich habe lange Zeit eine Ratsuchende betreut, die mit einer hysterischen Blindheit in die Beratung kam. In einem der Gespräche ließ sie unbeabsichtigt den Satz fallen: „Ich war blind vor Wut!“

Ihr Mann ging ständig fremd. Gemeinsam hatten sie einen Betrieb, der von beiden aufrecht erhalten werden musste. Die Frau kniff immer ihre Augen zu, wenn ihr über die ehebrecherischen Aktivitäten ihres Mannes berichtet wurde. Sie konnte das lieblose Treiben ihres Gatten nicht mehr mit*ansehen.* Mit Leib und Seele wehrte sie sich und „flüchtete“ in eine hysterische Blindheit. Im Fachjargon heißt das „Konversions-Neurose“, d. h., ein schweres psychisches Problem drückt sich körperlich aus, es konvertiert, es schlägt um ins Organische.

Leib und Seele sind eine Einheit. Denken, Fühlen, Planen, Fantasien, Vorstellungen, Ängste und Befürchtungen spielen sich nicht nur im Kopf ab. Sie haben eine gleitende Beziehung zu allen Gliedern. Kein Teil des gesamten Organismus bleibt ausgespart.

Wenn der Arzt missbraucht wird

Viele Christen „missbrauchen“ den Arzt. Sie kommen mit falschen Erwartungen zu ihm. Woher kommt das? Für ihr christliches Leben gibt es nur eine Priorität: *das Geistliche.* In ihren Augen sind Seelisches und erst recht Körperliches Nebensache. Sie sind tragischerweise mit dem Geistlichen verknüpft, haben aber nichts miteinander zu tun.

Griechisches und heidnisches Denken, das dem christlichen Glauben diametral entgegenläuft, hat auch die Vorstellungen vieler Christen geprägt und wird auch von ihnen gelebt.

Der Seelsorger hat es mit Glaubensfragen zu tun und ist kein Psychotherapeut, dem man seelische Probleme anvertrauen kann.

Der Arzt ist für alle körperlichen Belange zuständig. Spannungen, Gereiztheit, Nervosität, Konzentrationsmangel können mit chemischen Stoffen gemildert und beseitigt werden. So stellen sich viele Christen die verschiedenen Lebensbereiche vor. Mit einem Medikament möchten sie den „Fall" abtun. Mit Pillen möchten sie die Frage nach der Tiefe ihres Un-heil-Seins betäuben. Aber lebenswichtige Fragen lassen sich nicht mit Tabletten beantworten. *Ärger* darf nicht mit Medikamenten ausgelöscht werden. Sie dämpfen, blockieren und unterdrücken existenzielle Fragen.

- Was drücken wir mit Ärger aus?
- Was richten wir mit Ärger bei unseren Mitmenschen an?
- Was wollen wir mit Ärger bezwecken?
- Wovor fliehen wir?
- Was schlucken wir?
- Was ist geistlich ungeklärt?

Anfechtungen – wie zum Beispiel Neid, Rechthaberei, Empfindlichkeit, Streitsucht usw. – werden nicht als geistliche Probleme wahrgenommen. Der Arzt soll die Spannungen mit Tabletten dämpfen. Aber Anfechtungen sind geistliche Symptome, die mit geistlichen Mitteln bearbeitet werden müssen.

Anfechtungen können zu Schlaflosigkeit führen. Sie können panische Ängste und Bluthochdruck verursachen. Da wir Christus *ganz* gehören, wollen wir uns ihm auch *ganz* zur Verfügung stellen, damit er unseren Glauben und unser Denken durchleuchten kann.

Konflikte können nicht mit chemischen Substanzen gemildert oder aufgelöst werden. Konflikte spiegeln, wie das Wort sagt, Zusammenstöße im Inneren und im Zwischenmenschlichen wider. Konflikte, die auch Kopf, Kreislauf, Herz, Magen und Darm in Mitleidenschaft ziehen können, müssen *ganzheitlich* bearbeitet werden. Tabletten, die Herz und Kreislauf beruhigen sollen, sind Symptomkosmetik. Konflikte fordern heraus, sich selbst in Frage zu stellen und den eigenen Lebens- und Glaubensstil zu überprüfen. Konflikte beinhalten *Lebens- und Glaubensfragen.* Darum können gezielt einige Fragen lauten:

- Will ich mit Konflikten meinen Herrschaftsanspruch in Ehe und Familie demonstrieren?
- Will ich mit Konflikten mein Gegenüber gefügig machen?
- Will ich mit Konflikten meinem Nächsten die Schuld zuschieben?

Schmerzen werden viel zu schnell mit Tabletten zum Schweigen gebracht. Dabei sind Schmerzen lebenswichtige Signale, die uns zeigen, dass mit unserer ganzen Persönlichkeit etwas nicht stimmt. Schmerzen sind kein lokales Problem im Menschen. Sie verraten, dass die Gesamtlebenseinstellung überprüft werden muss. Wie wichtig das ist, lesen wir bei Paulus: „Wisst ihr nicht, dass euer Körper der Tempel des Heiligen Geistes ist? Gott hat euch seinen Geist gegeben, der jetzt in euch wohnt. Darum gehört ihr nicht mehr euch selbst. Gott hat euch als sein Eigentum erworben. Macht ihm also Ehre durch die Art, wie ihr mit eurem Körper umgeht" (1. Korinther 6, 19.20).

Wie wir mit unserem Leib umgehen, ist keine nebensächliche Frage. Es ist eben nicht unser Privatvergnügen, wie wir uns ernähren oder ob wir durch Sport den Körper gesund erhalten. Ob wir unseren Körper pflegen, schonen und auf ihn achten, ist eine Frage der Ehre Gottes. Der Körper ist kein notwendiges Übel, das wir gedankenlos ausbeuten dürfen. Der Heilige Geist wohnt in einem Tempel und wir haben als Christen kein Recht, ihm eine ungepflegte Notunterkunft zur Verfügung zu stellen.

III. Krankheiten *haben* und krank *sein*

Das ist kein Spiel mit Worten, sondern ein existenzieller Unterschied. Viele Menschen formulieren:

- „Die Frau *hat* eine Krankheit."
- „Der Mann *hat* einen kranken Magen."
- „Das Kind *hat* eine kranke Lunge."
- „Der Arbeitskollege *hat* ein krankes Auge."
- „Der Nachbar *hat* ein krankes Herz."

Wir gehen davon aus, dass eine Krankheit irgendein Organ befällt und damit genau lokalisiert werden kann. Der gesamte übrige Mensch ist gesund, nur eine „faule" Stelle gibt es – wie beim Apfel. Dieses Denken entspricht jedoch nicht dem Bild vom ganzen Menschen.

Die Bedeutung des Krankseins

Viele Menschen, auch Christen, betrachten vergiftete Nahrungsmittel, Luft- und Wasserverschmutzung, übergroße Lärmbelästigung, Verkehrs- und vor allem Arbeitsstress als Krankheitsursachen. Diese Faktoren sind nicht unwichtig, aber wo bleibt unsere persönliche Verantwortung? Wir suchen die Ursache *im Körper,* der unerklärlich und geheimnisvoll mit Krankheitssymptomen reagiert.

Wir sprechen von
... Stoffwechselstörungen,
... Hirnanomalien,
... Übersäuerung des Magens,
... Bluthochdruck,
... Nervenentzündungen,
... Verstopfung.

Hinzu kommt, dass die Krankheiten nur unter dem Gesichtspunkt des *Funktionierens* beurteilt werden.

- Das Herz *funktioniert* nicht mehr richtig,
- die Leber *funktioniert* schlecht,
- der Darm *funktioniert* träge,
- die Schilddrüse *funktioniert* überstark.

Auch in den Kliniken wird häufig dieser Anschauung Vorschub geleistet. Auf Station 3 liegen die „Magenkranken", auf Station 1 die „Herzkranken", in Zimmer 400 die „Lungenkranken" und am Ende des Flurs die „Hautkranken". Und wie gehen wir mit diesen Symptomen um? Wir gehen zum Arzt und lassen die *Anzeichen* der Krankheit behandeln:

- Wir schlucken Tabletten.
- Wir streben eine Kur an und lassen unseren Körper therapieren.
- Wir stellen die Nahrung um und essen fettärmer.
- Wir treiben Sport und gehen schwimmen.

Ist das schlecht und abwegig? Nein. Aber es sind *einseitige* Behandlungswege. Die Krankheit soll behoben, das alte Lebenskonzept aber beibehalten werden. Sport und Schwimmen sollen den Körper wieder fit machen, damit beispielsweise der nie endende Ehrgeiz wieder neu befriedigt werden kann.

Christen neigen oft dazu, so zu tun, als hätten Krankheiten nichts mit unseren Lebensgrundüberzeugungen zu tun. Viele sehen die Krankheit auch als Strafe Gottes an. Jesus hat diese „Logik“ nicht bestätigt. Selbst seine Jünger waren verunsichert und spiegelten das Denken der damaligen Zeit wider. „Herr: Hat er (der Blindgeborene) oder haben seine Eltern gesündigt, dass er blind geboren wurde?“ (Johannes 9, 2). Was Jesus darauf antwortet, korrigiert die alttestamentliche Auffassung, dass Krankheit und Not Folgen einer persönlichen oder kollektiven Schuld seien. Jesus stellt klar: „Weder er noch seine Eltern, es sollten an ihm offenbar werden die Werke Gottes“ (Johannes 9, 3).

Gott straft nicht, sondern er handelt am Menschen. Ein nicht funktionierender Organismus reagiert gesund und richtig und macht auf das Kranksein des Menschen aufmerksam. Viele Symptome bedeuten, dass im Menschen etwas nicht stimmt, dass er von verkehrten Wegen umkehren muss. Krankheiten und Nöte spiegeln das Unheil des Menschen. Kranksein ist eine existenzielle Frage.

Kranksein offenbart unser ganzheitliches Heilungsbedürfnis. Darum fragt die therapeutische Seelsorge:

- „Was will dir dein Leiden aufzeigen?“
- „Welche Deutung gibst du deinen Störungen?“
- „Weißt du, was dir fehlt?“

Der Theologe und Psychotherapeut Jörg Müller formuliert: „Jede Störung im sozialen, seelischen, körperlichen Bereich muss als normale, sinnvolle Reaktion beachtet werden: als normale Reaktion auf eine abnorme, theologisch gesprochen, sündhafte Aktion. Nehmen wir als Beispiel den Kopfschmerz. Er ist weit verbreitet und trägt wesentlich zum enorm hohen Schmerzmittelkonsum bei. Welche Bedeutungen kann er haben? Er ist Symptom eines dickköpfigen Charakters, der mit dem Kopf durch die Wand will. Er ist der Ausdruck eines übertriebenen Ehrgeizes, dem irgendein Ziel zu Kopf gestiegen ist."[1]

Therapeutische Seelsorge will die Ursache des Krankseins angehen. Das Kranksein beinhaltet
... ein verzerrtes Gottes- und Glaubensbild,
... Misstrauen Gott gegenüber,
... verzweifelte Verdammungsangst,
... eine tief sitzende Selbstwertstörung,
... eine ungeistliche Leistungsfrömmigkeit,
... einen Hang zur Verantwortungslosigkeit,
... die Angst, dem Leben nicht gewachsen zu sein,
... eine unverbindliche Lebenshaltung.

Haben wir den Mut, unsere Krankheiten zu hinterfragen? Oder dämpfen wir mit Schmerzmitteln und anderen Medikamenten die Symptome, die etwas zur Sprache bringen wollen, die etwas bedeuten? Noch einmal Jörg Müller: „Die eigentliche Wunde bleibt stets die gestörte oder fehlende Beziehung des Menschen zu seinem Schöpfer. Sie ist die Ursache des privaten wie kollektiven Unheils in der Welt. Um diesen Zusammenhang deutlich zu machen, ist Jesus auf die Erde gekommen. ‚Seid vollkommen wie euer Vater im Himmel!' (Matthäus 5, 48). Gemeint ist: Seid ungeteilt! Ihr könnt nicht Gott und dem Mammon dienen! Ihr könnt euch nicht mit faulen Kompromissen einen behaglichen Glaubensbungalow schaffen, frei von sozialer Verantwortung bei regelmäßigem Kirchgang. Wer Gott lieben will, zugleich aber dem Nachbarn dauernd eins auswischen möchte; wer eine kalkulierte Mittelmäßigkeit im Glauben lebt, erkrankt. Seine Krankheit ist lediglich spürbarer Ausdruck einer verborgenen defekten Gottesbeziehung."[2]

Ist Krankheit ein Segen?

Der hebräische Ausdruck, der in unseren Bibelübersetzungen des Alten Testamentes mit „Krankheit“ wiedergegeben wird, umfasst ein breites Spektrum. Was wird hier alles mit Krankheit umschrieben?

- Krankheit beinhaltet körperliche Schwäche.
- Krankheit meint fehlende Lebenskraft.
- Krankheit wird als Müdigkeit und Erschöpfung interpretiert.
- Krankheit umfasst jedes körperliche und seelische Leiden.
- Krankheit bedeutet auch Hoffnungslosigkeit und Resignation.
- Krankheit schließt auch Kränkungen und seelische Verwundungen ein.

Die ganze Palette menschlicher Nöte, Schwächen und Leiden kommt hier zur Sprache. Müssen wir sie denn stumm erdulden?

Wenn wir der Botschaft des Neuen Testamentes folgen, gehören sowohl Krankenheilung als auch Verkündigung zum *Kern* des christlichen Auftrags. Nun halten nicht wenige den Gedanken, dass Krankheit Segen beinhalte, für einen zentralen biblischen Gesichtspunkt.

Das andere Extrem vertreten einige charismatische Gruppierungen, die glauben, Gott wolle *jeden* Menschen von Krankheiten heilen. Krankheit *kann* zum Segen werden. Das wissen viele erst im Nachhinein. Aber das ist nicht grundsätzlich so.

Der Theologieprofessor Adolf Köberle kommentiert: „Krankheit, die bei einem Menschen bleibt, muss nicht in jedem Fall Ausdruck von Kleinglauben und Unglauben sein.

Es kann dahinter sehr wohl auch eine göttliche Bestimmung, eine göttliche Erziehungsmaßnahme, ja sogar eine göttliche Auszeichnung stehen. Dem natürlichen Empfinden des Menschen wird es immer schwer fallen, eine solche Würde zu bejahen und anzunehmen. Zweifellos aber gibt es Beispiele genug, wie gerade die Art und Weise, mit der das Kreuz und Leid getragen wurde, zu einem besonderen Segenszeugnis für die ganze Umgebung geworden ist."[3]

Aber auch das andere gilt: Krankheit ist vom Bösen. Die Menschheit leidet bis heute an einer ursprünglichen sündhaften Situation, an der „Erbsünde", wie die meisten Theologen formulieren, aus der sich niemand aus eigener Kraft befreien kann. Wir leben in einer gefallenen Welt, zu der Krankheiten, Altwerden und Tod gehören. Aus unserer Schuld Gott gegenüber sind Schwäche, Ohnmacht und Krankheit entstanden.

Jesus ist in die Welt gekommen,
... um uns zu retten,
... um uns zu befreien,
... um uns von den Auswirkungen der Sünde zu entbinden,
... um Krankheiten als Folge der Sünde zu heilen.

Jesus ist in die Welt gekommen, um sich der kranken Menschen anzunehmen. Er hat den Kampf mit den zerstörerischen Kräften aufgenommen. Er will den Mächten der Finsternis die Opfer entreißen. Die Evangelien berichten übereinstimmend, dass die Kraft zu befreien und zu heilen auf die Jünger und damit auf seine Nachfolger übertragen wurde: „Jesus rief die zwölf Jünger zusammen und gab ihnen Kraft und Vollmacht, alle bösen Geister auszutreiben und Krankheiten zu heilen. Er sandte sie aus mit dem Auftrag: ‚Verkündet, dass Gott jetzt seine Herrschaft aufrichten und sein Werk vollenden will, und heilt die Kranken‘“ (Lukas 9,1+2).

Haben wir diesen Auftrag vergessen?

Fehlt uns der *Glaube*, die Botschaft Jesu in die Tat umzusetzen?

IV. Die leib-seelischen Zusammenhänge von Leiden, Krankheit und Tod

Es ist mittlerweile allgemein bekannt, dass seelische Probleme, Nervosität und Störungen des sogenannten sympathischen Nervensystems verschiedene Krankheiten und Leiden – ja selbst den Tod – zur Folge haben können.

Was beeinhaltet Psychosomatik?

Der Ausdruck „psychosomatisch" wurde 1818 von einem Arzt beiläufig erwähnt. Heute umfasst der Begriff Folgendes:

Psychosomatik ist die körperlich-seelisch-soziale Wechselwirkung in der Entstehung von Krankheiten. Es geht dabei um Körperstörungen bzw. um Körperkrankheiten, die durch gegenwärtige oder frühere emotionale Konflikte psychisch (mit)bedingt sind. Zu unterscheiden sind psychosomatische Störungen, das heißt körperliche Beschwerdebilder ohne nachweisbaren körperlichen Befund, sogenannte funktionelle Störungen, und psychosomatische Krankheiten mit nachweisbaren organischen Veränderungen, wie sie Magengeschwüre kennzeichnen.

Seit den 80er-Jahren gibt es eine ausgesprochen spannende Forschung, die zum Beispiel mit neuen Methoden der Bildgebung

- der Positronen-Emissions-Tomographie (PET),

- der funktionellen Magnetresonanztomographie (MRT),
- der Psychoimmunologie

die Prozesse der Verarbeitung im Zentralnervensystem sichtbar machen kann. Die strenge Unterscheidung in psychosomatische und somatische Erkrankungen ist heute weitgehend aufgegeben worden. Die Psychosomatik hat es mit dem ganzen Menschen und all seinen Funktionsgebilden zu tun. Beeinträchtigt können sein:

- der Verdauungstrakt
- der Atmungstrakt
- das Herz-Kreislauf-System
- das Urogenitalsystem
- das Hautsystem
- der Bewegungsapparat
- das Essverhalten.

Zu den neuesten Krankheitszahlen veröffentlicht die Forschung folgende Ergebnisse:

„Während lange Zeit die wahre Prävalenz (= die Gesamtzahl vorhandener Krankheiten zu einem bestimmten Zeitpunkt) nur geschätzt werden konnte, verfügen wir heute über verlässliche Daten. Danach besteht keine Frage: Somatoforme Störungen (= in den internationalen Wörterbüchern ICD und DSM IV, die alle psychischen Störungen definieren, beeinhalten somatoforme Störungen: Funktionsstörungen, die vegetativ ausgelöst sind ohne organische Grundlage) machen einen gewichtigen Anteil an der Morbidität (Krankheitsstand) der Bevölkerung aus. (...) 20 bis 40 Prozent der Besuche bei Allgemeinärzten haben somatoforme Beschwerden zum Anlass. Frauen überwiegen dabei deutlich."[1]

Hauptsymptome, die von Patienten und Ärzten geschildert wurden, waren:

Allgemeine innere Unruhe	33 Prozent
Suchtverhalten	32 Prozent
Depressive Verstimmungen	31 Prozent
Ermüdung, Erschöpfung	26 Prozent
Ängste	24 Prozent
Konzentrations- und Leistungsstörungen	23 Prozent
Zwangsgedanken	23 Prozent
Schlafstörungen	22 Prozent
Zwangshandlungen	21 Prozent [2]

In einem modernen Lehrbuch wird das Krankheitsbild folgendermaßen charakterisiert:

„Vegetative Labilität / Dystonie / psychovegetatives Syndrom: In der ärztlichen Praxis häufig zu findendes, wissenschaftlich schwer definierbares Beschwerdebild. Zahlreiche funktionelle Störungen in Verbindung mit Ängstlichkeit, Verstimmung, Überempfindlichkeit und Nervosität.“[3]

Was besonders bei diesen Störungen auffällt:

- Die Ratsuchenden leiden unter einer erhöhten Selbstbeobachtung,
- die Ratsuchenden neigen zur Hypochondrie,
- die Ratsuchenden leiden unter krankheitsbezogenen Ängsten.

Modekrankheit: vegetative Dystonie

Als ich vor Kurzem in einer Ausgabe der Illustrierten „Stern“ blätterte, fiel mir eine Artikelserie auf: „Die großen Krankheiten unserer Zeit“. Diese Nummer behandelte die „vegetative Dystonie“. In einigen fett gesetzten Zeilen hieß es: „Von hundert Menschen, die heute mit Herzbeschwerden, Kopfschmerzen oder Angstgefühl zum Arzt gehen, haben mindestens fünfzig keine organischen Schäden, sondern leiden an ‚vegetativer Dystonie'. Was ist das? Eine Modekrankheit oder ein eingebildetes Leiden oder ein Symptom unserer Unrast?"

Viele Fachleute behaupten in der Tat, dass bei 50 von 100 Personen, die heute wegen Herzbeschwerden, Kopfschmerzen, Abgeschlagenheit, schlechtem Schlaf, Magen-Darmstörungen, Verstopfung, depressiver Verstimmung, Licht-, Lärm- und Wetterempfindlichkeit, Schwindel und Allergien den Arzt aufsuchen, keine speziellen organischen Schäden vorliegen, sondern psycho-vegetative Störungen im Spiel sind. Viele Ärzte sind der Meinung, die vegetative Dystonie sei eine leere und substanzlose Diagnose. Was ist mit ihr gemeint?

Die vegetative Dystonie ist eine Störung im Gleichgewicht unseres so genannten sympathischen Nervensystems, das aus dem Sympathicus und dem Parasympathicus besteht. Beide Nervensysteme sind nicht unserem Willen unterworfen. Was der Sympathicus beschleunigt, verlangsamt der Parasympathicus. Normalerweise arbeiten sie in einem ausbalancierenden Gleichgewicht, sodass die Lebensvorgänge wie Atmung, Kreislauf, Stoffwechsel und Drüsentätigkeit gesteuert sind.

Besonders enge Verbindungen bestehen zwischen dem vegetativen Nervensystem, den inneren Sekret-Drüsen (zum Beispiel der Hirnanhangdrüse, der Schilddrüse, der Nebenniere) und seelischen Vorgängen. Überall in den Wandungen der Hohlorgane (Magen, Darm, Blase, Gebärmutter, Herzkranzgefäße) und auch in der Haut sind empfindliche Antennen für feinste Reize vorhanden. Diese Antennen leiten alle Impulse, die sie aufnehmen, an die Zentrale des vegetativen Nervensystems, das Zwischenhirn, weiter. Wie in einem Computer werden die Impulse gespeichert, verarbeitet und in Form von Befehlen an die einzelnen Organe weitergegeben.

Allerdings, und das ist die Schwierigkeit, können wir dieses vegetative Nervensystem nicht willentlich steuern. Die Störungen können also von einem erkrankten Organ selbst kommen, sie können aber auch – und das steht wohl heute außer Frage – seelische Ursachen haben.

Krankheit als Schicksal?

Wenn wir das Wort Schicksal hören, denken wir an die geheimnisvollen Mächte, die aus den Bereichen Natur und Geschichte täglich auf unser Leben einwirken, und zwar von Geburt an.

Spielt dieses geheimnisvolle Schicksal mit uns Katz und Maus? Ist das Schicksal unabänderliches Gesetz, ist alles in uns programmiert? Ist es ein Neutrum, eine unpersönliche Größe? Hat das Schicksal ein Herz für uns?

Ist Gott unser Schicksal?

Zweifellos gibt es Schicksalsschläge, die uns ohne unser Zutun treffen. Es gibt Ereignisse und Krankheiten, Konflikte und Leiden, die uns ungewollt, ungefragt und unverschuldet überfallen.

Krankheiten und Leiden sind aber auch Fügungen Gottes. Heinrich Giesen, der ehemalige Direktor der Berliner Stadtmission, schrieb auf die Frage „Warum lässt Gott die Menschen krank werden?“: „Krankheit ist einer der Wege, auf dem Menschen klug werden können. Denn zu erfahren, dass es nicht nur mit anderen, sondern auch mit uns ein Ende haben muss, macht klug. (...) Gott ist Arzt solcher Krankheit. Er verlangt Fürsorge für Leib und Seele. Er erwartet, dass Menschen gesund sein sollen und wollen. Man kann nicht an Gott glauben und zugleich mit der Krankheit kokettieren oder auch Krankheit leugnen und Krankheit unbekämpft sein lassen. (...) Wir bekommen nicht nur ein Geschenk der Gesundheit, sondern auch in der Krankheit mit Gott zu tun."[4]

Darüber hinaus gibt es genügend Leiden, Schmerzen, Krankheiten, für die wir entscheidend mitverantwortlich sind, die durch unsere Eifersucht, durch unser Konkurrenzstreben, durch Neid, Ehrgeiz, Ärger, Hass, falsch verstandene Toleranz etc. mit heraufbeschworen werden.

Krankheit als Lebenslüge?

Der Neurotiker benutzt eine Methode oder ein Verhaltensmuster, um sich im Leben auf seine Art durchsetzen zu können. Er braucht das perfekte Alibi, um vor sich und anderen bestehen zu können. Er möchte nicht als Verantwortungsloser, als Drückeberger und Feigling charakterisiert werden. Das Etikett „Krankheit" kommt ihm wie gerufen. Hier findet er ein schützendes Dach und eine plausible Entschuldigung. Die Individualpsychologie hat diese Zusammenhänge seit ihren Anfängen aufzudecken versucht. Alfred Adler hat sie schon vor 80 Jahren aufgezeigt, als er schrieb:

„Es liegt bisher nicht der geringste Beweis vor, dass Heredität (Vererbung) oder ein Erlebnis oder ein Milieu zur Neurose oder gar zu einer bestimmten Neurose verpflichtet. Diese ätiologische Verpflichtung, die nie der persönlichen Tendenz und Mithilfe entbehrt, existiert vielmehr nur in der starr gewordenen Annahme des Patienten, der seine neurotische oder psychotische Konsequenz, damit den Zusammenhalt seiner Erkrankung, kausal zu sichern versucht, indem er irgendwelchen Ursachen die Folgen folgen lässt. (...) Unter anderem verlangt sein Lebensplan kategorisch, dass er durch fremde Schuld scheitere. Dass seine persönliche Verantwortung dabei aufgehoben sei.“[5]

Was wird zusammengefasst deutlich?

- Der Neurotiker benutzt seine Krankheit als Ausrede.
- Erbdispositionen verpflichten nicht zur Neurose.
- Erbdispositionen und Milieueinflüsse können aber sinnvoll in den Lebensplan oder Lebensstil des Menschen einfließen.
- Der Neurotiker glaubt fest daran, durch fremde Schuld gescheitert zu sein bzw. mit verschiedenen Lebensaufgaben nicht fertig zu werden.
- Er glaubt, die Krankheit, die ursächlich in diesem oder jenem begründet ist, hindere ihn daran, als tüchtiger und erfolgreicher Mensch zu leben.
- Die Krankheit, die ihn schicksalhaft heimgesucht hat, nötige ihm keine persönliche Verantwortung ab.
- Diese Lebenseinstellung kann ihn zum Stillstand, Rückzug, zur Isolierung, Menschenfeindlichkeit, Ausflüchten und zur Passivität verleiten.
- Der Neurotiker ist ein Sicherheitsfanatiker: Er sichert sich durch Rückzug ab, damit seine Eitelkeit, sein Hochmut und sein Ehrgeiz keine Niederlage erleiden müssen.
- Er kann eine Krankheit unbewusst steigern oder sogar produzieren, um einer befürchteten Niederlage oder einem Prestigeverlust aus dem Wege zu gehen.
- Die Neurose ist keine Dispositionserkrankung, sondern eine Positionserkrankung. Die Position des Neurotikers in seiner Umwelt ist gefährdet. Er glaubt, nicht genügend beachtet, geehrt und bestätigt zu werden. Sein Ehrgeiz trägt nicht genügend Früchte. Vielmehr sucht er einen Weg, den Anforderungen von Gesellschaft und Gemeinschaft glaubhaft und einleuchtend zu entgehen, um seine Position zu sichern.

Den Lebensstil solcher Menschen kennzeichnet die Lebenslüge. Dass dieser leider oft unterschlagene Gesichtspunkt so betont wird, soll uns nicht hindern, auch die Mangelerlebnisse im frühkindlichen Sozialisierungsprozess mit zu bedenken.

Neurosen – eine veraltete Terminologie?

Der Begriff Neurose wurde 1787 durch den schottischen Arzt William Cullen eingeführt. Er versuchte, eine Zweiteilung der Nervenkrankheiten zu begründen. Den Psychosen stellte er die *Neurosen* gegenüber. Es sind reaktive oder psychogen verstandene Störungen, die nur zum geringen Teil somatogen, das heißt körperlich bedingt sind. Die Störungen stehen mit dem gestörten Entwicklungs- und Lernprozess des Menschen in Verbindung. 1980 wurde das Neurosenkonzept in der 3. Auflage des DSM III (Diagnostisches und Statistisches Manual) fallen gelassen und durch den beschreibenden Begriff *neurotische Störungen* bzw. *psychische Störungen* ersetzt. Das heißt, das Krankheitskonzept und die Krankheitsbegründungen wurden beiseitegelassen. Das bedeutet aber nicht, dass die psychogenetischen und psychotherapeutischen Erkenntnisse heute beiseitegelassen werden.

Die meisten neurotischen Störungen haben etwas mit Angst zu tun, die in verschiedenen Stärkegraden und Eigenarten auftritt. Es gibt *gesunde* und *pathologische* Ängste.

Prof. Tölle, ehemaliger Direktor einer Klinik für Psychiatrie, formuliert:

„Genetische Bedingungen. Die psychische Ausstattung eines Menschen, seine emotionale Antriebsstruktur (Temperament) ist nach neuesten Erkenntnissen nicht einfach das Produkt der Lebensbedingungen in der Kindheit, sondern auch genetisch bedingt.

Bei neurotisch gestörten Patienten zeigten Zwillingsuntersuchungen, dass konkordantes Erkranken bei eineiigen Zwillingen 1,5 – 2-mal so oft zu beobachten ist wie bei zweieiigen Zwillingen. Diese Befunde sprechen eindeutig für einen genetischen Faktor (...). Die Entstehung neurotischer und verwandter Störungen lässt sich weder allein noch ausschließlich psychodynamisch erklären."[6]

Krankheit und Tod als Folge fehlender menschlicher Zuwendung

Untersuchungen von René Spitz an Säuglingen in den ersten sechs Lebensmonaten haben überzeugend bewiesen, wie sehr die leib-seelische Entwicklung eines Menschen von der intensiven Mutterbeziehung abhängt. Spitz konnte zwei Gruppen von Säuglingen vergleichen, die unter genau den gleichen Hygiene- und Ernährungsbedingungen aufwuchsen.

Die eine Gruppe der Säuglinge wurde lediglich gefüttert und trockengelegt, ohne mütterlichen Kontakt. Die andere Gruppe von Kindern hatte Gelegenheit, mehrere Stunden am Tag von der Mutter betreut zu werden.

Bei der ersten Gruppe – es handelte sich um Waisenkinder – lag die Sterblichkeit im ersten Jahr bei fünfzig Prozent. Bei der zweiten Gruppe handelte es sich um Mütter, die im Gefängnis eine Strafe absitzen mussten und ihre Kinder ständig bei sich hatten. Die Kindersterblichkeit betrug hier lediglich etwa drei Prozent.

Was wird hier deutlich?

- Der mitmenschliche Kontakt ist wichtiger als die beste Hygiene und die gesündeste Ernährung.

- Die mütterliche, warmherzige Zuwendung, der zwischenmenschliche Austausch ist lebensnotwendig, und das ist buchstäblich zu verstehen.
- Die Mutter bzw. die gleich bleibende Betreuungsperson ist das Schicksal des Kindes.

Der Psychotherapeut Felix Schottländer hat ein Buch mit einem gleichlautenden Titel geschrieben. Auch neuere Forschungsergebnisse belegen, dass eine Beziehungsperson, die nicht ständig ausgetauscht werden kann, für das körperliche und seelische Wohlbefinden notwendig ist.

- Krankheiten drücken etwas aus.
- Krankheiten sprechen für sich.
- Krankheiten formulieren seelische Konflikte.
- Krankheiten formulieren seelisches und soziales Leiden.

Was setzt den Körper unter Druck?

Was beeinflusst die Organe derart, dass sie sich ins Krankhafte verändern? Was ruft psychosomatische, also leib-seelische Krankheiten hervor?

Der Psychoanalytiker Alexander Mitscherlich beantwortet dies so:

Beeinflusst werden die Organe durch ...
... die Erlebnisverarbeitung;
... die Auseinandersetzung des Menschen mit der Umwelt;
... unsere spezifische Reaktion auf Herausforderungen;
... die individuelle Art, mit Angst, Eifersucht, Kummer, Erniedrigung, Misstrauen, Zweifel, Minderwertigkeitsgefühlen etc. fertig zu werden.

Krankheiten und Leiden sind in der Regel kein Zufall, kein blindes Schicksal, sondern die Reaktionsmöglichkeit des Menschen auf eine hilflose Lage.

Alexander Mitscherlich schreibt wörtlich: „In den letzten Jahren ist man ziemlich übereinstimmend davon ausgegangen, dass ca. 30 bis 50 Prozent der Kranken, welche ärztliche Hilfe in Anspruch nehmen, sogenannte ‚funktionelle Leiden' zeigen. Für das Zustandekommen dieser Krankheitsformen sind nicht materielle Dinge primär haftbar zu machen, sondern – der starke, aber treffende Ausdruck sei erlaubt – Erlebniskatastrophen. Damit ist gemeint, dass in Gefühlsbeziehungen der Menschen untereinander ‚Spannungen', ‚Erregungen', ‚Ängste' entstehen, welche keine symptomfreie Verarbeitung zulassen."[7]

Das heißt also:

- 30 bis 50 Prozent aller Krankheiten haben auch seelische Ursachen.
- Nicht im Organ selbst ist primär der Grund für die Krankheit zu suchen.
- Mangelnde seelische Widerstandskraft, Spannungen, Erregungen, Ängste und andere Affekte schlagen auf ein Organ.
- Ein schwaches und schlecht disponiertes Organ kann dieser Spannung entgegenkommen und sich angreifen und schädigen lassen.

Redewendungen zeigen Leiden auf

Im täglichen Leben gibt es, wie schon angedeutet, Redewendungen, die treffend psychosomatische Zusammenhänge charakterisieren. Der Volksmund weiß die Hintergründe bewusst oder unbewusst zu deuten.

Wir sagen:

- Mir ist die Kündigung auf den Magen geschlagen.
- Mir ist eine Laus über die Leber gelaufen.
- Der Tod des Ehemanns hat ihr das Herz gebrochen.
- Sie wurde gelb vor Neid.
- Er wurde rot vor Wut.
- Er war nass geschwitzt vor Angst.
- Sie litten unter einer tödlichen Langeweile.
- Eifersucht, die mit Eifer sucht, was Leiden schafft.
- Die Scheidung ging ihm ziemlich an die Nieren.
- Er hat sich die Krätze an den Hals geärgert.
- Man sah, wie er innerlich kochte.

Die Organsprache

Jeder menschliche Körper spricht seine eigene Sprache – wenn wir erregt sind, wenn wir uns bedroht fühlen oder angegriffen werden, wenn wir schwere Frustrationen erleben.

Fachleute sprechen von Organsprache oder Organdialekt. Immer geht es darum, welches Organ am besten geeignet ist, den Konflikt zum Sprechen zu bringen.

- Der eine zittert in bestimmten Situationen.
- Dem anderen stehen die Haare zu Berge.
- Ein Dritter reagiert mit Herzklopfen.
- Manche Menschen kommen ins Schwitzen.
- Sie bekommen Lampenfieber.
- Diesem oder jenem verschlägt es den Appetit oder wird es übel.
- Andere erbrechen und
- der Nächste reagiert mit Gleichgewichtsstörungen und Ohnmacht.

Alfred Adler schildert ein anderes eindrückliches Beispiel: „Ein Kind (...), das sich fügsam benimmt, aber das nachts das Bett nässt, gibt dadurch deutlich seine Meinung kund, sich der angeordneten Kultur nicht fügen zu wollen. (...) Von jedem Blickwinkel aus können wir erkennen, dass die Enuresis (Bettnässen) wirklich ein schöpferischer Ausdruck ist, denn das Kind spricht anstatt mit seinem Mund mit seiner Blase."[8]

Oder da ist die Frau in der Beratung, die Gespräche braucht, wie sie sagt. Sie lebt vom Austausch der Gedanken, Gefühle und Probleme. Sie lebt mit ihrem Mann in großer Spannung. Am meisten leidet sie darunter, dass sie nicht mit ihm reden kann, dass er nicht zuhört, dass er sich für ihre Probleme nicht interessiert, dass sie einsam und allein ist.

Ihre Kinder sind erwachsen und aus dem Haus. Sie haben ihre Bezugspersonen. Sie hat ihre Mutter, die aber schwach und kränklich ist und die sie mit ihren Problemen eigentlich nicht belasten darf. Die Frau sagt interessanterweise „eigentlich". Und uneigentlich? Auf der Fahrt mit der Mutter im Auto passiert es ihr dann, dass sie plötzlich rasende Herzschmerzen bekommt. Sie muss am Straßenrand anhalten und lange Zeit ausspannen.

Jetzt ist es heraus. Mit dem Mund wollte sie der Mutter ihr *Herz nicht ausschütten*. Sie wollte sie schonen. Aber ihr Herz hat – buchstäblich – nicht geschwiegen. Ihr Herz hat gesprochen. Sie wurde anschließend gesund, als sie ihrer Mutter ihre vielfachen Herzbeschwerden, ihre Kümmernisse offenbaren konnte.

Herr X fährt auf der Autobahn und ärgert sich über einen gelben Porsche, der langsamer fahrende Fahrzeuge durch beständiges Lichthupen auf die rechte Seite zwingt. Er fährt ebenfalls relativ schnell und beobachtet das unverschämte Verhalten dieses Porschefahrers. Ein Mercedes lässt sich nicht abdrängen. Er fährt ruhig auf der linken Seite weiter, ohne zu beschleunigen, denn vor ihm auf der rechten Seite sind etliche LKWs, die er in Ruhe und ohne Hetze überholen will. Der Porschefahrer betätigt neben der Lichthupe ein grell klingendes Signal.

Plötzlich ist es passiert. Der Porschefahrer ist auf den Mercedesfahrer aufgefahren. Einige Fahrzeuge hängen ineinander. Herr X folgt mit seinem Wagen. Im Nu entsteht ein Verkehrsgewühl. Herr X springt aus seinem Wagen und will dem Verletzten helfen. Aber beim Anblick des Verletzten im Porsche und beim Anblick des Blutes wird ihm übel und er muss sich übergeben.

Was ist passiert? Der optische Eindruck hat bei dem Betroffenen einen heftigen Reiz auf das Zwischenhirn, die Zentrale des vegetativen Nervensystems und zugleich Empfangsstation für seelische Eindrücke, ausgelöst. Der Impuls erreicht den Magen mit dem Befehl „Übelkeit und Erbrechen". Durch seelischen Einfluss wird also ein organisches Geschehen hervorgerufen.

Ich frage den Klienten, der mir diese Episode in einem anderen Zusammenhang erzählt, wie er sich gefühlt habe, als er ausstieg. Er sagt: „Mir stand es schon im Hals, als ich den Angeber in dem gelben Wagen erlebte. Und als es dann passierte, war ich einen Augenblick lang schadenfroh."

Der Klient berichtet, dass der Porschefahrer ihm *im Hals stand.* Seine ablehnenden Gefühle bringt er nach dem Unfall sofort zum Ausdruck. Sein Kopf mag anders denken, seine Vernunft die schadenfrohe Gesinnung zurückdrängen wollen – aber das autonome Nervensystem ist längst von der gegensätzlichen Einstellung alarmiert worden und hat prompt reagiert. Er müsste eigentlich helfen, aber er sträubt sich. Die Körpersymptome, die sich einstellen, verraten seine Haltung. Die Seele ist in der Lage, die körperlichen Symptome in Gang zu setzen. Er kann nicht helfen, er muss sich übergeben.

Wenn die Erde wackelt – ein Fallbeispiel

Die Wahl des Symptoms hängt davon ab, was dem Menschen als wirksam erscheint. Nur die Symptome, die der Mensch als wirksam erkennt, produziert er weiter. Symptome, die ihren Zweck nicht erfüllen, gibt er schnell wieder auf. Der Mensch kann auf drei Gebieten Symptome produzieren, und zwar im Fühlen, im Denken und im Körper. Ich will versuchen, die Symptomwahl im Bereich des Gefühls an einem Beispiel zu demonstrieren.

Der Mensch entwickelt Angst, ich kann auch sagen, er *produziert Angst*, um einen Menschen an sich zu fesseln. Das kann der Lebenspartner sein, das kann – vom Kind her gesehen – die Mutter sein.

Frau M. kann nicht allein auf die Straße gehen. Seit zwei Jahren hat sie diese Symptomatik. Viele Menschen in ihrer Umgebung haben versucht, ihr diesen „Spleen" auszureden. Frau M. redet nur noch sehr ungern über diese Problematik. Sie möchte nicht als krank angesehen werden. In der Bibelstunde haben ihr gute Bekannte geraten, vorher zu beten und sich dann vertrauend hinauszuwagen. Der Rat war nicht ungeistlich, traf aber keineswegs den Kern der Sache. Ihr Problem liegt woanders, und das müssen wir zuerst erkennen, um ihr effektiv helfen zu können.

Sie sagt: „Ich habe den Eindruck, der Boden wackelt. Die ganze Erde vibriert. Ich wage gar nicht mehr, offen darüber zu reden, weil man mich für verrückt halten könnte."

Ich: „Sie haben das Gefühl, Sie können sich nicht aus dem Haus wagen. Sie verlieren das Gleichgewicht oder können sich nicht auf den Beinen halten."

Sie: „Ich würde mich schon hinauswagen, wenn mich jemand fest unterhakt."

Ich: „Wenn Sie einen starken Schutz hätten."

Sie: „Und den habe ich eben nicht. Ich komme mir völlig schutzlos vor.“

Ich: „Sie kommen sich schutzlos vor, ohne Halt, oder wie verstehen Sie das selbst?“

Sie: „Sehen Sie, meine beiden Töchter sind verheiratet. Beide wohnen einige hundert Kilometer von hier entfernt. Wir sehen uns sehr selten. Hin und wieder fahre ich hin. Was habe ich noch?“

Ich: „Ihre beiden Kinder sind aus dem Haus. Sie vermissen sie sicher. Und Ihr Mann?“

Sie: „Ja, wenn wenigstens eine Tochter bei mir wohnte! Der Beruf frisst meinen Mann auf. Jeden Tag Überstunden, und an den Wochenenden hockt er hinter mitgebrachter Arbeit.“

Ich: „Mit anderen Worten, Sie fühlen sich im Stich gelassen, allein, ohne Halt.“

Sie: „Ich bin auch so machtlos. Mit keinem Mittel kann ich ihn zwingen, seinen Lieblingsplatz hinter dem Schreibtisch zu räumen. Er lebt und stirbt für die Firma.“

Was wird in diesem Gespräch deutlich?
Frau M. fühlt sich allein und im Stich gelassen. Die Kinder sind aus dem Haus. Sie kann sie nicht mehr betreuen, für sie sorgen. Sie fühlt sich überflüssig.

Ihre Ehe scheint problematisch. Der Ehemann sieht im Beruf offensichtlich seinen einzigen Lebenssinn. Über eheliche Gemeinsamkeiten spricht Frau M. nicht. Beide leben aneinander vorbei.

Frau M. möchte gern ihren Mann *zwingen*, seine beruflichen Ambitionen zu drosseln, um sich ihr mehr zuzuwenden. Sie schildert es freimütig. Hier liegt der Schlüssel zum Verständnis ihres Platzangst-Symptoms. Sie fühlt sich ohnmächtig und machtlos.

In ihrer Machtlosigkeit produziert sie ein Symptom, das

sehr durchschlagend wirkt. Allein kann sie nicht mehr auf die Straße, weil tatsächlich in ihrer Vorstellung die Erde bebt und vibriert. Auf diese Weise zwingt sie ihren Mann, sie zu begleiten, mit ihr Einkäufe zu machen, Besuchsverpflichtungen zu erfüllen und mit ihr an Geselligkeiten teilzunehmen. Gemäß ihrem Lebensstil – ich brauche einen Menschen, der mir beisteht – hat sie im Bereich des Gefühls ein Symptom gewählt, das ihr persönlich erfolgversprechend zu sein scheint.

In der Beratung lag mir daran, auch den Ehemann zu gewinnen. Im Dreiergespräch sollte die eheliche Situation angesprochen und die Flucht in die Arbeit bewusst werden. Durch eine verbesserte Partnerbeziehung verringerten sich allmählich die Platzangst-Symptome, die die eigene Wertlosigkeit vertuschen sollten. Frau M. leidet an ihrer Wertlosigkeit. Sie will sie nicht eingestehen.

Alfred Adler erklärt die Zusammenhänge von Symptom und Wertlosigkeit so:

„Es ist keine Frage, dass der Betreffende leidet. Aber er zieht diese Leiden noch immer jenen größeren vor, um nicht bei der Lösung wertlos zu erscheinen. Er nimmt lieber alle nervösen Leiden in Kauf als die Enthüllung seiner Wertlosigkeit. Beide, der Nervöse und der Nichtnervöse, werden einer Feststellung ihrer Wertlosigkeit den größten Widerstand entgegensetzen, aber der Nervöse weit mehr. (...) Er wird darauf bestehen, ich möchte gesund werden, ich will von den Symptomen befreit sein. Deshalb geht er zum Arzt. Was er aber nicht weiß, ist, dass er etwas noch mehr fürchtet: als etwas Wertloses dazustehen; es könnte sich etwa das düstere Geheimnis entpuppen, dass er nichts wert sei. Wir sehen nun, was eigentlich Nervosität ist: ein Versuch, dem größeren Übel auszuweichen, ein Versuch, den Schein des Wertes um jeden Preis aufrechtzuerhalten.“[9]

Sich von Gott Kraft zu erbitten, um angstfrei nach draußen gehen zu können, zielt an der eigentlichen Problematik vorbei. In dem Augenblick, in dem dieser Frau die unbewusste Finalität (Zielgerichtetheit) ihrer Platzangst-Symptomatik bewusst wird, kann sie beispielsweise um die Kraft bitten, nicht mehr so sklavisch an ihrem Mann hängen zu müssen. Das Gebet ist konkreter und bezieht sich auf das Problem ihrer Abhängigkeit. Sie kann darum beten, vorwurfsfreier mit ihrem Mann darüber zu reden, dass sie ihn braucht und von ihm stark abhängig ist.

Dem Mann wird klar, dass er die Arbeit benutzt, um vor der Umklammerung zu fliehen. Als er seine Lebensstilbewegung erkennt und die Frau vorwurfsfreier über ihre Bedürfnisse mit ihm spricht, bessert sich zusehends die eheliche Beziehung, seine so genannte Arbeitswut mindert sich und damit ihre Platzangst-Symptomatik.

Die Nachahmung der Symptome

Das Beobachtungslernen spielt in der Verhaltenstherapie eine große Rolle. Die Verhaltenstherapie spricht auch vom *Lernen am Modell* und vom *stellvertretenden Lernen*: Andere Personen (so genannte Modelle) werden in ihrem sozialen oder sprachlichen Verhalten nachgeahmt. Speziell im Bereich der sozialen Verhaltensweisen ist ein großer Teil der Lernprozesse auf diesen Vorgang zurückzuführen. So können Verhaltensmuster, die zum Lebensstil des betreffenden Menschen passen, durch diesen Prozess eintrainiert werden. Mit anderen Worten: Der Mensch imitiert die emotionalen Reaktionen, die Symptome und Modellhandlungen, die der Mensch für richtig hält, um das Leben meistern zu können. Es handelt sich aber *nicht* um einen Prozess der *bewussten* Nachahmung, nicht um eine Reflexion über das betreffende Verhalten.

Wir wissen, dass Kinder gelehrige Schüler sind. Nicht nur die guten Seiten schauen sie den Eltern ab; auch weniger gute, die in ihren Lebensstil und in ihr Lebenskonzept passen, werden von ihnen unbewusst nachgeahmt.

Eine Mutter klagt oft über wahnsinnige *Kopfschmerzen* und sie legt sich zu Bett. Ihre Kinder müssen die Arbeit für sie erledigen. Ein Kind in der Familie entwickelt die gleichen Symptome. Viele Beobachter sind schnell mit dem Urteil bei der Hand: Das liegt in der Familie. In der Tat, das liegt in der Familie. Nur müssen wir nicht zwingend die Vererbung dafür verantwortlich machen.

Der Vater, ein Despot, der seine fünf Kinder gern nach seiner Pfeife tanzen lassen möchte, bekommt mit zunehmendem Alter immer häufiger *Herzanfälle*. Er kann es nicht ertragen, dass seine Söhne ihm widersprechen. Die ganze Familie spricht davon, dass er immer in dramatischen Augenblicken Herzanfälle bekommt und mit diesen Symptomen seine Stellung unterstreicht. Söhne und Schwiegertöchter schweigen, um den Vater und Schwiegervater nicht ins Grab zu bringen. Die Herzanfälle sprechen deutlicher und klarer als die Worte des Vaters, die von seinen Söhnen doch überhört wurden.

Einer der Söhne, und zwar der jüngste, der schon als kleiner Junge hart gegen den Vater rebellierte und sich in Wut steigern kann, wenn er seinen Willen nicht bekommt, zeigt die gleiche Symptomatik wie sein Vater. Er ist Personalchef in einem Betrieb, in dem er mit zwei schwierigen Kollegen zusammenarbeitet, die er zum Schweigen bringt, wenn er einen Herzanfall bekommt. Der Chef ist ihm zugetan und hat verschiedentlich die zwei Mitarbeiter gemaßregelt, wenn sie mit dem „Leben des Personalchefs spielen".

So können die verschiedenen Symptome von der Kindheit an eintrainiert werden, und zwar in dem Maße, wie sie für den Lebenskampf hilfreich erscheinen.

Andere nachahmbare Symptome sind: Angstzustände, Magenschmerzen, Trunksucht, Müdigkeit, zwei „verkehrte Hände“, Langsamkeit, so genannte epileptische Anfälle etc.

Ist der Organdialekt immer krankhafter Natur?

Sind alle psychosomatischen Störungen automatisch medizinische Defekte? Davon kann keine Rede sein. Differenzierte und sensible Menschen, die unter unglücklichen Umständen ungerecht behandelt oder brutal auf raffinierte Weise ausgebeutet werden, können mit Schlafstörungen, Kopfschmerzen oder Arbeitsstörungen reagieren. Diese psychosomatischen Reaktionen sind verständliche Flucht- und Ausweichmanöver, um schweren Belastungen zu entgehen. Wir müssen sie als Alarmsignale dafür werten, dass die Grenzen des Zumutbaren überschritten wurden. Die Persönlichkeit wehrt sich und schafft sich auf diese Weise einen Ausgleich.

Horst-Eberhard Richter richtet sich gegen eine pauschale Diskriminierung psychosomatischer Symptome, wenn er schreibt: „Es ist jedenfalls eine im hohen Grade bedenkliche Tradition, seelische ‚Anpassungsstörungen‘ schlechthin automatisch als medizinische Defekte einzustufen. (...) In der psychotherapeutischen Alltagspraxis hat der Arzt laufend bei dem einen oder anderen Fall Schwierigkeiten, ob er eine ihm zur Behandlung angebotene seelische Anpassungsstörung als individuelle Entgleisung oder eher als Alarmsignal dafür ansehen sollte, dass das betreffende Individuum überbelastenden sozialen Einflüssen ausgesetzt ist. Oft muss man einsehen, dass Symptome zwar im üblichen medizinischen Sinne neurotisch krankhaft sind, in sozialpsychologischer Sicht indessen als positive Zeichen eines ‚gesunden‘ Widerstandes gegen eine verhängnisvolle soziale Situation zu verstehen sind.“[10]

Leiden und Konflikte durch Stress

In unserer leistungsorientierten Gesellschaft wird mit dem Begriff „Stress“ all das belegt, was in der Hektik des Berufsalltags zu Beeinträchtigungen und langfristig zu körperlich-seelischen Störungen führt.

a) Was ist Stress? Was sind Stressoren?
Der Begriff Stress ist der Physik entlehnt. Bei Materialprüfungen werden unter diesem Fachausdruck alle Kräfte verstanden, die von außen auf das Material einwirken. Die durch Stress verursachten Materialveränderungen werden als „Strain“ bezeichnet. Von der Beschaffenheit des Materials hängt es ab, ob Strain Formung, Anpassung oder Zerstörung bedeutet. Bei gleichem Stress ist Strain umso kleiner, je widerstandsfähiger, und umso größer, je verletzlicher das Material ist. Das gilt auch bei der Übertragung des Begriffes auf den Menschen. Allerdings heißen die Kräfte, die von außen auf den Menschen einwirken, nicht mehr Stress, sondern *Stressoren.*

Der „Stress“ der modernen Leistungsgesellschaft (Verkehr, Beruf, Lärm, Umweltverschmutzung, Innenweltverschmutzung) verschleißt unsere Kräfte schneller, als sie sich in Ruhepausen regenerieren können. Die psychophysische Selbstregulation versagt, es kommt zu Krisen, Krankheiten, Zusammenbrüchen und Kurzschlüssen. Weitere Stressoren sind: geringe körperliche Bewegung, falsche Ernährung, verminderte Sauerstoffzufuhr, hoher Nikotin- und Tablettenkonsum – alles Faktoren, die die Anpassungsfähigkeit des Organismus gegenüber weiteren Belastungen vermindern.

Stress ist heute zum Oberbegriff geworden und fasst Stressoren und Strain zusammen. Damit sind sowohl umweltbedingte bzw. zivilisatorische Zwänge als auch innere

Zwänge (auf dem Hintergrund der Vererbung und der Dispositionen) gemeint. Kurz wiederholt: Der Begriff Stress umfasst die inneren und äußeren Reize und die Reizbeantwortung.

b) Tödlicher Stress

Die schlimmsten Stressoren sind Angst, Ärger, Eifersucht, Hass und Frustrationen, also Enttäuschungen und Versagungen. Russische Forscher berichteten, dass bei Affen im Augenblick der Gefangennahme Herzinfarkte oder tödliche Schlaganfälle auftraten. Affen, denen man elektrische Schläge versetzte, wenn sie bei bestimmten Dressuraufgaben versagten, bekamen krankhafte EKG-Veränderungen und lebensgefährliche Herzattacken, während undressierte Affen dieselben Schläge gelassen hinnahmen und gesund blieben. Der entthronte Pascha einer Affenhorde entwickelte in wenigen Monaten Bluthochdruck und einen Herzmuskelschaden, als er in einem gesonderten Käfig zusehen musste, wie ein anderes Männchen seinen Harem übernahm.

Spielt man Ratten tagelang ein Tonband vor, auf dem das Fauchen von Katzen und die Angstschreie anderer Ratten zu hören sind, so bekommen sie herzinfarktähnliche Veränderungen. Stellt man Katzen- und Mäusekäfige nebeneinander, so sind die Mäuse bald „mausetot".

Wie sich der entthronte Affenpascha vor Eifersucht und Neid ein „gebrochenes Herz" holt, so können sich Menschen vor Eifersucht und Neid seelisch und körperlich zugrunde richten. Eifersucht kann unkontrollierte Wutausbrüche und lebensgefährliche Aggressionen heraufbeschwören. Der Verstand ist benebelt, das gesunde Urteil abhanden gekommen. Eifersuchtswahn kann die Betreffenden – Frauen oder Männer – um den Verstand bringen.

Die amerikanischen Individualpsychologen Marguerite und Willard Beecher beschreiben die Eifersucht als „hartnäckige Infantilität“ und schildern ihre Symptome: „Die Symptome der hartnäckigen Infantilität liegen unserer Ansicht nach klar auf der Hand: Passivität, Aggressivität, Magenfunktionsstörungen, Kopfschmerzen ohne organische Basis, Lispeln, Stottern, Gesichtsverzerrungen, negativer Gehorsam, Pflichtvergessenheit, Süchtigkeit und Eifersucht auf andere. Alle diese Symptome treten im Verhalten von Kindern genauso auf wie im Verhalten Erwachsener. Außerdem zeigen Kinder und infantile Erwachsene häufig Symptome wie Bettnässen, Nahrungsverweigerung, Daumenlutschen, Anstoßen des Kopfes, Schnalzlaute im Hals, ständiges Schnappenlassen der Fingernägel oder Knacken der Knöchel, häufige Weinanfälle, Schmollen, Wutausbrüche und so fort. Alle diese Verhaltensweisen sind Anzeichen der hartnäckigen Infantilität. Der entscheidendste Vorbote dieser Krankheit dürfte aber die eifersüchtige Konkurrenz oder Rivalität sein.“[11]

Durch Eifersucht und Neid, Rivalität und Konkurrenz, Ehrgeiz und hartnäckige Infantilität wird eine Kette von Problemen heraufbeschworen. Alle genannten Begriffe bedingen einander. Sie sollten im täglichen Leben, in Kirche, Verkündigung und Seelsorge entsprechend eingestuft werden.

c) Der erste Eifersuchtsmord der Weltgeschichte

Die dramatische und tödlich verlaufende Geschichte einer krankhaften Eifersucht schildert uns die Bibel auf ihren ersten Seiten. Kain und Abel sind Brüder, der eine Bauer, der andere Viehzüchter. Eine eifersüchtige Rivalität befällt den einen während des Gottesdienstes. Beide opfern, beide wollen Gott preisen.

Aber die Eifersucht ist mächtiger als eine friedliche gottesdienstliche Gesinnung. Kain wird von Missgunst geplagt. Er will gerechter sein als sein Bruder, er will besser sein als er. Er kann es nicht ertragen, dass der Rauch seines Bruders steiler gen Himmel fährt.

Die Eifersucht schürt den Hass. Der Hass wird unüberwindlich. Mordgedanken stellen sich ein. Der Verstand ist wie ausgeschaltet, die gottesdienstliche Gesinnung wie weggefegt. Die Stimme Gottes wird zum Schweigen gebracht und der Bruder auch.

Eifersucht ist tatsächlich das „grünäugige Ungeheuer", von dem Shakespeare spricht. Eifersucht kann anderen und dem Eifersüchtigen selbst zur tödlichen Bedrohung werden.

Der Schweizer Arzt und Psychotherapeut Victor Louis schreibt: „Etwas überspitzt lässt sich sagen, dass ein jedes Erstgeborene ein potenzielles Kainsmal trägt. Dieser Entwicklung lässt sich bis zu einem gewissen Grade vorbeugen."[12]

Das erstgeborene Kind ist oft das eifersüchtigste. Es wurde entthront und rivalisiert nun mit seinen Geschwistern.

Erstgeborene entwickeln aktive und passive Proteste bis hin zu „Mordversuchen" an den jüngeren Geschwistern. In der Beratung berichten Eltern, dass der Älteste

- der jüngeren Schwester alle Wimpern abschneidet, mit der Schere die langen Haare entfernt,
- „zufällig" sein Geschwister mit heißem Wasser verbrüht,
- „zufällig" den Kinderwagen umstürzt, der sicher und fest im Zimmer stand,
- völlig unachtsam mit seinem Geschwister umgeht, wenn sie zusammen auf dem Spielplatz sind.

Hilfen für Eltern und Erzieher:

Ankündigung des neuen Geschwisters

Die plötzliche Überraschung, mit einem neuen Geschwisterchen konfrontiert zu werden, kann für viele Erstgeborene ein bittere Enttäuschung sein. Sie fühlen sich verraten und benachteiligt. Sie fühlen sich urplötzlich an den Rand gedrängt und können mit vielen Symptomen reagieren.

Auf Nachteile aufmerksam machen
Genauso wichtig wie die Ankündigung eines neuen Geschwisters ist die Vorbereitung des Kindes, dass es Nachteile zu erwarten hat. Mutter wird sich jetzt vermehrt um das hilflose kleine Baby kümmern müssen. Viele Eltern möchten ihren Kindern die schmerzliche Erfahrung der Benachteiligung ersparen und schweigen. Schweigen löst aber keine Probleme.

Das älteste Kind mithelfen lassen
Die Pflege des Geschwisters nimmt viel Zeit und Kraft der Mutter in Anspruch. Das älteste Kind fühlt sich leicht ausgestoßen und abgeschrieben. Die Eifersucht wird verstärkt. Gezielte Mithilfe kann negative Gefühle vermindern. Gezielte Mithilfe erzieht zum positiven Gemeinschaftsgefühl und zur Mitverantwortung.

Kein Gefühl der Verzückung äußern vor dem Neugeborenen
Viele Eltern sind mit Recht stolz auf das Neugeborene. Das älteste Kind kennt solche Gefühle nicht. Es fühlt sich entthront, benachteiligt und aus dem Mittelpunkt des Interesses verdrängt. Äußern jetzt Eltern, Verwandte und Bekannte über der Wiege des Neuankömmlings sentimentale Gefühle der Entzückung, kann das Erstgeborene seelisch verwundet werden. Ihm wird unbewusst ein schmerzliches Gefühl der Minderwertigkeit vermittelt.

Punktliste für seelische Belastungen

Der amerikanische Psychiater Thomas Holmes von der University of Washington in Seattle hat mit seinen Mitarbeitern versucht, in einer Liste zusammenzustellen, welche Ereignisse, Konflikte und Erlebnisse das Seelenleben eines Menschen beeinflussen oder verändern können und dadurch zu Krankheitsursachen werden. Diese *Punktliste* für seelische Belastungen und gesundheitsbedrohende Konflikte entstand, nachdem man mehrere tausend Krankengeschichten aus aller Welt überprüft hatte.

Holmes erprobte die Stichhaltigkeit dieser Punktliste an 80 Einwohnern in Seattle. Sie sollten alle Positionen ankreuzen, die innerhalb des vergangenen Jahres auf sie zutrafen. Dann wurden sie von Holmes zwei Jahre lang gründlich kontrolliert. Das Ergebnis: 86 Prozent der Versuchsteilnehmer, die zu Beginn des Testes mehr als 300 Gefahrenpunkte angekreuzt hatten – die also einem starken Stress ausgesetzt waren –, ging es nach zwei Jahren schlechter als Personen mit geringerer Punktzahl. Bei ihnen wurden vor allem Herzanfälle, Magengeschwüre und Depression festgestellt. Mit anderen Worten: Mehr als dreihundert Stresspunkte bergen die aktive Gefahr in sich, Organschädigungen heraufzubeschwören. In der Gruppe mit 150 bis 300 Punkten tauchen nur bei 48 Prozent solche Gesundheitsstörungen auf. Dabei bedeutet der Tod des Ehepartners mit 100 Stresspunkten die größte seelische Belastung. Selbst Weihnachten ist nicht stressfrei und erbringt 12 Stresspunkte.

Allerdings muss klar gesagt werden: Nicht die Belastungen sind allein ausschlaggebend, sondern
- wie der Mensch darauf reagiert,
- wie er die Konflikte verarbeitet,
- ob er sich Schwierigkeiten zu Herzen nimmt,
- ob er von Menschen abhängig ist,

– ob er extrem sensibel, verletzlich und leicht kränkbar ist,
– ob ein Organ schon angeschlagen ist und bei Stress zum Versagen neigt.

Es handelt sich zweifellos um ein diagnostisches *Grobraster*, das aber gerade auch Laien und Seelsorgern einen ersten Wink geben kann, welche Sorgen, Probleme, Schwierigkeiten, Überforderungen als Stressoren krank zu machen vermögen.

Wie steht es um Ihr Seelenleben?
Punkteliste für seelische Belastungen

❏ Tod des Ehegatten	100 Punkte
❏ Scheidung	73 Punkte
❏ Eheliche Trennung	65 Punkte
❏ Gefängnisstrafe	63 Punkte
❏ Tod eines nahen Angehörigen	63 Punkte
❏ Krankheit oder Verletzung	53 Punkte
❏ Heirat	50 Punkte
❏ Entlassung im Beruf	50 Punkte
❏ Eheliche Aussöhnung	45 Punkte
❏ Pensionierung	45 Punkte
❏ Krankheit eines Familienmitgliedes	44 Punkte
❏ Schwangerschaft	40 Punkte
❏ Sexuelle Schwierigkeiten	39 Punkte
❏ Beruflicher Neubeginn	39 Punkte
❏ Finanzielle Schwierigkeiten	38 Punkte
❏ Tod eines nahen Freundes	37 Punkte
❏ Berufliches „Umsatteln“	36 Punkte
❏ Ehestreit	35 Punkte
❏ Kredit über 30.000 €	31 Punkte
❏ Kündigung von Hypotheken/Darlehen	30 Punkte
❏ Änderung der beruflichen Position	29 Punkte

❑ Schwierigkeiten mit Verwandtschaft	29 Punkte
❑ Änderung des Lebensstandards	25 Punkte
❑ Schwierigkeiten mit dem Chef	23 Punkte
❑ Wohnungswechsel	20 Punkte
❑ Veränderte Schlafgewohnheiten	16 Punkte
❑ Ferien	13 Punkte
❑ Weihnachten	12 Punkte
❑ Kleinere Gesetzesübertretungen	11 Punkte

Leben verlängernde Stressoren

Der Begriff Stress weckt in den meisten Menschen negative Gefühle und Befürchtungen. Die jüngsten Untersuchungsergebnisse der Geriatrie machen aber deutlich, dass Stress auch Leben fördernd sein kann.

Die Lebensläufe der Hundertjährigen in der Bundesrepublik bestätigen die medizinische Überraschung: Die meisten der Uralten haben siebzig bis achtzig Jahre lang hart gearbeitet. Einer der Hundertjährigen bedient noch heute die Knopflochmaschine in einer Textilfabrik.

Was sind Leben verlängernde Stressoren? Professor Hoimar von Ditfurth sagt dazu: „Allerdings ist Leben verlängernder Stress nicht der Stress, der zur Krankheit und zum Herzinfarkt führt, sondern Stress im Sinne von Ausgefülltsein, Engagement, Lebensbeteiligung. (...) Wichtig ist das Engagement auch nach der Pensionierung. Ein Rentner, der zum Beispiel einem Verein beitritt, sich politisch betätigt oder mit seinem Hund spazieren geht, hat weitaus größere Chancen, seine biologische Lebensspanne voll auszunutzen, als der, der nur auf der Parkbank sitzt und in die Sonne schaut.“[13]

Leben verlängernder Stress umschreibt ein erfülltes Leben. Nicht nur das Alter ertragen – das ist zu wenig. Es geht darum,

- weiterhin Ziele zu verfolgen, die dem Leben einen Sinn geben,
- sich weiterhin durch Freundschaft, Liebe und Gemeinschaft mit anderen verbunden zu fühlen,
- sich weiterhin zu engagieren, Schwierigkeiten anzugehen und zu bewältigen, nicht zu resignieren, zu kapitulieren und zu regredieren,
- sich weiterhin jeden Tag aufs Neue zu bejahen, sich zu akzeptieren, wie man ist, und nicht die eigenen Mängel zu kritisieren, die Schwächen zu beklagen, die Unzulänglichkeiten zu bejammern und tausend Benachteiligungen zu registrieren und zu ventilieren,
- weiterhin hingebungsvoll tätig zu sein, und zwar für andere.

Angina temporis und Angina pectoris – Zeitnot und Herztod

1955 veröffentlichten der Volkswirt Dr. Jürgen Eick und der verstorbene Psychotherapeut Dr. Kurt Gauger ein Buch unter dem Titel: „Angina temporis". Es beschreibt die „Zeitnot" als typische Krankheit der „Wirtschaftswunder"-Jahre. Ihre Diagnose gilt heute noch immer, auch wenn wir eher von der „Managerkrankheit" sprechen.

- Wie lange kann man die permanente Überlastung aushalten?
- Was steckt Leuten im Nacken, die täglich 14 Stunden arbeiten?
- Was wollen sie erreichen?
- Was müssen sie in ihren Augen erreichen?

- Was wollen sie wem beweisen? Warum müssen sie ihre Unersetzlichkeit demonstrieren?
- Wollen sie innere Leere vertuschen?

Angina temporis – Hetze und Zeitnot – und Angina pectoris – Herzverkrampfung und Herztod – sind Lebenseinstellungen, die von Kindheit an eintrainiert wurden, für die wir uns entschieden, die wir gewählt haben und die wir folglich auch wieder *aus*trainieren können. Wir müssen solche Lebensstilhaltungen vor dem lebendigen Gott, vor dem Nächsten und vor uns selbst verantworten. Angina temporis und Angina pectoris sind unzertrennliche Zwillinge. Sie gehören zusammen, sie kleben aneinander.

„Nimm dir Zeit und nicht das Leben!“ Dieser Slogan an den Lastzügen auf den Straßen gilt auch für unser Leben. Wen wollen wir überholen? Wen müssen wir unserer Meinung nach überholen?

In einem Gedicht von Friedrich Kayssler wird diese Zeitnot eindrücklich geschildert – und eine Antwort angeboten:

Gebet eines Menschen im zwanzigsten Jahrhundert

Ich leb in einer Zeit, o Gott,
wo alles jagt im wilden Kreis,
wo keiner mehr um Heimat weiß.
Zeit ist nur Geld, und Zeit ist Spott,
Gott, gib mir Rast ...
Es fliegt der Tag, es fliegt die Nacht.
Nichts ist vollbracht ...
Pflicht weckt mich: Auf! Die Zeit! Die Zeit!
Pflicht stachelt mich: Der Weg ist weit!
Pflicht ruft: Jetzt musst du dieses tun!
Pflicht lahmt mich: Halt! Jetzt musst du ruhn!
Pflicht stiert mich an so fürchterlich:

Ich schreie: Pflicht! Wann lebe ich?
O Gott! O Gott! Gib du mir Zeit!
Ich brauche Zeit, in mich zu schauen.
Ich brauche Zeit, mir zu vertrauen.
Ich brauche Zeit, um dich zu schauen,
o Gott, o Gott!

V. Glaube und Immunsystem

Unser Organismus verfügt über ein ausgeklügeltes Abwehrsystem. Es stellt eine geniale Verteidigungsanlage gegen ein Billionenaufgebot angriffslustiger Bakterien, Viren, Parasiten und Allergene dar. „Meyers Konversationslexikon" erklärte dieses Abwehrsystem schon vor 150 Jahren mit dem Satz: „In der Medizin versteht man unter Immunität die Widerstandsfähigkeit gegen Ansteckungskeime, welche unter gewöhnlichen Verhältnissen eine Krankheit hervorrufen."

Wie arbeitet das Immunsystem?

Jeder Mensch ist ständig einer Flut von Krankheitserregern ausgeliefert, die ihn vom Scheitel bis zur Sohle schädigen können. Ohne unser Abwehrsystem wären wir diesen Angreifern schutzlos ausgeliefert. Es arbeitet pausenlos, Tag und Nacht, und wir merken nur bei Belastungen etwas davon. Es ist ein hervorragend ausgestattetes Polizeisystem, das uns in jeder Minute vor Schaden bewahrt.

Die Abwehrzellen werden im Knochenmark zusammen mit den roten und weißen Blutkörperchen gebildet. Würde man alle Abwehrzellen zusammennehmen, kämen beim erwachsenen Menschen ein bis zwei Kilogramm zusammen. Die inneren Wächter liegen überall auf der Lauer, um Krankheitserreger, die sich in den Körper einschleichen wollen, abzufangen. In den Schleimhäuten der Nase, in den Mandeln, im Hals, in den Luftwegen, in der Lunge bis hinunter zum Dünndarm liegen Wachmannschaften bereit, um die Feinde zu vernichten.

Es gibt auch bewegliche Wachstationen, die in der Blutbahn und in den Lymphgefäßen kreisen. Außer Krankheitserregern werden von ihnen auch kranke Zellen, die sich im Körper befinden, beseitigt. Die Abwehrzellen erkennen, fressen und verdauen sie. So gewinnt der Organismus zusätzliche Nährstoffe. Fiele dieses Abwehrsystem plötzlich aus, dann bliebe der Mensch nur noch wenige Stunden am Leben. Er würde buchstäblich von Heeren feindlicher Viren und Bakterien „aufgefressen".

Die Abwehrzellen sind so geschult, dass sie Fremdes und Körpereigenes genau identifizieren können. Im Organismus werden Informationen gespeichert, die ein umfangreiches Programm enthalten, um alle Fremdkörper erkennen und angreifen zu können. Lediglich bei Organtransplantationen und Blutübertragungen, die ja dem Körper helfen sollen, reagieren die programmierten Abwehrzellen natürlich „falsch". Sie bekämpfen die fremden Stoffe, vor allem, wenn sich die Blutgruppen nicht vertragen. Dasselbe gilt leider für die so genannten Autoimmunkrankheiten wie entzündliches Rheuma und Multiple Sklerose. Die Abwehrzellen sind irritiert und vernichten das Eigene.

Seele und Abwehrsystem

Unser Immunsystem ist entscheidend von unserer *Gemütsverfassung abhängig.* Eine negative Lebenseinstellung schwächt das Abwehrsystem.

Die naturwissenschaftlich orientierte Medizin hat diesen Zusammenhängen viel zu wenig Beachtung geschenkt. Erst in den letzten Jahren wird zunehmend erkannt, wie das Abwehrsystem durch eine *positive* Lebenseinstellung gestärkt werden kann. Steht der Mensch unter starkem negativen Stress, ist die Infektionsgefahr auffällig erhöht.

Vermehrt kommt es

- zu Erkältungskrankheiten,
- zu Atemwegsstörungen,
- zu Grippeanfälligkeit,
- zu Mandelentzündungen und so weiter.

Die Medizinjournalistin Maria E. Lange-Ernst schreibt dazu: „Im Jahre 1987 konnte experimentell bestätigt werden, dass sich Niedergeschlagenheit und Verlusterlebnisse direkt auf die Abwehrfähigkeit auswirken. In San Diego hat man an 37 Frauen die Aktivität der natürlichen Killerzellen und die Verteidigung von T-Lymphozyten bestimmt und diese mit dem Ausmaß von kürzlich durchlebten Schicksalsereignissen verglichen. Dabei zeigte sich deutlich, wie die Aktivität der Killerzellen bei Frauen, die gerade tief greifende Veränderungen ihrer Lebenssituation durchgemacht hatten, deutlich niedriger lag. (...) Das heißt: Anhaltender Negativstress macht krank."[1]

Auch das Immunsystem spiegelt das nahtlose Zusammenspiel von Leib, Seele und Geist wider. Wenn wir Gott mit unserem Körper ehren, wie es Paulus im Korintherbrief von den Christen erwartet, dann ist es selbstverständlich, dass wir uns gesundheitlich fit halten, dass wir nicht durch Überanstrengung, durch falschen Ehrgeiz, durch Nikotin, Alkohol o.a. unser Immunsystem schwächen und unsere Krankheitszustände selbst mit verursachen.

Was sind negative Stressfaktoren, die das Immunsystem schwächen? Aus der Fülle der Negativfaktoren ein kleiner Strauß von schädigenden Verhaltensmustern:

- Wir reagieren schnell beleidigt.
- Wir haben oft Angst, unser Prestige zu verlieren.
- Wir ärgern uns über eine unsympathische Person.

- Wir werden mit einer übergestülpten Rangordnung nicht fertig.
- Wir leiden unter autoritären Persönlichkeiten.
- Wir können unseren falschen Ehrgeiz nicht dämpfen.
- Wir resignieren, weil wir unseren Willen nicht bekommen.
- Wir verzweifeln, weil uns bestimmte Aufgaben nicht gelingen.
- Wir schlucken Ärger und Wut herunter, weil wir verbale Auseinandersetzungen scheuen.
- Wir geraten in Panik, weil vieles nicht nach unseren Vorstellungen läuft.
- Wir wollen die Verantwortung allein tragen.
- Wir reagieren unzufrieden, weil sich unsere Wünsche nicht erfüllen.
- Wir können nicht genießen und wehren Entspannung und Erholung ab.
- Wir huldigen einem zwanghaften Leistungsstreben aus Angst vor Versagen.
- Wir hungern nach Anerkennung.
- Wir vertrauen auf die eigene Kraft.
- Wir dramatisieren und machen Mücken zu Elefanten.
- Wir sehen schwarz und fördern alle möglichen Befürchtungen.
- Wir arbeiten perfektionistisch und „machen uns verrückt".

Eine Fülle seelischer Stressfaktoren schwächt unser Immunsystem und bewirkt eine *Langzeitschädigung*. Je länger und heftiger die Negativfaktoren anhalten, desto schwieriger wird es, die pathologischen Stresssymptome im Organismus abzubauen.

Schauen wir uns die negativen Verhaltensmuster an, so wird deutlich, dass sie samt und sonders *ungeistlich* sind.

Wir setzen unseren Organismus unter Druck und wundern uns, dass wir für alle möglichen Krankheiten anfällig werden. An diesen Beispielen wird klar, dass Gott uns nicht straft, sondern dass *wir uns selbst bestrafen.* Für viele Krankheiten schieben wir Gott den schwarzen Peter zu, obwohl wir sie doch selbst mitverursacht haben.

Warum schieben wir diese Mit-Schuld beiseite? Warum drücken wir uns vor der Mit-Verantwortung?

Besonderes Merkmal: Gesund

Eine Forschergruppe der Abteilung für Psychosomatik und Psychotherapie am Universitätskrankenhaus Hamburg-Eppendorf näherte sich dem Krankheitsproblem von einer anderen Seite. Sie fragte nicht, warum ein Mensch *krank wird*, sondern warum er *gesund bleibt.*

Gesund definierten sie wie folgt: „Gesund" ist, wer seit fünf Jahren nicht krank gewesen ist, von einfachen Erkältungen abgesehen, und wer lediglich zu Zahnbehandlungen und Vorsorgeuntersuchungen den Arzt konsultiert hat.

Durch eine Anzeige in einer großen Hamburger Tageszeitung wurden Freiwillige für ein Forschungsprojekt gesucht. 22 Frauen und 16 Männer wurden aus vielen Bewerbungen ausgewählt und gründlich untersucht bzw. befragt. Im Vordergrund standen dabei in erster Linie das Lebenskonzept und Lebensgefühl sowie die Selbstsicht des Betreffenden – und nicht eventuelle körperliche Probleme.

Im einzelnen kamen die Forscher zu folgenden Ergebnissen:

- Gesunde erleben sich stabiler als Kranke.
- Gesunde sind optimistischer und hoffnungsvoller.

- Gesunde können sich in allen Lebenslagen besser anpassen.
- Gesunde gehen Lebensprobleme und Krisen offensiver an.
- Gesunde verstehen es besser, aus Krisen zu lernen und das Beste daraus zu machen.
- Gesunde stellen sich schneller und optimistischer allen Herausforderungen.
- Gesunde verfügen über ein größeres Hoffnungspotenzial.
- Gesunde investieren viel Kraft und Zuversicht in Neuanfänge.[2]

Wie viel gesünder müssten Christen sein, die mit großer Zuversicht im Heute leben und dem Morgen entgegenschauen! Denn: „Das sollt ihr wissen: Ich bin bei euch, jeden Tag, bis zum Ende der Welt" (Matthäus 28, 20).

So schließt das Matthäusevangelium. Diese Verheißung ist eine Wohltat für Leib und Seele, sie stärkt Herz und Gemüt. Sie baut aber nicht nur den „inwendigen" Menschen auf – die Verheißung stimuliert über das Zentralnervensystem auch unsere *Abwehr.*

Erinnern wir uns einmal an das angesprochene „Hoffnungspotenzial". Hoffnung ist mehr als wirksame Autosuggestion. Bewusste Christen sind Hoffnungsträger. Sie jubeln sich nicht in eine fragwürdige Hoffnungsidee hinein, sondern sie wissen: Gott *ist* unsere Hoffnung. Paulus beschreibt diese Hoffnung, die die ganze Existenz erfasst und stabilisiert. Auch sie ist ein unschätzbarer Gesundheitsfaktor.

„Sogar dass wir jetzt noch leiden müssen, ist ein Grund zur Freude. Denn wir wissen, dass Leiden zur Standhaftigkeit führt; Standhaftigkeit aber führt zur Bewährung, und in der Bewährung festigt sich unsere Hoffnung. Diese Hoffnung aber gibt uns die Gewissheit, dass Gott uns nicht fallen lässt" (Römer 5, 3–5).

Hoffnung ist mit *Optimismus* verbunden. Wir hoffen nicht ins Blaue hinein, sondern vertrauen auf Jesus Christus. Darum ist Optimismus eine hoffnungsstarke, in die Zukunft vertrauende *Kraft*. Dietrich Bonhoeffer hat das einfühlsam zur Sprache gebracht: „Es ist klüger, pessimistisch zu sein: Vergessen sind die Enttäuschungen und man steht vor den Menschen nicht blamiert da. So ist Optimismus bei den Klugen verpönt. Optimismus ist (...) eine Lebenskraft, eine Kraft der Hoffnung, wo andere resignieren, eine Kraft, den Kopf hochzuhalten, wenn alles fehlzuschlagen scheint, eine Kraft, Rückschläge zu ertragen, eine Kraft, die die Zukunft niemals dem Gegner überlässt, sondern sie für sich in Anspruch nimmt. (...) Den Optimismus als Willen zur Zukunft soll niemand verächtlich machen, auch wenn er hundertmal irrt; er ist Gesundheit des Lebens, die der Kranke nicht anstecken soll."[3]

Wer an Christus glaubt, muss diesen Willen nicht erzwingen. Wer Christus vertraut, *hat* Hoffnung, und wer Hoffnung *hat*, *hat* den Willen zur Zukunft.

Mit-Teilen und Gesundheit

Ein neues Forschungsgebiet, die Psychoneuroimmunologie (PNC), befasst sich mit Verknüpfungen zwischen Gehirn und Immunsystem. So bestätigten Langzeituntersuchungen im amerikanischen Bundesstaat Michigan – eine zehnjährige Studie an 2754 Menschen –, dass sozial aktive Menschen länger leben als weniger aktive. Außerdem zeigten die Ergebnisse, dass die Lebensdauer verheirateter Männer und Frauen im Durchschnitt höher lag als die der Geschiedenen, Getrenntlebenden und Alleinerziehenden.[4]

Soziale Kontakte und Beziehungen sind lebensnotwendig. Der Mensch ist ein Beziehungswesen. Von Nikolaus

Graf von Zinzendorf stammt der Satz: „Ich konstatiere kein Christentum ohne Gemeinschaft." Gottesdienste, Bibelstunden, Hauskreise und Gebetsversammlungen sind wichtige *Orte der Begegnung und des Austauschs.*

Wie sehr das Mitteilen von Gefühlen das Immunsystem stärkt, hat der Psychologe James W. Pennebaker in Dallas an Studenten herausgearbeitet. Eine Gruppe von Studenten schrieb an vier Tagen hintereinander täglich, und zwar einige Minuten lang, ihre schmerzlichsten Erlebnisse und Erfahrungen auf. Dieses Ausformulieren von bedrückenden Lebenserfahrungen und bitteren Gefühlen verbesserte sechs Wochen lang die Immunfunktion deutlich, wie regelmäßig durchgeführte Blutuntersuchungen zeigten.[5]

Loben und Lachen

Psalm 103 ist ein Lob- und Danklied auf die Barmherzigkeit Gottes: „Lobe den Herrn, meine Seele, und was in mir ist, seinen heiligen Namen! Lobe den Herrn, meine Seele, und vergiss nicht, was er dir Gutes getan hat: Der dir alle deine Sünden vergibt und heilet alle deine Gebrechen" (Verse 1-3).

Lobpreis und Anbetung Gottes sind Äußerungsformen lebendigen Christseins. Sie sind aber auch Wohltaten für Leib und Seele, Balsam für die Gesamtbefindlichkeit und ein Tonikum für den Gesamtorganismus.

In den USA erschien vor einigen Jahren ein Buch des Journalisten Norman Cousins. Er litt stark unter der Bechterewschen Krankheit, die den Bewegungsapparat erheblich einschränkt und mit großen Schmerzen verbunden ist. Cousins erinnert sich, dass er sich kaum bewegen konnte und ständig große Schmerzen hatte. Die Ärzte gaben ihm eine Heilungschance von höchstens 1: 500. Krämpfe, Lähmungen

– und dazu noch die größte Gefahr: Resignation und Selbstaufgabe. Aber der Patient entwickelte einen unbeugsamen Lebenswillen, las in Fachbüchern und stellte sein bisheriges Leben völlig um. Von Monat zu Monat erfuhr er, wie eine solche unverwüstliche Lebensbejahung Früchte trug. Er wurde wieder *völlig gesund* – und stellte damit eine Sensation und ein medizinisches Wunder dar. Aus der Fülle all der Praktiken, die nachweislich den Organismus stärken, greife ich ein Beispiel heraus, das den Zusammenhang von Lachen und Immunsystem verdeutlicht.

„Wir begannen mit dem ersten Teil unseres Genesungsprogramms, dem Einsatz positiver, bejahender Gefühle zur Verbesserung der Körperchemie (Immunsystem). Es fiel mir nicht allzu schwer, zu hoffen und zu lieben und Vertrauen zu haben, aber wie stand es mit dem Lachen? Nichts ist weniger lustig, als flach auf dem Rücken zu liegen, während einem die Wirbel des Rückgrats und alle Gelenke weh tun. Ich hielt es für einen guten Anfang, mit unterhaltenden Filmen zu beginnen. (...) Ich machte die freudige Entdeckung, dass zehn Minuten echten zwerchfellerschütternden Lachens eine anästhetische Wirkung hatten und mir wenigstens zwei Stunden schmerzfreien Schlaf ermöglichten. Wenn die schmerzstillende Wirkung des Lachens nachließ, schalteten wir den Filmprojektor wieder ein, und nicht selten gelang es mir, ein zweites Mal einzuschlafen. (...) Wenn sich Lachen tatsächlich heilsam auf die Körperchemie auswirkte, dann war es, wenigstens in der Theorie, wahrscheinlich, dass es die Fähigkeit des Körpers, die Entzündungen zu bekämpfen, verbessern würde. Zur Kontrolle lasen wir unmittelbar vor und mehrere Stunden nach den ‚Lachepisoden' die Blutsenkung ab. Jedes Mal kein wesentlicher Rückgang, aber er hielt an und verstärkte sich. Ich freute mich sehr über die Entdeckung, dass es eine physiologische Grundlage für die alte Theorie gab, dass Lachen eine gute Medizin ist."[6]

Cousins machte folgende Erfahrungen:

- Er fütterte den Körper mit Ascorbinsäure (Vitamin C) in hohen Dosen. Das Fieber ging zurück, der Puls raste nicht mehr.
- Die schmerzfreien Schlafperioden wurden ständig größer.
- „Welche Schlussfolgerungen ziehe ich aus dieser ganzen Erfahrung? Die erste ist, dass der Wille zu leben keine theoretische Abstraktion, sondern eine physiologische Realität mit therapeutischen Eigenschaften ist. Die zweite, dass ich unglaubliches Glück hatte, von einem Arzt betreut zu werden, der wusste, dass seine wichtigste Aufgabe darin bestand, den Lebenswillen des Patienten (...) zu mobilisieren."
- „Es ist gut möglich, dass diese Behandlung – wie alles Übrige, was ich tat – nichts anderes als ein Beweis für die Wirksamkeit des Placebo-Effekts war."
- Cousins hörte von der berühmten rumänischen Ärztin Ana Aslan, dass es eine direkte Verbindung zwischen einem robusten Lebenswillen und dem chemischen Gleichgewicht im Gehirn gebe. Die Hypophyse würde stimuliert, die wiederum auf die Zirbeldrüse und das gesamte endokrine System einwirke.
- Cousins lernte, die Regenerationsfähigkeit von Geist, Seele und Leib nicht zu unterschätzen.

Wenn sich solche Erfolge schon mit heiteren Filmen bewerkstelligen lassen – wie viel mehr muss die „Frohe Botschaft", die „Gute Nachricht" des Evangeliums, Menschen beflügeln und an Leib, Seele und Geist heil werden lassen!

Vergebung und Versöhnung schütten nicht nur den Graben zwischen Gott und uns zu, sie heilen nicht nur die zwischenmenschlichen Beziehungen, sondern schenken auch Frieden mit Gott, mit anderen und mit uns selbst. Der Friede Gottes ist in der Tat höher als unsere Vernunft und lässt unsere Herzen zur Ruhe kommen und zieht wie ein Golfstrom durch sämtliche Glieder.

Denkstrukturen ändern

„Ändert euer Denken!" Das ist eine zentrale biblische Aussage. Was ist damit gemeint? Paulus spricht dieses Umdenken folgendermaßen an: „Passt euch nicht den Maßstäben dieser Welt an. Lasst euch vielmehr im Innern von Gott umwandeln. Lasst euch eine neue Gesinnung schenken. Dann könnt ihr erkennen, was Gott von euch will. Ihr wisst dann, was gut und vollkommen ist und was Gott gefällt" (Römer 12, 2).

Gott schenkt Wollen und Vollbringen, wenn wir zur Umkehr *bereit* sind. Wir wissen dann, was gut und vollkommen ist und was dem anderen und mir selbst dient. Wir legen mit der Umkehr ichsüchtige und destruktive Verhaltens und Denkmuster ab, die uns schaden.

Zu den ichsüchtigen Denkstrukturen gehören unter anderem Selbstmitleid, das Hadern mit dem Schicksal und das „Zergrübeln" von Ereignissen, die nicht mehr zu ändern sind. Wir untergraben damit unsere Gesundheit, daran besteht kein Zweifel.

Elisabeth Lukas schildert, wie Kummer, der krankhaft festgehalten wird, den Menschen schwächt und sein Immunsystem untergräbt: „Aus amerikanischen Langzeitstudien über 14 Jahre Krebsforschung geht beispielsweise hervor, dass in den ersten Jahren nach dem Verlust eines Partners, sei es durch Scheidung oder durch Tod, das Krebsrisiko um das Fünffache bis Zehnfache steigt. Allerdings nur dann, wenn der Verlust eben ‚hyperreflektiert' wird, das heißt, wenn sich der Zurückbleibende mit dem Verlust nicht abfinden kann, gedanklich fortwährend mit seinem Schicksal hadert und über Ursachen des Verlustes unentwegt nachgrübelt."[7]

Heute ist viel von „Trauerarbeit" die Rede. Trauerarbeit ist gut und wichtig. Sie hat zum Ziel, den Verlustschmerz ernst zu nehmen, zu be- und dann schließlich zu verarbeiten. Selbstmitleid und Resignation haben damit nicht viel zu tun. Wer gegen Unabänderliches kämpft und sich nicht trösten lassen will, zieht gegen Leib und Seele zu Felde. Er schwächt sein Immunsystem und bahnt vielen Krankheiten den Weg. Die Frohe Botschaft ist eine Botschaft der Hoffnung und der Zuversicht. Der Blick wird von einer schmerzhaften Vergangenheit auf ein Morgen mit Gott hin gelenkt.

Wie wir unser Immunsystem stärken

Wenn negativer Stress und eine ungesunde Lebensweise das Immunsystem schwächen können, wenn seelisch destruktive Verhaltensmuster die Abwehr lähmen, dann müssen folgerichtig Zufriedenheit und eine gesunde Lebenseinstellung die Abwehrfront stärken. Und so ist es auch.

Zuversicht und Lebensfreude sind in unserem Organismus messbar. Eine positive Lebensgrundstimmung ist im Blutbild abzulesen. Forscher haben eindeutige Beweise geliefert, dass Lust, Wohlbefinden und positiver Stress (Eustress) Leib, Seele und Geist beflügeln und das Abwehrsystem zu Höchstleistungen mobilisieren. Die Widerstandskraft wächst und viele Krankheiten können besser abgewehrt werden.

Ist das für uns Christen zu materialistisch gedacht? Bewegen wir uns auf einer Ebene, die mit dem Glauben nichts mehr zu tun hat, oder klammern wir wesentliche Teile unseres Lebens aus der Nachfolge aus?

Paulus ruft uns zu: „Ich ermahne euch nun, liebe Brüder, durch die Barmherzigkeit Gottes, dass ihr eure Leiber hingebt zum Opfer, das da lebendig, heilig und Gott wohlgefällig sei. Das sei euer vernünftiger Gottesdienst" (Römer 12, 1).

Luther hat das Wort „basar", Fleisch, mit „Leib" übersetzt. Und er hat Recht. Leib meint den ganzen Menschen. Leib beinhaltet:

- seine Körperlichkeit,
- seine Vitalität und Geschlechtlichkeit,
- seine Störungen und Krankheiten,
- seine Gefühle und Schmerzen.

Wenn wir unsere Leiber Gott zum Opfer bringen sollen, dann ist damit unsere gesamte Existenz gemeint. Wir sollen Gott „mit Herzen, Mund und Händen" loben und preisen. Der Körper ist nichts Überflüssiges oder Zweitklassiges. Er beinhaltet kein Verpackungsmaterial, das wir notgedrungen in Kauf nehmen müssen. Gott hat den ganzen Menschen geschaffen, mit einem Gehirn, dessen Geheimnisse bisher kein Forscher ergründen konnte, mit dem Wunderwerk der Augen, der Ohren und des Herzens und mit vielen anderen Wundern. Auch das Immunsystem ist ein Meisterwerk des Schöpfers.

Wer sich davon anrühren lässt und zum Danken findet,

- der hat die Gewissheit, dass ihm alles zum Besten dienen wird;
- der sieht die Welt mit positiven Augen;

- der entdeckt die Sonne der Hoffnung hinter verhangenen Wolken;
- der weiß, dass der lebendige Gott in guten und bösen Tagen bei ihm ist.

Wer dankt, stärkt sein Immunsystem.

VI. Schmerzen haben einen Sinn

Menschliches Leben ist ohne Schmerzen nicht denkbar. Säuglinge, Kinder, Erwachsene und Greise werden immer wieder von Schmerzen heimgesucht. Schmerzen gehören zum Lebensinventar eines Menschen. Sie können seelischer und körperlicher Natur sein. Wenn wir von der Leib-Seele-Einheit ausgehen, kann zwischen körperlichen und seelischen Schmerzen nicht unterschieden werden. Wir sprechen von einem einheitlichen Geschehen, das je nach Lage aus psychischer oder aus körperlicher Sicht beurteilt wird. Schmerzen gehen immer den *ganzen* Menschen an. Leib und Seele sind untrennbar miteinander verbunden und voneinander abhängig.

Meine Frau hatte sich vor einiger Zeit den kleinen Zeh gebrochen. Die Schmerzen erfassten den ganzen Menschen. Sie konnte nicht gehen, nur humpeln. Enge Schuhe verursachten sofort Schmerzen. Das ganze Leben, Denken, Fühlen und Planen wurde berührt. Spaziergänge, ein gemeinsamer Urlaub mit Freunden waren plötzlich nicht mehr möglich. Der kleine Zeh kann ein normales Alltagsleben völlig durcheinander bringen.

Der Schmerz in der Bibel

Altes und Neues Testament erzählen viele Geschichten, die Leid und Schmerzen widerspiegeln.

Sofort nach dem Sündenfall im Paradies müssen Adam und Eva die Folgen ihres Ungehorsams tragen. Der Frau wird gesagt: „Du wirst viele Beschwerden haben, wenn du schwanger bist, und unter Schmerzen wirst du deine Kinder zur Welt bringen“ (1. Mose 3, 16).

Der Schmerz wird zum Wegbegleiter des Menschen jenseits von Eden. Die gute Schöpfung Gottes ist durch den Sündenfall aus den Fugen geraten. Der Schmerz gehört seit damals zu uns. Dennoch ist er kein unabwendbares Schicksal, dem man sich in jedem Fall fügen muss. Wenn Jesus sagt: „In der Welt habt ihr Angst; aber seid getrost, ich habe die Welt überwunden“, dann bringt uns das dem Geheimnis ein gutes Stück näher: Angst und Schmerzen sind Realitäten. Sie können aber angegangen, be- und verarbeitet werden – wenn auch auf unterschiedliche Art und Weise.

Muskelschmerzen

Der Schmerz tritt in vielerlei Gestalt auf. Wenn es draußen sehr warm ist und wir zum Schlafen nur ein dünnes Hemd anziehen, dann können uns Zugluft und Schwitzen Probleme bereiten. Das geöffnete Fenster lässt uns vielleicht schmerzhaft erwachen. Durch die abgekühlte Muskulatur drohen Verspannungen an Hals, Schultern und Rücken. Plötzlich können wir am Morgen den Kopf nur schmerzhaft bewegen. Wir haben das Gefühl, die Sehnenstränge seien geschrumpft.

Was ist geschehen? Ein Teufelskreis hat sich gebildet: Schmerzen verspannen die Muskulatur, dadurch vermindert sich die Durchblutung und die Sauerstoffversorgung des Muskels, was wiederum zu weiteren Schmerzen führt.

Wenn wir ein Wärmepflaster oder etwas Ähnliches im Haus haben, können wir den Schmerzen erfolgreich zu Leibe rücken. Das Pflaster aktiviert die körpereigene Wärme und löst die Verspannung. Millionen Menschen leiden an Muskelschmerzen. Kopfweh, Rückenschmerzen, Nackenschmerzen – also Schmerzen muskulären Ursprungs – sind Probleme des ganzen Menschen. Denn alle Körperteile stehen in einer Wechselbeziehung. Fachleute schätzen, dass 90 Prozent aller chronischen Schmerzzustände muskulärer Herkunft sind. Sie beruhen auf Muskelverspannungen und -verkrampfungen. In Amerika sind Muskelverspannungen die Hauptschmerzverursacher. Man spricht von 70 bis 80 Millionen Menschen, die darunter leiden. Der Auslöser ist in den meisten Fällen Stress.

Ich zitiere nochmals den Medizinjournalisten Norman Cousins: „Nachdem der Arzt aufmerksam zugehört hat, wie der Patient nicht nur seine Schmerzen, sondern auch seine Probleme beschreibt, stellt er die Diagnose, dass der Geschäftsmann an einer weit verbreiteten Krankheit des zwanzigsten Jahrhunderts leidet: dem Stress. Die Tatsache, dass Stress nicht durch Bakterien oder Viren hervorgerufen wird, lässt ihn in seinen Auswirkungen keineswegs ungefährlicher werden. (...) Die Sorgen und Ängste des Patienten werden dabei in echte somatische Symptome umgewandelt, die große Schmerzen und sogar Lähmungen verursachen können."[1]

Die Schmerzen des Geschäftsmanns, den Cousins beschreibt, sind kein Hirngespinst, sie sind nicht eingebildet, nicht simuliert. Es ist der ganze Organismus, der im Schmerz Stress ausdrückt.

Christen wie Nichtchristen sind oft nicht in der Lage, mit Stress angemessen umzugehen. Sie lassen sich von unserer Konkurrenzgesellschaft zu Hektik und übersteigertem Leistungsstreben anspornen. Es ist heute unbestritten, dass viele spannungsbedingte Krankheiten auf verinnerlichten Stress zurückgeführt werden können. Seelisch einschneidende Erlebnisse, vor allem schlechte, machen den Menschen krankheitsanfälliger. Stress wird gestaut, er kann nicht ausgelebt und verarbeitet werden. Und die Organe müssen büßen.

Es ist wenig hilfreich, Schmerzen durch Medikamente künstlich zu unterdrücken. Der Grundfehler wird verschleiert. Die Folge: Der Schmerz verstärkt sich.

Sie haben vielleicht stressige Tage hinter sich und reagieren mit Kopfschmerzen. Statt sich Ruhe und Entspannung zu gönnen, greifen Sie zu Aspirin. Sie sind stolz auf sich, weil Sie trotz physischer Beschwerden Ihre Arbeit geleistet haben. Vielleicht haben Sie Ihrem Körper sogar ein Übersoll abverlangt. Solcher Umgang packt das Übel nicht an der Wurzel.

Auch Kränkung und Ablehnung tun weh

Menschen mit Minderwertigkeitsgefühlen und Komplexen leiden oft ein Leben lang unter seelischen Schmerzen. Das Gefühl, wertlos, klein und hässlich zu sein, tut weh. Störungen des Selbstwertgefühls sind eine weit verbreitete seelische Erkrankung unserer Zeit.

Viele Kinder, Jugendliche und Erwachsene werden in ihrer Selbstentfaltung behindert. Sie führen ein verkümmertes Leben, trauen sich nichts zu und blühen nicht auf. Der Schmerz, unvollkommen, ungeliebt und überflüssig zu sein, überschattet das gesamte Leben und beeinträchtigt die gesunde Entwicklung der Persönlichkeit.

„Kinder sind hervorragende Beobachter, aber schlechte Interpreten", schrieb Alfred Adler, der Begründer der Individualpsychologie, vor Jahrzehnten. Aus Haltung, Mimik und Gestik der Erwachsenen schließen sie, ob sie akzeptiert oder abgelehnt werden, und bauen diese Erkenntnisse in ihren Lebensstil ein. Macht der Heranwachsende zusätzlich negative Erfahrungen, dann kommt noch eine „dunkle Brille“ hinzu, die macht ihn völlig pessimistisch. Er sieht sich als Versager und „sieht alles schwarz“. Glück und Zufriedenheit erleben nur die anderen. Lebensfreude ist ein Fremdwort – man jammert ihr mit verhaltenem, tief im Innern vergrabenen Schmerz nach.

Wie Eltern und Erzieher ein Kind einschätzen, so beurteilt es sich später selbst. Kinder ziehen Schlüsse aus den Erfahrungen, die sie mit Eltern und Geschwistern machen.

Kinder mit „Negativ-Brille“ wünschen sich Annahme und Bestätigung und fragen sich, was sie auf dieser Welt zu suchen haben.

Es gibt unzählige Aussagen, mit denen Eltern und Erzieher ihre Kinder diskriminieren. Sie geben solche Sätze bewusst oder unbewusst von sich, verbal oder nonverbal, und torpedieren damit, dass ihre Kinder sich zu starken Persönlichkeiten entwickeln.

- „Was soll aus dir nur werden?“
- „Du schaffst das nie!“
- „Mit dir ist es immer dasselbe!“
- „Ich bin gespannt, ob du das jemals lernst!“
- „Kannst du denn niemals etwas ganz richtig machen?“
- „Ich hab es ja immer gesagt: Du taugst nichts.“
- „Kein Wunder, dass du das nicht geschafft hast!“
- „Mit dir sind wir gestraft!“
- „Jesus kann keine Freude an dir haben!“
- „Du kannst das nie und nimmer vor Gott verantworten!“
- „Du bist mal wieder an allem schuld!“

Die Wörter „nie“ und „immer“, „niemals“ und „hoffnungslos“ sind Gift für ein heranwachsendes Menschenkind. Sie zerschlagen systematisch das Selbstwertgefühl und programmieren *schmerz*hafte Versagensgefühle. Nicht nur äußerlich ist der Mensch angeschlagen – das Innerste wird bis ins Mark hinein verletzt. Solche Menschen schielen auf die anderen, die angeblich auf allen Gebieten besser sind. Sie vergleichen sich und stellen fest:

- Die anderen sind *tüchtiger*.
- Die anderen sind *schneller*.
- Die anderen sind *intelligenter*.
- Die anderen sind *beliebter*.

Diese Selbstwertkränkungen haben bedauerlicherweise einen starken Einfluss auf das spätere Glaubensleben. Ein Mensch findet zum Glauben, er will Christus fröhlich nachfolgen, wie es viele Mitchristen versuchen, und kann es nicht. Immer wieder kommen die alten Wunden zum Vorschein. Die gesprochenen Sätze der Eltern sitzen wie Giftpfeile in Kopf und Herz.

Diese Menschen hören die Botschaft der Bibel mit dem Kopf, aber es dauert sehr lange, bis ihre ganze Existenz diesen Worten zustimmt: „Also hat Gott die Welt geliebt, dass er seinen eingeborenen Sohn gab, auf dass alle, die an ihn glauben, nicht verloren werden, sondern das ewige Leben haben" (Johannes 3, 16). Wir *sind* Gottes geliebte Kinder.

Mir sagte eine Frau, die seit ihrer Kindheit von Selbstzweifeln durchlöchert war: „Ich will es glauben, dass Christus mich liebt. Ich will es annehmen, dass er mich anerkannt hat. Ich werde mir Mühe geben, die Zweifel zu unterdrücken." Ehrliche Aussagen, die die Schmerzen des Selbstzweifels widerspiegeln.

- Sie *will* es glauben, also glaubt sie nicht.
- Sie *will* es annehmen, dass sie gerettet ist, und kann es im Tiefsten nicht.
- Sie *will* sich Mühe geben, aber die Zweifel kriechen durch alle Ritzen. Die Frau lebte ein verkrampftes und unerlöstes Christsein.

Wie viel Gespräche sind nötig, die jahrzehntelangen Negativgedanken des Elternhauses zu vergeben und hinter sich zu lassen! Wie viel Gebete sind notwendig, um den Ballast der Vergangenheit abzuschütteln und aus ehrlichem Herzen sagen zu können:

- „Ich glaube, Herr, dass ich dein Kind bin."
- „Ich glaube, Herr, dass du mich erlöst hast."
- „Ich weiß felsenfest, dass *nichts* mich von deiner Liebe trennen kann."

Wirkliche Vergebung geschieht auf drei Ebenen.

Ebene 1: Wir empfangen von Gott Vergebung. Er vergibt uns unsere bösen Gedanken, unsere Flüche, unsere Wut, unsere Verbitterung und Enttäuschung, die wir jahrelang aufgestaut und im Innern schmerzhaft versteckt haben.

Ebene 2: Wir vergeben allen, die uns Unrecht taten, die unser Selbstwertgefühl beeinträchtigt und zerstört haben. Wir vergeben den Eltern, Vater und Mutter, die uns nicht ernst genommen, die uns verletzt oder abgewertet haben.

Ebene 3: Wir vergeben uns selbst. Wir brauchen Frieden mit uns selbst. Wir hören auf, in vergangenen Sünden und Kränkungen herumzustochern. Alte Geschichten lassen wir ruhen. Die Bedeutung dieser Selbstvergebung wird oft unterschätzt. Der Friede Gottes ist unteilbar, er betrifft alle genannten Ebenen.

Dem Schmerz eine Stimme geben

„Lerne leiden, ohne zu klagen" – dieser Satz ist vielen Menschen vertraut. Manche haben ihn vielleicht von klein auf gehört. Gutmeinende Eltern haben ihn an ihre Kinder weitergegeben. Aber der Gedanke, Leiden und Schmerzen zu verdrängen, hat einen Pferdefuß. Wo sollen die inneren Verwundungen und Schmerzen denn bleiben? Sie lösen sich nicht in Luft auf. „Im Keller heulen die Wölfe", schrieb der Philosoph Friedrich Nietzsche.

Verwundungen und bittere Schmerzpunkte gibt es viele:

- Da ist die Frau, die „plötzlich und unerwartet" ihren Mann durch einen Herzinfarkt verloren hat. Stumm und fassungslos steht sie vor diesem grenzenlosen Verlust.
- Da ist der Mann, der nach Hause kommt und entdeckt, dass seine Frau mit ihrem Hab und Gut die Wohnung verlassen hat. Das Schlafzimmer ist halb leer, die Küche komplett ausgeräumt. Im Wohnzimmer fehlen Schränke und wertvolle Teppiche. Zurück bleibt ein Brief mit wenigen Abschiedszeilen.
- Da sind die Eltern, die ihr lebloses Kind auf dem Arm tragen. Es wurde von einem Auto überfahren.
- Da sind junge und ältere Menschen, die mit schweren Kränkungen und Verleumdungen fertig werden müssen.

Es ist unmöglich, die Flut der inneren Verletzungen und Schmerzen aufzuzählen, die Menschen täglich verarbeiten müssen. Nicht wenige scheinen daran zu ersticken. Sie schweigen und unterdrücken mit aller Gewalt ihre unbeschreibliche innere Not.

Wer klagen kann, gibt seinen Schmerzen eine Stimme. Wer klagen und seinen Schmerz herausweinen kann, bewahrt sich selbst vor Krankheiten, die vermeidbar gewesen wären. Klagen, jammern und weinen sind eine Entlastung. Sie schwemmen die Schlacken und Giftstoffe, die uns krank machen können, aus uns heraus.

Schon in den Psalmen, die einige tausend Jahre alt sind, werden die Schmerzen und inneren Nöte regelrecht herausgeschrien: „Gebeugt von Schmerzen, zerschlagen und voll Kummer schleppe ich mich von einem Tag zum andern. (...) Mit meiner Kraft bin ich völlig am Ende, die Qual ist zu groß, ich kann nur noch schreien" (Psalm 38, 7–9).

- Nicht schweigen, sondern klagen,
- nicht hineinfressen, sondern heulen,
- nicht stumm leiden, sondern schreien.

Im Beratungs- und Seelsorgeprozess spielen Tränen eine wichtige Rolle. Wie viel Bitterkeit, ungeweinte Tränen über unterdrückte Schmerzen und heruntergeschlucktes Leid brechen bei vielen heraus! Der angeschwollene Eiterherd, zu dem eine lange Entstehungsgeschichte gehört, bricht auf. Der verschleppte Heilungsprozess kann in Gang kommen.

Wenn der Rücken schmerzt

Rückenschmerzen sind eine typische Zivilisationskrankheit.

Wir *sitzen* im Auto,
wir *sitzen* bei der Arbeit,
wir *sitzen* vor dem Fernseher.

Die meisten Menschen verbringen ihre Zeit sitzend. Und die Folge? Je länger wir im Büro und vor dem Fernsehgerät sitzen, ohne unsere Rückenmuskeln zu stärken, desto unelastischer reagiert der Rücken.

Prof. Grönemeyer schreibt über Rückenschmerzen in Deutschland:

„Ich erwähle bewusst das Rückenleiden, da es sich, wie bereits erwähnt, um die kostenintensivste Krankheitsform in Deutschland handelt. Zur Behandlung allein dieser Krankheit wenden wir jährlich die gewaltige Summe von 25 Milliarden Euro (direkte und indirekte Kosten) auf. Ich denke, dass an dieser finanziellen Größenordnung deutlich wird, weshalb wir bei den Volkskrankheiten beginnen müssen, wenn wir die Aufgabenfelder eines zukünftigen Gesundheitsnetzes definieren.

Bei den Volksleiden können durch verbesserte Strukturen in Versorgung und Management einerseits hohe Kosten eingespart, andererseits aber deutliche Steigerungen an Produktivität und Qualität erreicht werden. Beides kommt der ganzen Gesellschaft zugute."[2]

Auch bei Rückenschmerzen gilt: Das Stress-Syndrom ist für die meisten Verspannungen und Schmerzen verantwortlich. Wenn unsere Muskeln durch mangelndes Training schon versteift und verhärtet sind, machen seelische Spannungen das Maß voll. Der Stress im Büro schafft eine spannungsgeladene Atmosphäre. Die Nerven kommen nicht zur Ruhe. Zu den verspannten Muskeln tritt die psychische Belastung hinzu. Eine falsche Bewegung, ein falscher Tritt, eine ungewohnte Drehung des Körpers, und es kommt zum akuten Muskelkrampf. Der viel besprochene „Hexenschuss" verdammt den Menschen dann zur Unbeweglichkeit.

Der Arzt muss sich anhören:

- Ich habe doch nur das Laub im Garten zusammengekehrt.
- Ich habe doch nur vor dem Haus Schnee geschaufelt.
- Ich habe doch nur den Mülleimer vor die Tür gestellt.

Auch Rückenschmerzen sind ein Problem des ganzen Menschen. Krank ist in erster Linie nicht der Rücken, sondern der Mensch in seinem Denken und Handeln. Der Lebensstil zeigt auf, wo das geistliche Manko versteckt ist.

Schauen wir uns Herrn Scheicher etwas genauer an. Er ist Geschäftsführer einer Stahlfirma. Die Stahlbranche hat große Wettbewerbsschwierigkeiten. Die Verarbeitung grober Stähle ist unrentabel geworden. Außerdem mussten in Europa viele Firmen die Stahlerzeugung zurückfahren. Er arbeitet zehn bis zwölf Stunden täglich. „Wenn meine Leistung nicht ausreicht, stehe ich von heute auf morgen auf der Straße. Ich bete regelmäßig, lese meine Bibel und besuche den Gottesdienst. Irgendetwas stimmt nicht."

Bei näherem Hinsehen wird deutlich: Herr Scheicher ist noch weit davon entfernt, für seine quälenden Rückenschmerzen die Verantwortung selbst zu übernehmen. „Ich bin kaputtgemacht worden", sagt er. Im Klartext: Seiner Meinung nach tragen die anderen die Verantwortung. Die wirtschaftliche Situation spielt Schicksal.

- Herr Scheicher spricht von „unglücklichen Umständen".
- Er steht unter einem aufgezwungenen „Muss".
- Er hat resigniert und das Interesse an einer gesunden Lebensführung aufgegeben.

Ein Orthopäde rät Herrn Scheicher, sich einem „gründlichen Seelen-TÜV" zu unterziehen. Er ist verspannt von Kopf bis Fuß. Der Mittvierziger geht wie ein alter Mann. Er stöhnt, wenn er sich setzt und aufsteht.

Jetzt sprechen die Organe. Sie melden die Überforderung an. Sie signalisieren uns, dass im Zentrum unserer Persönlichkeit falsch programmiert wird.

- Nicht nur mit dem *Herzen* wollen wir Gott dienen,

- nicht nur mit dem *Gemüt* wollen wir Gott preisen,
- sondern mit *Seele*, *Geist* und *Leib* wollen wir ihm nachfolgen.

Fragen zum Nachdenken

- Welche (unnützen) Lasten haben Sie sich auf die Schultern gepackt?
- Gegen wen oder was glauben Sie, Rückgrat zeigen zu müssen?
- Ist Ihre Hartnäckigkeit christlich zu verantworten oder ist es Starrheit?
- Was macht es Ihnen schwer, gradlinig und aufrichtig zu sein?
- Sind Sie unbeugsam aus Ehrgeiz oder aus Verantwortung? Kann es sein, dass Sie sich die Verantwortung einreden möchten?
- Sind Sie gewillt, größere Ruhepausen einzulegen, oder wollen Sie Ihren Körper noch stärker unter Druck setzen?
- Müssen Sie Standfestigkeit beweisen, weil Ihre Minderwertigkeitsgefühle Sie dazu zwingen?
- Welche konkrete ungeistliche Einstellung vermuten Sie am stärksten hinter Ihren Symptomen?
- Was wollen Sie gezielt tun?

Kopfschmerzen

Es gibt mehrere Ursachen für unsere Kopfschmerzen. Keine Schmerzform lässt uns so schnell zu Tabletten greifen. Tabletten dämpfen, aber sie heilen die Schmerzen keineswegs.

Internationale Schmerzforscher sind der Meinung, dass neun Zehntel aller Kopfschmerzen mit Muskelverspannungen und -verhärtungen zu tun haben. Ein Großteil wird durch das wenig bekannte Costen-Syndrom verursacht. Dieses Syndrom, das von einem amerikanischen Hals-Nasen-Ohren-Spezialisten entdeckt wurde, kennzeichnet eine veränderte Stellung und Mechanik der Kiefergelenke. Die Fehlbelastung und Stellungsanomalie der Unterkiefer verursacht unterschiedliche Kopfschmerzen.

Die meisten Kopfschmerzen sind also Spannungskopfschmerzen. Sie werden durch verhärtete, spastische Muskeln erzeugt. Im Hintergrund steht Stress, der seelisch, umweltbedingt und körperlich bestimmt sein kann.

Eine besondere Kopfschmerzform ist die Migräne. Die Neigung zu Migräne ist vielleicht vererbt. Wenn beide Eltern Migräne hatten, ist es zu 75 Prozent wahrscheinlich, dass die Kinder auch mit Migräne reagieren. Frauen sind häufiger von Migräne betroffen als Männer. Viele erleben den Anfall zu Beginn des Menstruationszyklus.

Die enge Beziehung zwischen Migräne und Stress wurde schon vor Jahrzehnten festgestellt. Dabei ist interessant, dass Migräne nicht dann auftritt, wenn der Stress am größten ist, sondern wenn sich der Mensch in der Freizeit befindet, wenn er ins Wochenende fährt. So ist der Sonntag ein besonderer Migränetag. Woher kommt das?

- Der Migränepatient sieht in erster Linie in der Arbeit den Sinn seines Lebens.
- Der Migränepatient ist unsicher und legt gesteigerten Wert darauf, dass man ihn mag.
- Der Migränepatient strebt intensiv danach, sein Gefühl der Wertlosigkeit zu verringern.
- Der Migränepatient ist aufopferungsbereit und lädt sich eine große Verantwortung auf.
- Der Migränepatient packt seine Arbeit fanatisch, gewissenhaft und pflichtbewusst an.
- Der Migränepatient hat das Gefühl, dass seine Arbeit

nicht entsprechend geschätzt wird, ja, er schätzt sich nicht einmal selbst positiv ein.

Ist es ein Wunder, dass diese Menschen in der Freizeit zusammenbrechen? Ganzheitlich zu denken heißt, auch die Bedeutung des Kopfes in unserem Leben zu erkennen:

- Der Kopf ist die oberste Instanz, die den Menschen in erster Linie repräsentiert.
- Mit dem Kopf be-haupt-en wir uns.
- Der Kopf ist der Ort, an dem Verstand, Vernunft und Denken beheimatet sind.
- Der Mensch kann einen *kühlen Kopf* behalten und sich den *Kopf zerbrechen.*
- Der Mensch kann *dickköpfig* reagieren und mit *dem Kopf durch die Wand* wollen.
- Der Mensch kann ein *Brett vor dem Kopf haben.*

Welche Bedeutung kann der Kopfschmerz haben? Jörg Müller gibt folgenden Denkanstoß:

„Es ist ein Symptom eines dickköpfigen Charakters, der mit dem Kopf durch die Wand will.

Es ist der Ausdruck eines übertriebenen Ehrgeizes, dem irgendein Ziel zu Kopf gestiegen ist.

Es ist die Folge eines festgebissenen Problems, das buchstäblich Kopfschmerzen bereitet.

Es ist die physio-logische Konsequenz für eine ungesunde Lebensweise: Sauerstoffmangel, Alkohol, Lärm, übertriebenes Sonnenbaden.

Es ist Begleitsymptom einer Augenerkrankung, eines Tumors, eines Hals-Wirbel-Syndroms.

Es ist eine allergische Reaktion auf Amalgam (Zahnfüllung) oder andere Stoffe.“[3]

Hier wird treffend charakterisiert, was uns an falschem

Ehrgeiz und Machtstreben alles zu Kopf steigen kann. Wir wollen herrschen und den Kopf oben behalten. Wir wollen Recht behalten, bis uns der Schädel brummt.

Keiner von uns muss lange suchen, um hierbei auch die sündhaften Motive ans Licht zu holen. Der Kopfmensch und der Leistungsanbeter haben es besonders schwer, ihr ichsüchtiges Verhalten vor dem lebendigen Gott in Frage zu stellen.

Der Arzt und Psychotherapeut Prof. Josef Rattner schreibt in seinem Buch über Psychosomatik:

„Es ist seit einiger Zeit bekannt, dass die wichtigste Ursache der Kopfschmerzen im seelischen Bereich liegt. Alle anderen Faktoren zusammengenommen – Hirntumor, Blutungen, Nervenkrankheiten, hoher Blutdruck usw. – machen nicht so viel aus wie das Psychische: Man wird jedoch selbstverständlich in jedem eine organische Störung auszuschließen versuchen. (...) Auch andere Untersucher wiesen auf Perfektionismus und Neidgefühle hin. Sie gewannen den Eindruck, dass der Migräniker eine unterdrückte Wut in sich trägt (...). Einzig die Psychotherapie ist in der Lage, den Migränepatienten in seinem innersten Anliegen zu verstehen und ihm in seiner Not zu helfen."[4]

Auch die Akupunktur, die von vielen Patienten in Anspruch genommen wird, erhält in neuesten Untersuchungen keine guten Noten. Die Ärztin Gabi Hoffbauer schreibt:

„Am besten untersucht ist die Akupunktur, eine in Deutschland vor allem zur Linderung von verschiedenen Schmerzen sehr häufig eingesetzte ‚alternative' Behandlungsmethode. Kaum jemand glaubt heute noch, dass die Akupunktur ein abseitiges, in ihrem Nutzen weitgehend unbewiesenes Verfahren ist. (...) Doch die wenigen vorliegenden Studien, von denen einige wiederum beträchtliche Mängel aufweisen, zeichnen ein anderes Bild: Weder bei Kopfschmerzen noch bei Rückenschmerzen konnten sie eindeutig eine Wirksamkeit der Akupunktur bringen."[5]

Schmerzhafte Krisen – wie gehen wir damit um?

Große Schmerzen können Lebenskrisen signalisieren.

- Schmerzhafte Krisen sind Reifungshilfen.
- Schmerzhafte Krisen sind keine Katastrophen.
- Schmerzhafte Krisen sind Lebenschancen.
- Schmerzhafte Krisen sind Herausforderungen Gottes.

Aber die Schmerzen können auch verdrängt und betäubt werden. Wenn alle fünf Sinne durch immerwährenden Stress unsere Zentrale im Gehirn überlasten, ist sie nicht mehr in der Lage, die Impulse, die von innen und außen kommen, zu entziffern.

Professor Dr. Wilder-Smith berichtet in einem seiner Bücher von einem interessanten Experiment:

„Ein Zahnarzt diskutierte mit einem Patienten über die Funktion des Nervensystems. Der Zahnarzt behauptete, er könne dem Patienten einen Zahn ziehen, ohne Betäubungsmittel zu gebrauchen, und der Patient würde es nicht einmal spüren. Der Zahnarzt wählte folgende Methode, um seine Behauptung zu beweisen: Er gab seinem Patienten einen Kopfhörer, der an einen leistungsfähigen Verstärker angeschlossen war. Der Verstärker wurde mit lauter Musik gespeist. Dann wies der Zahnarzt seinen Patienten an, sobald er während des Zahnziehens Schmerzen empfände, die Lautstärke zu erhöhen. Dieser befolgte den Rat, und tatsächlich gelang dieses Experiment.

Das Prinzip ist ganz einfach. Die Zentrale im Gehirn

wurde mit Botschaften vom Ohr her derart überlastet, dass, als die Schmerzimpulse vom Kiefer gesendet wurden, sie nicht mehr verarbeitet werden konnten. Deshalb wurden keine Schmerzen vom Kiefer her gemeldet, obwohl sie gesendet wurden. Somit kann man also von einer Impulsaussendung ohne Registrierung oder Bearbeitung im Entzifferungszentrum sprechen. Auf diese Weise lässt sich durch eine Überbelastung dieses Zentrums im Gehirn eine *Betäubung* herbeiführen. *Diese Betäubung ist eine Folge von Stress.*"[6]

Unser Zentrum im Gehirn, das einer leistungsfähigen „Telefonzentrale" entspricht, wird also durch starken Stress überlastet. Dieses Zentrum kann nur eine bestimmte Anzahl von Impulsen pro Sekunde verarbeiten. Wird das Entzifferungssystem von den Schmerzimpulsen erdrückt, entsteht eine Art „Denkblockade". Das heißt, Schmerzimpulse können durch Lärmimpulse überdeckt und ausgeschaltet werden. Wenn wir unsere Schmerzen aber nicht betäuben, sondern uns den Ursachen stellen, können wir vielleicht eine Krise in unserem Leben feststellen.

Der Prophet Jona erlebte eine solche Krise. Er gerät durch Ungehorsam in eine äußerst schmerzhafte Situation. Er flieht, aber Gott holt ihn ein. Jona wird von einem großen Fisch verschlungen. Der Tod zeigt seine Schatten. Für Jona muss dies die schmerzlichste Erfahrung seines Lebens gewesen sein.

Der Theologe Michael Nüchtern beschreibt die Geschichte folgendermaßen: „Maler aller Zeiten haben dargestellt, wie Jona aus dem Fisch wieder herauskommt. Wenn wir diese Bilder betrachten, kann uns auffallen, dass man Jona kahlköpfig gemalt hat. Jona hat, wie man sagt, Haare lassen müssen. Haare sind ein Bild für Lebenskraft. Als Jona aus dem Fisch herauskommt, ist er ein anderer als der, den der Fisch verschlungen hat. Er hat etwas erlebt, was man nur schwer mitteilen kann: Schmerz und Verlust. Das steht ihm auf den Leib geschrieben.“[7]

Der schmerzvolle Weg in die Nacht hat aus Jona einen anderen Menschen gemacht. Gott will uns nicht strafen, Jesus hat das im Neuen Testament ausdrücklich betont. Aber er kann uns „züchtigen“, er kann uns zu sich ziehen und er kann in Krankheiten und Schmerzen zu verstehen geben, dass wir unser bisheriges Leben in Frage stellen müssen, wenn wir heil werden wollen.

VII. Die Persönlichkeit des Asthmatikers

Das Krankheitsbild „Asthma bronchiale“ wird im ICD (International Classification of Diseases) ICD-10 bei Beteiligung psychischer Faktoren als Atemnot gekennzeichnet, die Ausatmungsschwierigkeiten beeinhaltet. Viele Faktoren sind für den Ausbruch von Asthma bronchiale entscheidend:

- Genetische Faktoren,
- allergische Faktoren,
- immunologische Faktoren,
- entzündliche Prozesse,
- psychische Prozesse.

Die auslösenden Ursachen sind ganz unterschiedlich. Es können also Infektionen sein, die durch Viren oder Bakterien ausgelöst werden. Auch physische Ursachen können eintreten: Temperaturänderungen, Rauch und Staub. Chemische Reize wie Dämpfe und Gase können Anfälle auslösen. Und dann kommen entscheidend psychische Ursachen hinzu.

Der Arzt und Psychotherapeut Josef Rattner schreibt dazu:

„Viele Beobachter dieser Krankheit stellen fest, dass die von ihr Befallenen ein ungewöhnlich großes Liebesbedürfnis haben. Es sind Menschentypen, deren Mutterbeziehung durch ängstliche Bindung und Furcht vor Liebesverlust gekennzeichnet ist. Oft vereinigen sie in ihrem Wesen Anlehnungsbedürfnis und aggressive Tendenzen, sodass sie innerlich zwischen Angst und Abwehr hin- und hergerissen sind.

Der Persönlichkeitskonflikt des Asthmatikers ist eine besondere Form der Lebensangst."[1]

Die Atmung ist eine *vegetative* Funktion, das heißt, sie kann vom Willen nicht gesteuert werden. Und doch ist der Mensch in der Lage, schnell oder langsam, tief oder oberflächlich zu atmen. Der Mensch kann seinen Atem anhalten. Die Atmung ist also enger mit unserem Bewusstsein verbunden als andere vegetative Funktionen. Erregung, Schock, Angst, Freude und Gefühlserlebnisse beeinflussen unsere Atmung.

Die Atmung dient unter anderem dem Sprechen und Riechen. Im Sprechen geben wir etwas an die Außenwelt ab, beim Riechen nehmen wir etwas von der Außenwelt auf. Bei Atemstörungen sind also Beziehungen zur Umwelt gestört.

Der Atem

Die beiden Pole Einatmen und Ausatmen bilden durch ihren ständigen Wechsel einen Rhythmus. Beide Pole sind aufeinander bezogen. Der eine existiert nicht ohne den anderen. Einatmen und Ausatmen gehören zusammen.

Bei der Einatmung entsteht *Spannung*, bei der Ausatmung *Entspannung*. Diese Entspannung fehlt dem Asthmatiker. Seine Ausatmung ist gedrosselt. Die kleinen Bronchien und Bronchiolen sind verengt, was durch einen Krampf der glatten Muskulatur, einen entzündlichen Reiz der Atemwege und eine allergische Schwellung der Schleimhaut verursacht wird.

Die Lunge ist das Organ, in dem sich Asthma abspielt. Sie ist in besonderem Maße Ausdrucksorgan seelischer Prozesse. Seelische Nöte kommen zur Sprache,

... wenn wir lachen und weinen,
... wenn wir seufzen und jammern,
... wenn wir sprechen und schimpfen,
... wenn wir flüstern und schreien,
... wenn uns bei Furcht und Schrecken der Atem stockt.

Glückliche Menschen atmen tief und langsam.

Der Atem spielt in der biblischen Schöpfungsgeschichte eine große Rolle. Gott hauchte dem „Erdenkloß“ seinen göttlichen Atem (Odem) ein, und der Mensch wurde zu einer lebendigen Seele. Das griechische Worte für Seele heißt *psyche*. Es bedeutet: Atem, Hauch, Seele, Leben. Darum sagen wir auch:

- „Er hat sein Leben ausgehaucht.“
- „Herr L. hat seinen letzten Atemzug getan.“
- „Es ist kein Atem mehr in ihm.“

Atem ist der Träger des Lebens. Er verbindet uns Menschen miteinander. Der Atem hat also etwas mit Kontakt und Beziehung zu tun.

Luft und Atem in Redensarten

Es gibt viele Redensarten und Sprichwörter, die mit dem Atem verknüpft sind. Sie drücken in der Regel treffend aus, welche Lebensgrundstimmung bei einem Ereignis vorherrscht:

- „Die Frau bekam in dem Raum keine Luft mehr.“
- „In dieser Gemeinschaft kann ich nicht mehr frei atmen.“
- „Das Ereignis war für sie atem-beraubend.“
- „Endlich kann ich wieder aufatmen!“
- „Der Mensch hat einen enormen Lufthunger.“

- „Dieser Mensch nimmt mir die Luft zum Atmen."
- Ein Mensch „ringt nach Luft" oder kann „den Hals nicht voll genug bekommen".
- „Ihm bleibt die Luft weg."
- „Der bläht sich aber auf!"
- „Ich werde dir was husten."
- „Er schnappt vor Zorn nach Luft."

Wer den Worten genau nachspürt, entdeckt, wie viel Wahrheit sich hinter solchen spontanen Äußerungen verbirgt. Unsere Sprache hilft uns, den unbewussten Motiven einen Sinnzusammenhang zu verleihen. Mit den unbewussten Motiven werden auch die unverstandenen Ziele deutlich, die wir eigentlich verfolgen. Jeder Mensch verfolgt Ziele, der Gesunde und der weniger Gesunde. Diese Ziele können kooperativ, egoistisch oder gemeinschaftsfeindlich sein.

Was beim Asthmaanfall geschieht

Bei einem Asthmaanfall erlebt der Betroffene dreierlei entweder gleichzeitig, getrennt voneinander oder nacheinander:

a) Schleimhautschwellung
Die Schleimhaut in den Bronchien, also die feinen Röhrchen innerhalb der beiden Lungenflügel, schwellen an und verengen den Querschnitt der Bronchien, die in Mitleidenschaft gezogen sind. Dadurch kann weniger Luft einströmen.

b) Schleimabsonderung
Die Schleimhaut sondert überdurchschnittlich viel zähen Schleim ab, sodass die Bronchien ebenfalls verengt werden und weniger Luft in die Lunge hineinlassen.

c) Bronchialkrampf
Die Röhrchen, die man Bronchien nennt, sind mit einer Muskulatur überzogen. Beim Asthmaanfall verkrampfen sich die Muskeln und pressen die Bronchien zu engen Röhren zusammen.

Alle drei Vorgänge verstärken sich wechselseitig, sodass nur wenig Luft in die Lunge einströmen kann. Die Verengung wird bei jeder Ausatmung noch verstärkt. Die Folge ist, dass die verbrauchte Luft nicht ausgeatmet werden kann. So füllt sich die Lunge zunehmend mit verbrauchter Luft.

Der Sonderschullehrer Werner Zenker, selbst Asthmatiker, beschreibt in einem Versuch, wie jeder Erwachsene einmal ausprobieren und nachempfinden kann, welche Nöte ein Asthmatiker erlebt: „Nehmen Sie eine Plastiktüte (etwa eine größere Gefriertüte). Atmen Sie in diese Tüte aus und ein, wobei Sie sie direkt an den Mund halten und darauf achten, dass keinerlei Frischluftzufuhr möglich ist. Sie erleben so in wenigen Minuten, fast im Zeitraffer, den Verlauf eines Asthmaanfalls von beginnender Atemnot bis zu starken Beschwerden mit Erstickungsgefühlen, begleitet durch die typischen Erscheinungen Herzklopfen, Sauerstoffunterversorgung und Schweißausbrüche.“[2]

Der Versuch hat den Sinn, die unaussprechliche Angst und Not eines Asthmatikers verstehen zu können.

Die unterschiedlichen Formen des Asthmas

Es gibt nicht *das* Asthma. Diese Krankheit ist durch eine Vielzahl verschiedener Ursachen gekennzeichnet. So verschieden die Ursachen sind, so unterschiedlich können auch die Erscheinungsformen sein.

Für alle diese Komplikationen ist in erster Linie der Facharzt zuständig. Ein Seelsorger, der nicht genau mit diesem Krankheitsbild vertraut ist, sollte von der Behandlung grundsätzlich seine Finger lassen. Es gibt mindestens sechs verschiedene Asthmaformen:

Infektasthma
Viele neigen zu der irrigen Meinung, Asthma sei *grundsätzlich* das Ergebnis einer Erkältung. Häufig hat sich Asthma bei Kindern in der Tat aus Erkältungen entwickelt. Beim Infekt kommt es ähnlich wie beim Asthma zur Schleimhautschwellung und zur Schleimabsonderung.

Allergisches Asthma
Allergien bedeuten eine *Überempfindlichkeit.* Schon übermäßig viel Staub kann eine Allergie auslösen. Auch wenn man auf bestimmte Nahrungsmittel empfindlich reagiert, spricht man von Allergie. Der Körper eines allergischen Menschen reagiert auf viele Umweltbedingungen überempfindlich. Alles, was eine solche Allergie auslösen kann, wird *Allergen* genannt. Die Neigung, allergisch zu reagieren, kann erblich bedingt sein. Sie kann aber auch erworben werden. Je häufiger und intensiver der Kontakt mit solchen Allergenen stattfindet, desto wahrscheinlicher wird eine allergische Erkrankung. Dass Allergene allerdings nicht ausschließlich und auch nicht in erster Linie als Verursacher für Asthma angesehen werden dürfen, machen viele Forschungen deutlich. Denn schon die *Vorstellung* des Menschen kann einen allergischen Asthmaanfall auslösen.

Der amerikanische Arzt Larry Dossey schreibt dazu: „Die ökologisch-umweltbezogene Behandlungsform (...) beging den simplen Beurteilungsfehler, allergische Wirkstoffe einfach aus kausaler Sicht zu betrachten. ‚Allergisch' gegen eine Substanz zu sein, das war ein objektives Phänomen, dessen man sich therapeutisch annehmen konnte – so dachte man. Man beseitigte dann die Allergiestoffe, und das Asthma wird geheilt. Das derart vereinfachte Denken ließ die Tatsache unberücksichtigt, dass *nicht* allergische Personen asthmatische Beschwerden bekommen, wenn man ihnen suggeriert, sie seien gegen eine bestimmte (in Wahrheit unschädliche) Substanz allergisch. (...) Diese Erkenntnis ist keineswegs neu. Schon im Jahre 1930 beobachtete Hill, dass bereits das Bild einer Wiese mit Heublumen bei besonders empfindlichen Personen, einen Anfall von Heuschnupfen verursachen kann."[3]

Die Beispiele zeigen, wie geheimnisvoll Leib und Seele miteinander verknüpft sind.

Nächtliches Asthma

Viele Asthmaanfälle treten regelmäßig nachts auf. Auch die Angehörigen werden in die Störung des Schlafes mit hineingezogen. In beschlafenen Betten können sich Hausstaubmilben aufhalten, die das nächtliche Asthma auslösen. Aber auch regelmäßige Erwartungsangst (also eine sich selbst erfüllende Prophezeiung) kann den Anfall verursachen, da man ja regelrecht auf ihn „wartet".

Anstrengungsasthma

Bei ca. 80 Prozent der Asthmatiker kommt es bei körperlichen Belastungen zu Atemnotstörungen. Dann tritt eine Verkrampfung der Bronchien ein. Der Vorteil ist, dass Atembeschwerden, die durch große Anstrengungen entstanden sind, nach etwa 20 bis 30 Minuten wieder abklingen.

Seelisch verursachtes Asthma

Wahrscheinlich gibt es keine seelischen Ursachen, die allein für Asthma verantwortlich sind. Aber welche Faktoren verstärken Asthma?

- Die Angst, am normalen Leben nicht teilnehmen zu können;
- die Angst, auf der Leistungsebene nicht mithalten zu können;
- Kinder und Erwachsene lernen, sich vor bestimmten Lebensaufgaben zu drücken;
- Kinder und Erwachsene lernen, ihren Willen mit Asthma durchzusetzen;
- problematische Ereignisse, Tod eines Elternteils, Tod eines Geschwisters, Geburt eines weiteren Geschwisters u. ä. können Asthma auslösen oder verstärken.

Asthma auslösende Substanzen

Bei vielen Asthmatikern besteht die Neigung, auf verschiedene Substanzen mit Atemnot zu reagieren. Dazu gehören
- extreme Hitze oder Kälte,
- stechende, beißende Gerüche,
- übermäßig trockene oder feuchte Luft,
- starke Staubentwicklung,
- beißender Rauch und Qualm.

Was den Asthmatiker kennzeichnet

Asthma ist ein besonders eindrucksvolles Beispiel für psychosomatische Zusammenhänge. Der Asthmaanfall wird vom Betroffenen als lebensbedrohliche Erstickung erlebt. Der Asthmatiker ringt nach Luft und kann doch in Wirklichkeit die Luft nicht loswerden.

a) Husten statt Weinen

Für jeden, der es miterlebt, ist nachvollziehbar, wie der Asthmatiker innerhalb weniger Minuten von seinen Leiden überfallen und gequält wird. Die Asthmabeschwerden sind sichtbar und hörbar. In der Psychosomatik wird immer wieder darauf hingewiesen, dass der Asthmaanfall wie ein unterdrücktes Weinen wirkt bzw. wie ein Schrei sowohl *nach* der Mutter als auch *gegen* die Mutter. Viele Forscher sind der Ansicht, dass sich im Bronchial-Asthma eine schwere Störung der Mutter-Kind-Beziehung äußert. Die Abhängigkeit von der Mutter wird gleichzeitig sowohl ersehnt als auch abgelehnt.

b) Seelische Auslöser für asthmatische Anfälle
Psychosomatiker haben drei Asthma-Typen herauskristallisiert, die vor einem Anfall mit bestimmten psychischen Erlebnissen konfrontiert wurden.

Typ 1: Bei ihm können Trennungsängste und die Angst, abgelehnt zu werden, vorausgegangen sein.

Typ 2: Vor dem Anfall erlebt der Patient heftige aggressive Gefühle, die er aber aus unterschiedlichen Gründen nicht äußern kann. Dieses unterdrückte Gefühl setzt den Anfall in Gang.

Typ 3: Es handelt sich um Menschen, die unfähig sind, sich abzugrenzen und erfolgreich zur Wehr zu setzen. Sie reagieren eher weich und angepasst. Asthmatische Erwachsene neigen in problematischen Situationen dazu, sich zurückzuziehen, sich innerlich und äußerlich zu distanzieren und unangenehme Ereignisse zu übersehen.

c) Gehäufte Asthmaanfälle können Entscheidungen steuern und beeinflussen
Herr B. ist seit vielen Jahren Asthmatiker. Eine erhebliche Verschlechterung ist eingetreten, nachdem seine Frau mit dem Gedanken spielt, eine Modeboutique zu eröffnen. Herr B. ist mit diesem Plan überhaupt nicht einverstanden. Er hat Angst, seine Frau nur noch am Wochenende zu sehen. Außerdem plagen ihn finanzielle Befürchtungen. Jedes Mal,

wenn seine Frau mit ihrem Plan einen guten Schritt vorwärts kommt, reagiert Herr B. mit einem schweren Asthmaanfall. Der Zusammenhang ist offenkundig. Seine Frau verspricht ihm, ihren Boutique-Plan nicht in die Tat umzusetzen, solange die Asthmaanfälle nicht deutlich nachgelassen haben. Diese Anfälle werden selbstverständlich nicht bewusst lanciert, sondern spiegeln eine Abwehr wider, die nicht verbal, sondern körperlich zur Sprache gebracht wird.

d) Geben und Nehmen befinden sich nicht im Gleichgewicht
Wie bereits erwähnt, stellt der Atem ein gleichmäßiges Wechselspiel zwischen Einatmen und Ausatmen, zwischen Geben und Nehmen dar. Der Asthmatiker will viel nehmen, er atmet voll ein und die Lunge überbläht sich. Die Folge ist ein Atemkrampf. Jedes Ungleichgewicht zerstört den ausgependelten Rhythmus. Das Nehmen steht bei Asthmatikern im Vordergrund. Sie können schlecht hergeben. Dies gilt auch für Menschen, die nur zu geben scheinen. Es geht um das Nehmen-*Wollen*, um das Nicht-loslassen-Wollen, um das Haben-Wollen, um das Geliebt-werden-Wollen. Der Asthmatiker vergiftet sich, weil er das Verbrauchte, die Kohlensäure, schlecht abgeben kann.

Die Bibel beschreibt den umgekehrten Rhythmus, der uns beglückt und erfüllt: „Denkt an die Worte des Herrn Jesus, der gesagt hat: Geben ist seliger als nehmen“ (Apostelgeschichte 20, 35).

In der sogenannten Bergpredigt, die im übertragenen Sinne als „Regierungserklärung“ Jesu bezeichnet werden kann, heißt es: Schenkt, dann werdet ihr beschenkt werden, und zwar so überreich, dass ihr gar nicht alles fassen könnt (vgl. Lukas 6, 38).

Geben und Schenken – ein geistliches und therapeutisches Ziel. Wenn Gedanken und Vorstellungen, die unlösbar mit Nervensystem und Atmung verbunden sind, korrigiert werden, dann üben wir eine neue Lebensgrundeinstellung ein. Der Rhythmus von Einatmen und Ausatmen kann ins Gleichgewicht kommen.

e) Der Asthmatiker schließt sich ab

Jeder Mensch „macht zu", wenn Unangenehmes von außen in ihn eindringt. Es gibt Stoffe und Gase, die den Körper veranlassen, sich durch eine reflektorische Schutzreaktion abzuschließen. Der Asthmatiker erlebt die harmlosesten Stoffe der Umwelt bereits als lebensbedrohlich und verschließt sich dementsprechend.

Die griechische Sprache kennzeichnet mit Asthma *Engbrüstigkeit.* Im Lateinischen heißt eng *angustus.* Dieses Wort ist mit Angst verwandt. Angst und Enge sind untrennbar miteinander verbunden. Asthma erzeugt Angst und Angst verstärkt das asthmatische Geschehen. Wovor verschließt sich der Asthmatiker? Was wehrt er ab?

f) Der Dominanzanspruch des Asthmatikers

Der Asthmatiker will herrschen, gesteht sich aber diesen Herrschaftsanspruch nicht ein. Sein Anspruch verschiebt sich in den Körper. So kann es zu der buchstäblichen „Aufgeblasenheit" kommen. Der Asthmatiker kann nur schwer mit Herrschaftsansprüchen anderer umgehen. Wird seine Dominanz in Frage gestellt, verschlägt es ihm die Sprache. Er kann nicht ruhig ausatmen. Besonders bedrohlich sind Asthmaanfälle, wenn der Betroffene mit der Dominanz anderer Menschen konfrontiert wird. Das können Partner oder Vorgesetzte sein. Je mehr sein Machtanspruch in Frage gestellt wird, desto drastischer erlebt er seine Schwäche und Hilflosigkeit, sein Gefühl des Klein-Seins.

Asthma und Ehebruch – ein Fallbeispiel

Frau B. ist 32 Jahre alt, verheiratet und hat zwei Kinder im Alter von sechs und vier Jahren. Sie schildert, dass sie eine gläubige Frau sei und alles Schmutzige im Leben hasse. Im Laufe des ersten Gesprächs betont sie auffallend häufig ihre Abneigung gegen Sünde, Unrecht, Schmutz und vor allem gegen sittliche Ausschweifungen.

Seit zwei Jahren leidet sie unter Asthma. Ihre Ehe schildert sie als glücklich. Allerdings seien die ehelichen Beziehungen seit den Asthmaanfällen getrübt. Sie versucht selbst, Zusammenhänge aufzuzeigen, und erzählt, dass sie vor zwei Jahren mit einer Reisegesellschaft nach Mallorca in Urlaub gefahren sei. Ihr Mann sei ein introvertierter, distanzierter und etwas gehemmter Mann, der auch in Liebesangelegenheiten nicht allzu sehr aus sich herausgehe. Auf der Insel habe eine ausgelassene Atmosphäre geherrscht und es hätten sich einige Duzfreundschaften ergeben. Eines Abends sei es zu intimen Beziehungen mit einem der Reiseteilnehmer gekommen, der ebenfalls mit seiner Frau auf der Insel Urlaub machte. Es sei „leider bis zum Letzten" gekommen, wie sie sich ausdrückt, worunter sie seither sehr leide. Im Grunde sei sie aber frigide und könne nicht verstehen, dass es überhaupt so weit kommen konnte. Da ihr Mann so kühl und zurückhaltend sei, wäre es für den offenherzigen und charmanten Mann leichter gewesen, sie zu umgarnen. Sie hätte sich stark geziert, aber das hätte dem Herrn allem Anschein nach besondere Verführungskräfte verliehen. Von vornherein hätte sie sich gegen die Fahrt gesträubt, gegen das weltliche Unternehmen, gegen die lockere Atmosphäre und gegen die Leichtfertigkeit einiger Frauen. Ihre Sünde könne sie sich nicht verzeihen. Sie sei unendlich tief gesunken, aber dafür müsse sie mit Anfällen büßen. Die „Sache" sei etwa gegen 20 Uhr passiert und am nächsten Tag hatte sie zum ersten

Mal – wiederum abends gegen 20 Uhr – einen Asthmaanfall.

Asthmaanfälle bekäme sie auch heute nur abends und immer kurz vor dem Essen – wie damals auf Mallorca. Weiterhin sei merkwürdig, dass sie seit der Zeit keine Bratwürstchen mehr genießen könne, ohne nicht anschließend „Quaddeln im Gesicht" zu bekommen. Die Haut sei rot und geschwollen und sie hätte jedes Mal den Eindruck, in Brennnesseln gelegen zu haben. Der Arzt, den sie befragt habe, hätte auf *Nesselsucht* getippt und ihr Menthol-Spiritus und Zitronensaft zur Linderung empfohlen. Nach einem halben Tag seien die geröteten Schwellungen wieder verschwunden. An dem Abend, an dem der Ehebruch passierte, hätte ihr Mann auf einem Grillgerät für eine Party Würstchen gegrillt.

Verständnishilfen für die Seelsorge – Persönlichkeitsmerkmale von Frau B.:

a) Überempfindlichkeit

Den Asthmatiker charakterisiert im allgemeinen eine Überempfindlichkeit. Sie ist recht häufig anzutreffen. Zurückzuführen ist das auf die besondere Sensibilität von Asthmatikern. Überempfindlich reagieren sie meist – wie unsere Ratsuchende – auf in ihren Augen unmoralisches bzw. verwerfliches Verhalten in ihrem sozialen Umfeld. Unterläuft ihnen selbst ein Fehler, reagieren sie selbstverständlich auch überempfindlich. Viele Asthmatiker richten ihr Leben an hohen moralischen Maßstäben aus. Sie möchten sauber, anständig, ehrlich und sündlos leben. Sie leiden, wenn ihre Umgebung oder sie selbst diese Tugenden missachten. Im Grunde möchten sie am liebsten das Unrecht in der Welt ausmerzen und den Schmutz entfernen. Sie entwickeln starke innere Aggressionen gegen alles Böse und Sündhafte.

b) Asthmatiker sind oft hingabegestört

Der Asthmakranke hat das Gefühl, während eines Anfalls, der oft in der Nacht auftritt und meist mehrere Stunden dauert, nicht genügend Luft in seine Lunge zu bekommen. Er glaubt, nicht ausreichend *einatmen* zu können. Im Grunde genommen beruht die Atemstörung aber auf einer behinderten *Ausatmung*. Beim Ausatmen bleibt mehr Luft in der Lunge zurück als üblich, und daher ist es beim nächsten Atemzug nicht möglich, eine ausreichende Menge Luft einzuatmen. Die unvollkommene Ausatmung bedingt, dass die Lunge langsam immer mehr aufgebläht wird. Das Gesicht des Betroffenen ist während des Anfalls bläulich verfärbt. Wie ist der psychologische Zusammenhang zu sehen? Der Asthmatiker ist oft hingabegestört. Er ist unfähig zur Liebe. „Hingabegestört" – das bedeutet nicht in erster Linie eine sexuelle Störung. Hingabegestört ist der, der ständig selbst die Fäden in der Hand behalten will, der nicht außer Kontrolle geraten will, der ein „Macher" ist und bleiben will. So wie diese Frau, deren Hingabestörung sich in Frigidität äußert. Sie sagt ein *Nein* zu dieser Welt. Und damit zur Ausatmung als einem Akt der Hingabe. Sie will ihren Atem in diese abscheuliche Welt nicht hineinblasen.

c) Die „Bratwurst-Allergie"

Was verstehen wir unter einer *Allergie*? Ich rufe noch einmal ins Gedächtnis zurück: Wenn körperfremde Stoffe, *Allergene*, in den Organismus eindringen, entstehen bestimmte Veränderungen, die man Allergie nennt. Solche „körperfremden Stoffe", die über Mund und Magen mit Nahrungsmitteln oder mit der eingeatmeten Luft in den Körper eindringen, rufen Antikörper auf den Plan. Der Organismus wehrt sich und die Antikörper rufen die Allergie hervor. Eine allergische Reaktion hängt aber auch von der psychischen Verfassung bzw. von der vegetativen Reaktionslage ab. Einige Psychosomatiker vermuten, dass die Überempfindlichkeit gegen bestimmte Nahrungsmittel nichts anderes bedeutet als eine *psychische* Überempfindlichkeit. Die Ratsuchende hat aber in ihrem Leben – wie sie berichtet – immer gern Bratwürstchen gegessen und niemals allergische Reaktionen gezeigt. Seit dem „berüchtigten Abend auf Mallorca" ist das allerdings grundlegend anders. Schon der Gedanke an ein Bratwürstchen ruft blitzartig das Geschehen im Urlaub wach und kann asthmaartige Beschwerden verursachen. In diesem Fall muss man annehmen, dass das traumatische Erlebnis eine Hypersensibilisierung nach sich gezogen und allergischen Reaktionen den Weg gebahnt hat.

d) Abhängigkeit

Auch *Abhängigkeit* kennzeichnet den Allergiker in besonderem Maße. Er fühlt sich abhängig von der Luft, vom Nebel, vom Sonnenschein, vom Regen, von Kälte und Wärme, von Staub und Geruch, von Menschen, mit denen er in einem Raum zusammensein muss. Er zeigt Abwehrhaltungen, die oft jeden normalen Rahmen sprengen. Und weil er so abhängig ist, sich so abhängig *macht*, schränkt er damit seine Lebensmöglichkeiten, seine Aktivität, seine beruflichen Chancen und seine Gemeinschaftsfähigkeit ein. Er will sich nicht beschmutzen und nicht vereinnahmen lassen. Auch die Ratsuchende lässt durchblicken, dass sie eine starke Abneigung gegen das Reisebüro als „weltliches Unternehmen", gegen die „lockere Atmosphäre", gegen die „Leichtfertigkeit der Frauen" etc. empfunden hat. Sie hat ihren Mann gewarnt – der nicht hören wollte. Jetzt muss er die Folgen tragen. Die *anderen* sind die Bösewichte, die anderen sind schuld. Nicht sie selbst hat den Ehebruch verschuldet, nein, sie ist *verführt worden.* Ihren Mann erlebt sie als kalt, introvertiert und distanziert, der Verführer hatte mit ihr leichtes Spiel. Sie hat sich widersetzt, sie hat sich „stark geziert" und damit ihren

Abscheu gegen die Verführung zum Ausdruck gebracht. Der andere war stärker und raffinierter.

e) Schuldgefühl und seine Funktion

Die Ratsuchende kann sich die Sünde nicht verzeihen. Das ist ein herausragendes Symptom, das für die Seelsorge eine wichtige Rolle spielt. Sie wollte in ihrem Leben und Denken eine vollkommene Christin sein. Mit Entschiedenheit hat sie sich bisher gegen Sünde und Schmutz gewehrt. Sie wollte „gut" sein, moralisch einwandfrei, eine tapfere Kämpferin gegen alle Sittenlosigkeit. Durch den Ehebruch sei sie „unendlich tief gesunken". Sie hat ihre moralische Überlegenheit eingebüßt. Sie kann nicht mehr ganz oben stehen, so wie sie es gern möchte. Unbewusst huldigte sie einem Pharisäertum, einem moralischen Überlegenheitsstreben. Unbewusst entwertete sie ihre Umgebung, ihre Mitmenschen, die Mitreisenden. Ihre Kritik setzte andere herab und brachte sie selbst nach oben. Schuldgefühle weisen in die Vergangenheit und stören die Gegenwart. Die Ratsuchende hat Gott schon hundertmal um Vergebung gebeten. Sie glaubt aber, dass sie durch ihre Schuld bis in die Ewigkeit einen letzten Makel mit sich herumschleppen wird. Gott ist in ihren Augen sicherlich gnädig, kann aber diese Ungeheuerlichkeit nicht mit Stumpf und Stiel ausrotten. Ihre Anfälle sind die „gerechte Strafe" für ein verwerfliches Verhalten. Ihrem Mann hat sie die Verfehlung gebeichtet. Sie glaubt nun, mit ihrer körperlichen Bestrafung die Sünde abbüßen zu können. Wieder leuchtet die Überheblichkeit aus allen Schlupflöchern hervor. Noch in ihrer Selbstbestrafung will sie ganz oben sein. Mit ihrem Leiden möchte sie eine Gerechtigkeit demonstrieren, die weit von der biblischen entfernt ist. Sie kann sich vieles schenken lassen, aber nicht alles. Sie muss abbüßen und sie hat ein wunderbares Alibi zur Hand, wenn sie auch bei ihrem Mann hingabeunfähig ist.

Die Sünde von damals blockiert ihr Glück von heute. Sie glaubt mit dem *Kopf* an die Vergebung, aber nicht mit *Leib und Seele*. Der amerikanische Arzt und Psychotherapeut H. Mosak hat 14 charakteristische Lebensstile gekennzeichnet, die im Leben häufig wiederkehren. Einer davon – der siebte – gibt treffend das Verhalten der Ratsuchenden wider.

„Der Mensch, der ‚gut' sein will, möchte nach höheren moralischen Maßstäben leben als seine Mitmenschen. Manchmal sind diese Maßstäbe sogar höher als die Gottes, denn er handelt so, als ob Gott Sünden vergeben würde, die er selbst nicht vergeben kann. Dieses Gutsein kann er als moralische Überlegenheit ausspielen und sich dadurch nicht nur selbst über andere stellen, sondern tatsächlich die anderen, ‚minderwertigen Menschen' entmutigen. Dieses Verhalten findet man häufig bei ‚Musterkindern' oder Frauen von Alkoholikern."[4]

Schuldgefühle begleiten auch die asthmatischen Anfälle und die allergischen Reaktionen der Ratsuchenden. Sie *benutzt* ihre Schuldgefühle, um die quälende Erinnerung an die Vergangenheit wach zu halten. Als ich der Ratsuchenden einen bedeutenden und vollmächtigen Seelsorger nannte, der ihr im Namen Jesu die Sünden vergeben könne, wehrte sie mit der Feststellung ab, dass sie für ihre Sünden noch nicht genügend bestraft worden sei. Der Ehemann sagte in einem Gespräch von seiner Frau, und das hörte sich wie unumstößliche Selbstverständlichkeit an: „Meine Frau kann ohne Heiligenschein nicht leben!"

f) Vergebene und vergessene Schuld befreit

Wir zitieren gern das Wort: „Das will ich dir wohl vergeben, aber vergessen kann ich das niemals." Das kann man nicht Konfliktbereinigung nennen. Die zwischenmenschliche Beziehung ist weiterhin gestört. Würde sich Gott ähnlich verhalten, müsste auch das Verhältnis zwischen ihm und uns gestört bleiben. Gott aber vergibt *und* vergisst. Er tilgt auch die Erinnerung an Sünde und Schuld. Nichts bleibt zurück. Der Psalm 32 bestätigt, dass wir ausgeglichen und glücklich werden, wenn wir unsere Sünden bekennen und Vergebung erlangen. Die ersten beiden Verse machen den Zusammenhang deutlich: „Glücklich ist der, dessen Übertretung vergeben, dessen Sünde zugedeckt ist. Glückselig ist der Mensch, dem der Herr die Ungerechtigkeit nicht zurechnet und in dessen Herz es keine Falschheit gibt. Als ich es verschweigen wollte, verzehrten sich meine Gebeine durch mein andauerndes Stöhnen." Die Organe reagierten. Der Leib wird in Mitleidenschaft gezogen. „Die Gebeine" schmerzen und plagen den Menschen. Schuldgefühle stören den Organismus und bereiten uns ein gesamtheitliches Unwohl-Sein.

Fragen zur Selbstprüfung

- Gibt es Probleme, die Ihnen den Atem rauben?
- Können Sie sich Wut, Ärger und Aggressionen eingestehen oder reagieren Sie die Gefühle über den Körper ab?
- Gibt es Bereiche, in denen Sie stärker nehmen statt geben wollen?
- Erleben Sie Auseinandersetzungen mit Vorgesetzten oder Familienangehörigen, bei denen Ihr Machtanspruch in Frage gestellt wird?
- Wovor verschließen Sie sich?
- Was lassen Sie nicht an sich heran?
- Welche Redewendungen, die sich auf Ihr Atmungssystem beziehen, lieben Sie besonders?
- Welche Umstände engen Sie in Ihren Entfaltungsmöglichkeiten ein?

- Sind Sie bereit, an einem oder mehreren Punkten, die Sie deutlich identifiziert haben, zu arbeiten?

Fragen an Eltern von Asthma-Kindern

Zu betrachten sind hier problematische Verhaltensweisen, die Angst und Befürchtungen wecken, die Leistungsfähigkeit des Kindes schmälern und damit der Gesundung entgegenwirken:

- Fragen Sie Ihr Kind täglich nach seinem Befinden?
- Kontrollieren Sie seine Atmung?
- Warnen Sie Ihr Kind vor körperlichen Anstrengungen?
- Führen Sie in anfallsfreien Zeiten überflüssige Maßnahmen durch? (Einreiben mit Menthol, Trinken von Asthma-Tees etc.)
- Achten Sie bei Ihrem Asthma-Kind besonders auf warme Kleidung, und verwöhnen Sie es?
- Nehmen Sie Ihrem Kind Dinge ab, die es eigentlich selbst erledigen kann?
- Engen Sie den Bewegungsraum des Kindes ein, um es zu schützen und vor Asthma zu bewahren?
- Sprechen Sie häufig *für* das Kind Befürchtungen und Ängste aus, die das Kind womöglich haben *könnte*?
- Kann es sein, dass Sie Ihr Kind überfordern?
- Zieht Ihr Kind Vorteile aus seinem Kranksein?
- Lehnt sich Ihr Kind stark an Erwachsene an?
- Können Sie Ihr krankes Kind als Heranwachsenden loslassen?
- Bekommt Ihr Kind in der Krankheitsphase besondere Zuwendungen, welcher Art auch immer?

VIII. Die Persönlichkeit des Herzinfarktgefährdeten

Der Volksmund spricht von „Managerkrankheiten“, wenn von Herzinfarkt und Kreislaufkrankheiten die Rede ist. Der Herzinfarkt ist immer noch die häufigste Todesart der westlichen Welt. Er bedroht aber nicht nur Manager, die unter großem Zeit- und Erfolgsdruck arbeiten. Wenn Männer *und* Frauen wetteifern, karrierebewusst leben, andere überflügeln wollen und das Höchstmögliche anstreben, reagieren sie in der Regel mit Herzbeschwerden. Inzwischen sind die maßgeblichen Risikofaktoren genau analysiert worden. Je mehr Risikofaktoren ein Mensch in sich vereinigt, desto größer ist die Wahrscheinlichkeit, dass er einem Infarkt erliegt.

Risikofaktoren

a) Üppige Ernährung
Wer viel tierische Fette, also eine cholesterinreiche Nahrung, und gesättigte Fettsäuren zu sich nimmt, erhöht sein Infarkt-Risiko enorm. Es ist interessant, dass in Kriegs- und Notzeiten Herzinfarkte und Herzgefäßerkrankungen rapide abnehmen.

b) Erhöhter Blutfettspiegel
Der erhöhte Blutfettspiegel kann durch üppige Nahrung hervorgerufen werden. Es gibt allerdings auch *vererbte* Fett-

stoffwechselstörungen. Die unterschiedlichen Typen der Fettstoffwechselstörung bedürfen einer besonderen Behandlung.

c) Erhöhter Blutdruck

Die Hypertonie, der erhöhte Blutdruck, verschlimmert die Arteriosklerose der Herzkranzgefäße. Je höher der Blutdruck, desto höher das Risiko. Allein in der Bundesrepublik rechnet man mit sechs Millionen Hypertonikern. Ist der Blutdruck sehr hoch, muss das Herz bis zu 50 Prozent mehr leisten als bei normalem Blutdruck. Die Hypertonie gehört mit zu den psychosomatischen Krankheiten, die durch einen bestimmten Lebensstil verursacht werden.

d) Übermäßiger Tabakgenuss

Viele Untersuchungen zeigen unmissverständlich, dass zwischen Rauchen und Herz-Kreislauf-Krankheiten ein enger Zusammenhang besteht. „In den jüngeren und mittleren Altersgruppen zwischen 35 und 54 Jahren übersteigt die Sterberate von starken Rauchern die der Nichtraucher um das Zwei- bis Dreifache. Für einen 30-jährigen Raucher mit einem durchschnittlichen Tageskonsum von ein bis zwei Päckchen Zigaretten liegt die Lebenserwartung um durchschnittlich sechs Jahre unter der eines Nichtrauchers."[1]

Mehr als 20 Zigaretten pro Tag erhöhen die Gefahr des Herzinfarktes auf das Sechsfache im Vergleich zum Nichtraucher. Treffen hoher Blutdruck, erhöhter Blutfettgehalt und das Rauchen zusammen, steigt das Infarktrisiko auf das Zehnfache. Der Herzspezialist Dr. L. Kruitoff schreibt: „Bei weiterer Auswertung fand sich, dass in der Altersgruppe zwischen 50 und 75 diese Todesursachen (Herzkranzgefäße) unter den Rauchern 95 Prozent höher waren als bei Nichtrauchern."[2]

e) Zuckerkrankheit

Der Diabetes mellitus, die Zuckerkrankheit, lässt arteriosklerotische Durchblutungsstörungen vermehrt und schneller entstehen und führt also auch zu Durchblutungsstörungen in den Koronargefäßen.

f) Erhöhter Harnsäurespiegel

Ein erhöhter Harnsäurespiegel führt häufig zu Koronarerkrankungen. Durch Diät und Medikamente lässt sich der Harnsäurespiegel normalisieren.

g) Übergewicht

Übergewicht ist ebenfalls ein bedeutender Risikofaktor für Herzinfarkt. Es werden zwar heute genauso viele Nahrungsmittel gegessen wie vor 50 Jahren, aber wir verbrennen aufgrund geringerer körperlicher Arbeit davon weniger als früher. Sie werden in Form von Fett abgelagert und schädigen das Herz. Das Idealgewicht, das weitgehend unserer Lebensform entspricht, wird heute folgendermaßen errechnet:

$$\frac{\text{Größe in cm x mittlerem Brustumfang}}{240}$$

Nehmen wir an, eine Person sei 171 cm groß und der mittlere Brustumfang (Mittelwert zwischen tiefster Ein- und Ausatmung) ist 96 cm, so ergibt die Rechnung 171 x 96 : 240 = 68,3 kg. Zweifellos ist für viele Menschen die Esslust auch psychogener Natur.

h) Sitzende Lebensweise

Die sitzende Lebensweise, ohne regelmäßige sportliche Betätigung, fördert eindeutig die Neigung zum Herzinfarkt. Gelegentliche schwere körperliche Arbeit hält gesund. Die Herzkranzgefäße bleiben elastisch und funktionstüchtig.

Ein Beispiel aus dem Tierreich bietet dafür einen guten Beleg: In den nördlichen Regionen, in der Nähe des Polarkreises, leben Hunde einer bestimmten Rasse, die normalerweise als Zugtiere für Schlitten benutzt werden und schwere Arbeit leisten müssen. Das Leben dieser Hunde verkürzt sich auf die Hälfte, wenn man sie nicht arbeiten lässt.

Viele Sportler werden oft von Herzbeschwerden befallen, wenn sie mit dem Sport aufhören. In diesen Zusammenhang gehört, dass schädliche Stoffwechselprodukte, die durch geistige Arbeit, Ärger und Aufregung entstehen, am schnellsten und wirkungsvollsten durch körperliche Anstrengung ausgeschieden werden.

i) Stress

Für die Entstehung von Infarkten spielt der Stress eine große Rolle.

Hoffmann und Hochapfel gehen in ihrem Fachbuch davon aus:

„Stress ist der komplexe Versuch des Organismus, nach einer Stress auslösenden Belastung das biologische Gleichgewicht (Homöostase) wiederherzustellen. (...) Für eine fruchtbare Verwendung in der psychosomatischen Medizin muss das biologische Stresskonzept in *psychosozialer Hinsicht* ergänzt werden:

- *am wichtigsten*: Nicht nur die physischen Stressoren (z. B. eine Verbrennung), sondern auch die psychosozialen machen krank – und das ziemlich nachhaltig.
- fast genauso wichtig: Stress und Stressstärke haben eine hoch *subjektive Dimension.* Relevant ist immer das, was das Individuum subjektiv als Stress erlebt.
- Stress kann von außen, aber *auch von innen kommen* (chronische negative Affekte, Ambivalenzen, Skrupel, Selbstvorwürfe, Konflikte u. a.)
- Berufliche Stressoren sind in der Regel objektiv weniger

stresshaft als *Spannungen in Partnerschaft und Familie*, die eher verschwiegen werden.

- Die *schwersten biografischen Stresserlebnisse* in Kindheit und Jugend mit nachhaltigsten Folgen für die spätere körperliche und seelische Gesundheit sind:
  - emotionale Vernachlässigung,
  - aggressive Misshandlung,
  - sexueller Missbrauch.“[3]

Stress ist eine der Hauptursachen des Infarktes. Kummer und Kränkungen, seelische Verletzungen und Beziehungsstörungen im engsten familiären Bereich steigern die Entstehung des Infarktes.

Während früher die koronare Herzerkrankung wie Angina pectoris und der Herzinfarkt eher in den oberen sozialen Schichten zu finden waren – darum sprach man gern von „Managerkrankheiten“ –, findet man sie heute in allen Schichten. Typische Symptome sind und bleiben:

- Erfolgs- und Leistungsdruck,
- hohe Ziele,
- starkes Bedürfnis nach Anerkennung,
- rücksichtsloses Konkurrenzverhalten,
- vermehrte Aggressivität,
- starke motorische Bedürfnisse,
- Hetze und Zeitdruck,
- ständige Ungeduld.

j) Das Alter

Es besteht kein Zweifel, dass bestimmte Altersgruppen für den Herzinfarkt besonders prädestiniert sind. Etwa ab dem 50. Lebensjahr steigt die Todesziffer rapide an. Eine Untersuchung aus Amerika verdeutlicht, dass fast 60 Prozent aller Verstorbenen Opfer von Herz- und Kreislaufkrankheiten wurden. In Österreich und in der Bundesrepublik Deutschland ist die Todesrate von Herz- und Kreislauferkrankten fast doppelt so hoch wie die Rate der Krebstoten. Nach dem 45. Lebensjahr weisen alle Menschen geringere oder erheblichere arteriosklerotische Veränderungen an den Herzkranzgefäßen auf. Aber wir wissen, dass Arteriosklerose allein keineswegs zu Herzschmerzen führt.

Lebensstil und Organwahl

Einige Psychosomatiker haben nachgewiesen, dass gewisse unbewusste, chronische Verhaltensweisen und Gefühlseinstellungen, chronische Emotionen und Lebensstilhaltungen für bestimmte Organerkrankungen mit verantwortlich sind. Die Professoren Hoff und Ringel beschreiben das so: „Man hat in der psychosomatischen Pathogenese (also in der Krankheitsentstehung der seelisch bedingten Körperstörung) nach *chronischen unbewussten Emotionen* zu forschen. Aus dem Gesagten ergibt sich zwangsläufig, dass sich der eigentliche Begriff der modernen Psychosomatik erst dort erschließt, wo die tiefenpsychologischen Erkenntnisse in die Lehre vom Zusammenspiel von Seele und Körper Berücksichtigung erfahren.“[4]

Bestimmte Organerkrankungen setzen also einen *Lebensstil* voraus, der sich von Kindheit an einschleift. Was verstehen wir unter einem Lebensstil?

Der Lebensstil ist nach Alfred Adler

- die für diesen Menschen charakteristische Haltung zum Leben,
- der Rhythmus seiner persönlichen Gangart,
- die Summe der Verhaltens- und Reaktionsmuster im Denken, Handeln und Wollen,

- die persönliche Note, wie er Schwierigkeiten bewältigt und Erlebnisse verarbeitet,
- die Art und Weise, wie er zupackt, etwas wagt, resigniert, flieht oder angreift, wie er aus Erfahrungen Kapital schlägt und Wasser auf seine Mühlen leitet,
- das individuelle Verhaltensmodell, das zeigt, welche Meinung er über sich selbst hat, über die Welt, das Leben und über Gott,
- das individuelle Bewegungsgesetz, das unbewusste Ziele ansteuert und nach seiner privaten Logik Entscheidungen trifft.

Bestimmte Konflikte sind an bestimmte Verhaltensmuster gebunden. Wenn wir also berufliche, familiäre oder andere Überlastungen beim Herz-Kreislauf-Kranken finden, dann sollten wir keineswegs nach den „Ursachen“ forschen, sondern uns seinen Lebensstil genau ansehen, sein individuelles Lebensgesetz erforschen.

Nicht die Belastung macht den Manager krank, sondern der *Lebensstil, der von der Persönlichkeit schon als Kind eintrainiert worden ist.* Hat sich jahrelang, oft jahrzehntelang, ein psychosomatisches Reaktions- und Verhaltensmuster in der Persönlichkeit fest verwurzelt, das negativ das Herz- und Kreislaufsystem belastet, muss der Mensch mit bestimmten Krankheiten rechnen.

Ringel und Hoff schreiben über die Zusammenhänge: „Bei zahlreichen psychosomatischen Erkrankungen, zum Beispiel beim Ulkus (Geschwür), bei der Managerkrankheit, bei der Hypertonie (Bluthochdruck) ist uns (und anderen) an den Patienten ein Lebensstil aufgefallen, der immer wieder ein bestimmtes Organ (bzw. Organsystem), und zwar etwa das, welches dann schließlich erkrankt, unter den chronischen Druck schwerer äußerer Belastung setzt. Wir zweifeln keinen Moment daran, dass in all diesen Fällen der Lebensstil ein wesentlicher Faktor bei der Organwahl gewesen ist."[5]

Sofort erhebt sich die Frage: Ist der Lebensstil dem Menschen *von außen* aufgedrängt worden oder ist er eine Schöpfung des Menschen und entspricht damit der schöpferischen Aktivität der Persönlichkeit? Viele Menschen neigen dazu, für ihren Lebensstil andere Faktoren verantwortlich zu machen:

- die Zeitumstände,
- die fortschreitende Technik und Zivilisation,
- die Überarbeitung,
- die Hektik unserer Zeit,
- die falsche Ernährung,
- die Vermassung unserer Gesellschaft,
- die Mechanisierung und Automation,
- die Reizüberflutung.

Diese Erklärungen kommen vielen Menschen entgegen. Sie haben damit die Möglichkeit,
- sich von jeder Mitschuld freizusprechen,
- die Verantwortung den Umständen, dem Schicksal, der Gesellschaft und damit den anderen zuzuschieben,
- sich als *Opfer* der Zeit zu verstehen und aus gewissen Erkrankungen, die eintreten, auch noch Kapital zu schlagen,
- sich der lästigen Verpflichtung zu entziehen, sich selbst zu erforschen, den eigenen Lebensstil kritisch zu betrachten und – unter Umständen – schmerzhafte Änderungen des Lebensstils vorzunehmen.

Unmissverständlich muss dabei gesagt werden, dass der gesunde Mensch durchaus in der Lage ist, seine Lebensumstände zu ändern, seine Arbeits- und Essgewohnheiten umzustellen und notfalls seinen Arbeitsrhythmus anders und besser einzuteilen.

Die Verkalkung von Herzkranzgefäßen

Prof. Grönemeyer, Ordinarius für Radiologie und Mikrotherapie an der Universität Witten/Herdecke legt auf Vorsorge bei Herzpatienten großen Wert. Er schreibt:

„Vorbeugen ist besser als therapieren. Diese alte Weisheit gilt auch heute ohne jede Einschränkung. (...) Rechtzeitiges Erkennen von krankhaften Veränderungen steigert die Behandlungschancen, auch im Sinne einer Vorsorgetherapie. Ich möchte die Bedeutung der Prävention am Beispiel der Verkalkung von Herzkranzgefäßen erläutern. Die arteriosklerotischen Veränderungen, also die Verkalkung der menschlichen Arterien, sind nicht nur für den Herzinfarkt verantwortlich, sondern heute noch die häufigste Todesursache in Deutschland. Diese Verkalkungen führen auch in hohem Maße zu Erkrankungen anderer Gefäßregionen. Die kardiologische Gesellschaft der USA bezeichnete aus diesem Grund die Früherkennung der arteriosklerotischen Veränderungen als die ‚größte Herausforderung' der nächsten Jahre."[6]

Welche technischen Hilfen stehen dafür zur Verfügung:
- Die Elektronenstrahltomographie,
- der Ultrafast CT,
- der Mehrzeilen CT,
- der Kernspintograph.

Weil die Prävention in Deutschland zu kurz kommt, „betragen die Auswirkungen der Volkskrankheiten für die industrielle Produktion in unserem Land Verluste von 44 Milliarden Euro im Jahre 2002."[7]

In der Tat, vorbeugen ist besser als therapieren.

Lebensstil und Managerkrankheit

Der Zusammenhang zwischen Lebensstil und Managerkrankheit ist nun dargestellt worden. Da sich aber der Lebensstil schon in den ersten Lebensjahren einschleift, müssen wir die Entwicklungsgeschichte eines Managerkranken unter die Lupe nehmen. Welche Verhaltensweisen und Reaktionsmuster fallen schon früh auf?

- Es sind Kinder, die oft schwere Enttäuschungen hinter sich haben und durch besondere Leistungen die Aufmerksamkeit und Liebe der Eltern erlangen wollen.
- Es sind Kinder, die fest davon überzeugt sind, dass sie so, wie sie sich geben und wie sie leben, nicht gut genug sind und nur durch besondere Leistungen Liebe und Zuneigung erhalten können.
- Es sind Kinder, die kein Gefühl der Sicherheit und Geborgenheit erfahren haben, das zu einer gesunden Persönlichkeitsentwicklung notwendig ist.
- Es sind Kinder, die oftmals von den Eltern oder Erziehern kritisiert oder auf tüchtigere Geschwister als Vorbilder hingewiesen wurden.
- Es sind Kinder, denen sich ein tiefes Gefühl des Unbefriedigtseins eingeprägt hat und die sich daraufhin bemühten, schneller zu laufen, tüchtiger zu erscheinen und durch Übersoll zu glänzen.
- Es sind Kinder, die nicht an die Liebe glauben (weil sie sie nicht erhalten haben), sondern nur noch an Erfolg und Geld, sie jagen ihnen wie ein Rennhund nach, finden aber niemals Befriedigung und Erfüllung.
- Es sind Kinder, die unruhig von Ziel zu Ziel hasten, von Erfolg zu Erfolg, immer fürchtend, dass ihre Leistungen nicht genügen.
- Es sind Kinder, die immer bestrebt sind, eine neue Welt

zu erobern; aber wenn sie sie erobert haben, können sie keine rechte Befriedigung über das Erreichte finden.

- Es sind Kinder, die sich zu rastloser Tätigkeit anspornen, die sich überfordern, sich mit Aufputschmitteln antreiben und die Angst vor dem Versagen programmieren.
- Es sind Kinder, die durch herausragende Leistungen zu Einzelgängern werden, die einsam und von Neidern umgeben sind, dadurch wiederum erbittert werden und das durch erhöhte Leistungen auszugleichen versuchen.
- Es sind Kinder, die ihren Körper und verschiedene Organe (das Gefäßsystem) überlasten und alle Warnsignale, die sich in somatischen Symptomen zeigen, ignorieren.

Seelsorge an Managerkranken

Hat sich über Jahre – oft über Jahrzehnte – dieses psychosomatische Reaktions- und Verhaltensmuster in der Persönlichkeit eingenistet, muss von einer Art bedingtem Reflex gesprochen werden. Solche Lebensstil-Eigenarten lassen sich nicht von heute auf morgen korrigieren. Sie sind fest im Charakter verwurzelt. Für die Seelsorge könnte das bedeuten:

a) Verantwortliches Leben erfordert Life-Management
Mit Life-Management kennzeichnen die Amerikaner die gut durchdachte Planung des eigenen Lebens. Und nur der ist ein guter Manager, der auch seine Gesundheit und sein eigenes Leben managt. *Ein Manager, der an einem Infarkt erkrankt, ist oft kein guter Manager.* Seine Ziele sind egozentrisch, seine Lebensweise ist lebensfeindlich. Geld, Erfolg und Ehre werden zu Göttern. Sein Leib ist kein Tempel Gottes, sondern die Hülle für eine selbstherrliche Computer-

anlage. Für den rastlos Tätigen, den Gehetzten und Überehrgeizigen trägt in erster Linie das Herz die Last.

Der Herzinfarkt lässt sich aber verhindern. Er ist nur selten ein unvermeidbares Schicksal. Immer gehören eine Reihe Faktoren dazu, die die Katastrophe heraufbeschwören können. Es liegt an unserer Verantwortung. Wir können frei entscheiden und mit unserem Willen dafür sorgen, dass nicht mehrere Faktoren gleichzeitig bejaht werden, die unser Herz schädigen. Der zeitliche Aufwand, um das eigene Verhalten zu ändern, ist meistens gering.

Die Bibel zeigt, wie es mit unserem Leib bestellt ist: „Oder wisset ihr nicht, dass euer Leib ein Tempel des Heiligen Geistes in euch ist, den ihr von Gott habt, und dass ihr nicht euch selbst gehört?“ (1. Korinther 6,19). Unser Leib ist ein Tempel des Heiligen Geistes. Ein Tempel will wie ein Tempel behandelt werden und nicht wie eine nüchterne Fabrikhalle.

Auch Christen können diesen Leib schonungslos zugrunde richten. Auch Christen können mit ihrem Leib und ihrer Gesundheit Schindluder treiben. Wenn Karriere, Erfolg und berufliche Höchstleistungen die eingestandenen oder uneingestandenen Lebensziele sind, zahlen Herz und Kreislauf den Preis. Und der ist hoch.

b) Der Manager rationalisiert

Der Seelsorger glaubt, dass er den Managerkranken wie einen Gesunden auf seine Krankheit ansprechen könne, weil er es mit einem gebildeten und überdurchschnittlich intelligenten Menschen zu tun habe. Das ist ein Irrtum. Der individuelle Lebensstil des Managers ist sein Instrument zur Welt- und Lebensbewältigung. Es *ist* ein fehlerhaftes und chronifiziertes Verhalten.

Die private Logik, wie Alfred Adler das irrtümliche Verhalten des Menschen nennt, lässt ihm seine Lebensweise als richtig erscheinen. Die private Logik stabilisiert das Selbstwertgefühl. Der Mensch kann vor sich und anderen bestehen. Er schummelt in die eigene Tasche und ist einigermaßen mit sich zufrieden.

In diesem Sinne hat die private Logik auch eine Selbstschutzfunktion. Der Mensch glaubt, so handeln zu müssen. Seine Sicht erscheint ihm als die einzig mögliche. In der übrigen Tiefenpsychologie wird dieses Verhalten als *Rationalisierung* beschrieben. Damit ist gemeint, *eine gelebte Einstellung zu rechtfertigen.* Im Brustton tiefster Überzeugung werden Gründe vorgebracht, die aber der Selbsttäuschung entspringen.

Paulus traf die Korinther damals an einer empfindlichen Stelle. Christen gehören – ihren Leib eingeschlossen – nicht sich selbst, sondern Gott. Der Christ steht einerseits in der herrlichen Freiheit der Kinder Gottes, andererseits steht er mit Leib, Seele und Geist unter dem Herrschaftsanspruch des lebendigen Gottes. Wir haben darauf bereits hingewiesen. Gerade der Ehrgeizige, der Erfolgstyp, der Mensch, der andere überflügeln will und muss, kann uneingestanden zum Tempelschänder und Leibverderber werden. Gerade seine Moralität auf sexuellem Gebiet, sein Ehrgeiz, „sauberer" als andere zu sein, kann ihn blind machen für die Entheiligung seines Leibes. Es ist auch Aufgabe der beratenden Seelsorge, diese „Sünde wider den Leib" mit dem Ratsuchenden aufzuarbeiten.

c) Allgemeine Ratschläge sind in der Regel wirkungslos

Menschen aus der Umgebung des Managerkranken versuchen, durch gut gemeinte Ratschläge dessen überhöhte Aktivität zu bremsen. Der Seelsorger gibt ähnliche Ratschläge, die er geistlich zu untermauern versucht. Er sagt vielleicht:

- „So dürfen Sie nicht weitermachen. Sie merken ja selbst, Ihr Herz spielt nicht mehr mit."
- „Herr X, Sie müssen sich mehr schonen, Sie schlafen zu wenig, die Mahlzeiten nehmen Sie zu hastig ein. Auch für Christen gilt: Der Leib ist ein Tempel des Heiligen Geistes, für den wir verantwortlich sind."
- „Können Sie nicht größere Pausen einlegen? Am Wochenende beispielsweise fahren Sie mit Frau und Kindern irgendwohin. Schalten Sie ab! Für Jesus und seine Jünger war es eine Selbstverständlichkeit, auszuruhen. Im Tagesablauf Jesu fallen immer wieder die Ruhe-, Erholungs- und Gebetszeiten auf."

Solche allgemeinen Regeln – zu ruhen, sich zu schonen, Maß zu halten, Pausen einzulegen, langsamer zu arbeiten, in christlicher Verantwortung auch an den Leib zu denken – sind allesamt richtig. Angehörige und Seelsorger übersehen aber, dass der Kranke in der Regel seit Jahrzehnten eine psychodynamische Struktur eintrainiert hat, die er nicht von heute auf morgen ablegen kann, die ihn auch bis zu einem gewissen Grade zwingt, den eingeschlagenen Stil beizubehalten.

d) Die Aggression gegen Ärzte wird gefördert

Ein kurzatmiger Appell an das Gewissen des Kranken hat oft eine gegenteilige Wirkung. Das Rationalisieren macht alle vernünftigen Argumente seiner Umgebung bzw. seines Seelsorgers zunichte und mobilisiert auch noch Aggressionen gegen Ärzte im Allgemeinen: „Die haben alle gut reden. Sie verstehen nichts von den wirtschaftlichen Zusammenhängen. Sie haben keine Ahnung von den Zwängen, die das kapitalistische Wirtschaftssystem mit sich bringt. Sie mischen sich in berufliche Probleme ein, von denen sie nichts verstehen. Sie argumentieren vom grünen Tisch aus."

Appelle erlebt der Ratsuchende als Forderungen, als Druck. Er weicht aus und versucht, seinen bisherigen Lebensstil aufrechtzuerhalten. Der Personalchef eines großen Werkes suchte wegen seiner Herzbeschwerden einen Arzt auf, der ihn in der kurzen Behandlungszeit direkt und deutlich auf seine falsche Lebensführung ansprach. Der Mann sagte mir in der Beratung: „Was bildet der Mann sich eigentlich ein? Ich muss mich von dem wie ein Schuljunge belehren lassen, was ich zu tun und zu lassen habe. Diese Medizinmänner bilden sich tatsächlich ein, sie wären Halbgötter!"

Der Kranke *benutzt* die Aggression gegen den Arzt und gegen andere, um sein Lebensstil-Fehlverhalten zu sichern. Die Aggression ist keine gestaute Wut, keine Frustration, die er abreagieren *muss*. Die Aggression wird zum Werkzeug, um sein neurotisches Arrangement zu verteidigen. Er glaubt daran, er glaubt, nur auf diese Weise erfolgreich leben zu können. Wenn dem Managerkranken vom Seelsorger ein Arzt „anempfohlen" wird, so in erster Linie ein Arzt, der sich in psychosomatischen Krankheitsbildern auskennt. Der Psychiater ist dem Managerkranken erfahrungsgemäß suspekt. Er will *organisch* behandelt werden und nicht psychisch.

e) Widerstand gegen Psychotherapie und beratende Seelsorge

Treten schwere Herz- und Kreislauferkrankungen auf, ist der Patient nur an einer Somatotherapie (körperliche Heilbehandlung) interessiert. Er wünscht Bäder, Medikamente und Kuren und will von einer Mitverursachung durch psychogene Faktoren nichts oder wenig wissen. Hoff und Ringel schreiben: „Diese Frage kann nicht mit einem kategorischen ‚Entweder-Oder' abgetan werden; hier muss es immer heißen: ‚Sowohl-als-auch'. Keine echte psychosomatische Erkrankung ist nur vom Somatischen her heilbar. (...) Die Erfahrung lehrt aber, dass infolge Beibehaltung der psychischen Fehlhaltung dann die Rezidivgefahr (Rückfallgefahr) zu unerhört groß ist, somit also keine echte Heilung vorliegt."[8]

Der Kranke will unter allen Umständen seine persönliche Verantwortung ausgeklammert wissen. Von daher ist der Widerstand gegen Psychotherapie und beratende Seelsorge – besonders auch bei Christen – groß. Der Kranke weist auf seinen Organbefund hin und nimmt Infektionen, Vergiftungen, Entzündungen und Fremdeinflüsse gern als Schicksalsschläge hin. Solche Verhängnisse trägt er ergeben. Denn sie sind *über ihn hereingebrochen*. Er fühlt sich ohnmächtig solchen Fremdeinwirkungen ausgeliefert. Selbst wenn er sich auf eine beratende Seelsorge einlässt, ist sein Widerstand enorm groß. Die Seelsorge will er zwar nicht verhindern, er kann sie aber nur sehr schwer bejahen. Im seelsorgerlichen Gespräch liegt er auf der Lauer, um Gegensätze zwischen Somatotherapie und Psychotherapie herauszuarbeiten; er entdeckt Missverständnisse, hält sich an ihnen fest und spielt nicht selten Ärzte und Seelsorger gegeneinander aus. Es scheint daher sehr wichtig zu sein, dass sich Ärzte und Seelsorger absprechen, um eine gemeinsame Basis für die Heilung des Kranken zu schaffen.

Schwierig wird die seelsorgerliche Beratung, wenn Ärzte den psychogenen Anteil verneinen oder belächeln. Viele Kranke werden auch durch Ärzte auf ihre organische Krankheit fixiert. Sie entwickeln ständig Beschwerden und veranlassen den Arzt, viele komplizierte Untersuchungen durchzuführen. Diese Fixierung auf den organischen Anteil erschwert die seelsorgerliche und psychotherapeutische Behandlung.

f) Verstärkte Schuldgefühle

Appelle und Vorhaltungen, sich zu schonen und Ruhe zu gönnen, erhöhen die *Schuldgefühle.* Schuldgefühle haben aber – tiefenpsychologisch gesehen – eine bestimmte Funktion, die der Seelsorger kennen sollte. Schuldgefühle sind gute Absichten, Schuldgefühle sind Vorsätze. Sie können als Ausweichmöglichkeit dienen. Sie stellen oft eine Ausrede dar. „Der Weg zur Hölle ist mit guten Vorsätzen gepflastert": Das Sprichwort kennzeichnet treffend die verlogene Haltung, die sich hinter Schuldgefühlen verbergen kann. Mit Schuldgefühlen will sich der Mensch entlasten. Er *produziert* sie und hat so ein Alibi, um alles beim Alten zu belassen.

Alfred Adler beurteilt die Produktion von Schuldgefühlen äußerst negativ, wenn er schreibt: „Diese guten Vorsätze, die als Schuldgefühle erscheinen mögen, sind absolut tot. Sie bedeuten gar nichts für das Leben des Patienten. Es bedeutet auch nichts, wenn er seine Schuldgefühle in die Auslage stellt, in dem sicheren Bewusstsein, durch das Bekenntnis seiner Schuld edler, vornehmer und frommer zu erscheinen als alle Übrigen. Dass sich hinter diesen beklagten Nichtigkeiten nichts ‚Tieferes' verbirgt, geht wohl daraus hervor, dass es bei der Äußerung des Schuldgefühles bleibt, ohne dass je ‚tätige Reue' geübt wird."[9]

Mit übergroßen Schuldgefühlen tritt der Ratsuchende auf der Stelle. Er kreist um sich. Es ändert sich nichts. Passive Reue nützt nichts.

Tätige Reue hingegen lässt die Schuldgefühle hinter sich. Tätige Reue macht sich auf den Weg, chronifizierte Lebensstilhaltungen zu ändern. Dann wird Heilung möglich.

IX. Die Persönlichkeit des Magenkranken

Es gibt in der Tat Persönlichkeiten, die zu Geschwüren neigen. Auch Magen- und Zwölffingerdarmgeschwüre sind typische psychosomatische Erkrankungen.

„Diese ständigen Belastungen sind mir auf den Magen geschlagen", sagt der Ratsuchende. Wir alle kennen den Ausspruch: „Den hab ich gefressen." Wenn er gekonnt hätte! Aber er hat nicht. Also frisst er die Demütigungen in sich hinein – und der Magensaft frisst sie auf. Geschädigt wird damit die Magenschleimhaut. Ein Ratsuchender sagte mir einmal: „Ich kann machen, was ich will, ich kann mich anstrengen, so viel ich will, meine Chefs erkennen das nicht an. Meine Leistungen taugen in ihren Augen nichts. Das frisst mich auf."

Der Pantoffelheld – ein Fallbeispiel

Herr M. kommt in die Beratung, weil er Schwierigkeiten mit seiner Frau hat. Er sei ein Pantoffelheld und litte immer mehr unter diesem Zustand. Er versuche, sich durchzusetzen, stecke aber bei leichtem Widerstand schon zurück. Am liebsten würde er hier und da auf den Tisch hauen, das sei ihm aber ein Gräuel. Er hasse das Laute, das Aggressive, das Herrische. Seine Frau habe eine ziemlich lose Zunge, er wiederum neige dazu, alles herunterzuschlucken und sich zu ducken.

Im ersten Gespräch kommen wir auf seine körperliche Verfassung zu sprechen. „Bis auf den Magen geht es mir einigermaßen. Ich kann alles ertragen, nur keinen Ärger." Am Magen hat er seine Achillesferse. Der Magen ist das Organ, das Belastungen und Ärger *verdauen* muss. Vater und Mutter waren sehr religiöse Menschen. Sie lebten asketisch, sparsam und karg. Sie waren stolz auf ihre Einfachheit und Bescheidenheit. Der Vater war Beamter, sehr fleißig, bieder und rechtschaffen. „Er erlaubte sich in 20 Jahren drei ganze Anzüge. Und die sehen heute noch wie neu aus", erzählt Herr M. von seinem Vater.

Lust und Lebensgenuss wurden zu Hause klein geschrieben. Freude und Ausgelassenheit waren Seltenheiten. Gehorsam, Fleiß, Sparsamkeit, Bescheidenheit, Einfachheit, Verzicht und Opferbereitschaft – so lauten die Vokabeln, die das Leben des jungen Herrn M. prägten.

Herr M. kann auch nichts *genießen*. Die Flasche Wein, die er mit seiner Frau trinkt, ist viel zu teuer, der Kaffee schädlich, der neue Anzug Luxus, die Blumen überflüssig, bestimmte Schallplatten zu aufregend, Teppiche zu aufwändig und Kerzen – außerhalb der Weihnachtszeit – zu anspruchsvoll.

Herr M. berichtet eingehend von den Tugenden der Eltern und von seinen Tugenden. Er schildert ausführlich, dass er immer zurückstecken, Wünsche unterdrücken und Bedürfnisse einschränken musste.

Diese ihm aufgezwungene und sich selbst auferlegte Bescheidenheit und Selbstbeschränkung führen allmählich zu starken Magenbeschwerden. Das Eltern-Ich schreibt ihm vor, was er zu tun und vor allem zu lassen hat. Auf der ganzen Linie erlebt er Behinderungen und Frustrationen.

Was spiegelt Herr M. wider?

- Er kann sich *nicht durchsetzen*, weil er es nicht gelernt hat. Er schluckt allen Kummer herunter und mutet dem Magen mehr zu, als er verkraften kann.
- Er *hungert* auf vielen Gebieten und findet keine richtige Freude am Leben. Er kann das Leben nicht genießen und die Möglichkeiten, die es bietet, nicht nutzen.
- Er kann für seine Rechte und Bedürfnisse nicht *kämpfen*, er resigniert, weil schon in der Kindheit alle Wünsche beschnitten worden sind.
- Er lebt als Christ ein verkrampftes, eingeschränktes, reduziertes und *freudloses* Leben. Er kann zu sich, zu bestimmten Gefühlen und Bedürfnissen nicht Ja sagen. Ihm bleibt einzig, seine Bedürfnislosigkeit, seine Sparsamkeit, seine Nachgiebigkeit und Einfachheit zur Tugend zu stempeln und sich als Christ seiner Frau weit überlegen zu fühlen.
- Die partnerschaftliche Kommunikation zwischen den Ehepartnern ist gestört, die Frau muss sich durchsetzen und wird für ihren Mann zur Bedrohung.

Wenn es mit Hilfe beratender Seelsorge gelingt, das dynamische Verhältnis zwischen den Ehepartnern etwas mehr ins Gleichgewicht zu bringen, bessern sich die psychosomatischen Beschwerden des Herrn M. Es liegt keineswegs ein einseitiges Fehlverhalten vor. Der Mann hat *zu wenig*, die Frau *zu viel* Durchsetzungskraft. Alternative Verhaltensweisen einzutrainieren ist eine der Grundvoraussetzungen für eine Veränderung. Mit Herrn M. muss erarbeitet werden, dass falsche Anpassung mit Demut wenig zu tun hat. Es muss ihm bewusst werden, dass es keineswegs eine christliche Tugend ist, immer nachzugeben, zu schweigen und jeglichen Ärger feige herunterzuschlucken.

Der Lebensstil der Ulkus-Persönlichkeit (Ulkus = Geschwür)

Es handelt sich oft um eine Persönlichkeit,

- die enorme Anerkennung benötigt,
- die sich diese Anerkennung durch besondere Leistungen und Taten erkämpft,
- die aber zutiefst davon überzeugt ist, dass sie es nicht schafft, das hoch gesteckte Ziel nicht erreicht oder durchsetzt, und mit Ulkus-Krankheit *reagiert.*

Es handelt sich um Persönlichkeiten, die viel *hinunterschlucken* müssen: Sie fühlen sich getadelt, gedemütigt, gemaßregelt, beobachtet, kontrolliert, schlecht behandelt und unterdrückt. Weil sie sich nicht abzureagieren vermögen, kann sich der Ärger im Magen festfressen.

Auch das *Erbrechen* vieler Magenkranker ist kennzeichnend für einen bestimmten Lebensstil. Sie sind gezwungen bzw. fühlen sich gezwungen, alles zu schlucken. Sie haben keine Möglichkeit, sich verbal abzureagieren, und antworten mit Erbrechen. Erbrechen symbolisiert den Ekel vor dem Menschen, der sie ärgert und tyrannisiert. Die umgangssprachlich hingeworfene Bemerkung: „Das kotzt mich an!" drückt diesen Ekel treffend aus. Auch eine andere Formulierung trifft den Sachverhalt: „Wenn ich den sehe, kommt es mir hoch!"

Der Geschwürkranke kann auch seit seiner Geburt an einer *organischen Schwäche* leiden. Die physiologischen oder psychologischen Dispositionen dürfen nicht ausgeklammert werden. Für die psychologische Betrachtung ist wichtig, dass der Kranke solche Dispositionen in seinen Lebensstil einbaut. Hier tritt zutage, was die Tiefenpsychologie einen „sekundären Krankheitsgewinn" nennt.

Mit der beschriebenen Lebensstilhaltung ist weiterhin oft ein Nikotin- und Koffein-Missbrauch verbunden. Der Ehrgeiz, Gutes und Vollkommenes zu leisten, verleitet sie dazu, in starkem Maß Aufputschmittel einzunehmen. Die beratende Seelsorge kann unter Umständen herausarbeiten, dass der Magenkranke sein Leiden als Flucht in die Krankheit versteht. Dieser unbewusste Sinn und Zweck kann allerdings durch eine rein somatische Therapie, also durch einseitige medikamentöse Behandlung, völlig vertuscht werden. Den Magenkranken zeichnet ein großes Verantwortungsgefühl aus. Er muss eine Sache, einen Auftrag, das ganze Leben ernster sehen und nehmen als die anderen. Dadurch vergrößern sich die Anspannung und der seelische Druck.

Ein hohes Verantwortungsgefühl ist oft mit einem ausgeprägten Streben nach Sicherheit und Perfektion verknüpft. Wer verantwortlich handelt und perfekt ist, verschafft sich auf diese Weise die Anerkennung der Eltern und später seiner Umgebung.

Die Eltern solcher Perfektionisten haben in der Regel ihrerseits hohe Ansprüche gestellt. Die Kinder hatten es schwer, sich solchen Ansprüchen gewachsen zu fühlen. Das Kind ist sehr unsicher und kann diesem Gefühl am besten begegnen, indem es selbst geringe Ansprüche stellt und alle Gebote perfekt einhält.

Den späteren Magengeschwürkranken kennzeichnen schon von Kind an ein Verlangen nach Abhängigkeit und Betreuung. Seine übertriebenen Forderungen hängen oft mit mangelnder Liebe und Zuwendung zusammen.

Wie ist die Geschwürbildung zu erklären?

Die Symptome des Magenkranken sind mit dem Wunsch nach Nahrung und Geborgenheit gleichzusetzen. Das infantil gebliebene Streben nach Anerkennung und Liebe geht dementsprechend mit einer vermehrten Magensaftsekretion einher. Das heißt: Der Magen verhält sich wie kurz vor der Nahrungsaufnahme. Hält dieser „Hunger"-Zustand an, wird die Magenschleimhaut durch die Salzsäure des Magensaftes zerstört. Haben sich die Blutgefäße, die die Magenschleimhaut ernähren, verengt, bildet sich ein Geschwür.

Der Magenkranke hat somit:
- Hunger nach Liebe,
- Hunger nach Anerkennung,
- Hunger nach Bestätigung,
- Hunger nach Geborgenheit.

Wenn also ein Mensch über einen längeren Zeitraum hin bewusst oder unbewusst mit einer unbewältigten Spannung lebt, wird unter Umständen ein kleines Stück der Magenwand verdaut und eine offene Wunde bleibt zurück. Eine solche offene Wunde – sei sie am Bein, am Gaumen oder am Magen – bezeichnen wir als Geschwür.

Allerdings ist selten ein Faktor allein verantwortlich. Die seelischen Bedingungen sind selbstverständlich nicht die einzigen Auslöser für das Magengeschwür. Fachleute haben herausgefunden, dass seelische und körperliche Faktoren ineinander greifen, dass Krankheitsdispositionen und Krankheitsauslöser zusammen gesehen werden müssen. Auch die Organwahl ist nicht zufällig, sondern von verschiedenen Wechselwirkungen abhängig.

Magengeschwür oder: Ich habe mein Bestes getan

Der amerikanische Psychiater Eric Berne, Begründer der Transaktionsanalyse, schildert in seinem Buch „Spiele der Erwachsenen" ein Spiel, das von einem Magengeschwürkranken und seiner Ehefrau inszeniert wird. Unter „Spielen“ versteht Berne soziale Verbindungen bzw. „Transaktionen“, die von verborgenen Motiven beherrscht sind. Spiele sind negative menschliche Wechselbeziehungen, bei denen Bitten und Wünsche eines Partners unfair beantwortet werden. Der Partner reagiert auf die Bitten nachteilig, d. h., er *benutzt* die Gelegenheit, um dem anderen „eins auszuwischen“. Spiele sind also geschickte, hinterhältige und immer zielgerichtete Manöver, die tragisch enden können. Berne selbst bezeichnet den „Krieg“ als das erbarmungsloseste Spiel unter Eheleuten.

Das Magengeschwürspiel kann nach Berne in verschiedenen Graden gespielt und variiert werden. Das Spiel ersten Grades ist noch erträglich, denn der Mann erzählt seiner Frau und seinen Freunden, dass er ein Magengeschwür hat und noch fleißig weiterarbeitet. Die Freunde sind sehr angetan von der aufrechten Haltung des Mannes und bewundern ihn insgeheim, dass er unter Schmerzen seiner Arbeit nachgeht.

Was ist das Ziel des Mannes? Berne schreibt: „Ein Mensch, dessen Gesundheitszustand schlecht ist und der Schmerzen hat, ist wohl bis zu einem gewissen Grade dazu berechtigt, sich mit seiner Krankheit ein bisschen in Szene zu setzen; das ist nur eine dürftige Kompensation für sein Leiden. Man sollte anerkennen und ihn verdientermaßen dafür belohnen, dass er die Verantwortung für seinen Aufgabenbereich weiter auf sich lädt. Die freundliche Antwort auf ‚Ihr seht, ich gebe mir wirklich die größte Mühe‘ bedeutet in diesem Fall: Gewiss, wir alle sehen das und bewundern dich, weil du so tapfer und gewissenhaft bist.“[1]

Steht allerdings hinter der wechselseitigen Kommunikation mehr Dramatik, ist das Spiel ernster, sieht es nach Berne etwa so aus: Der Mann erfährt, dass er ein Magengeschwür hat, verbirgt die Krankheit aber vor seiner Frau und seinen Freunden. Er arbeitet mit unvermindertem Eifer und bricht eines Tages am Arbeitsplatz zusammen. Wenn die Frau die Nachricht erhält, weiß sie sofort, was ihr Mann ihr sagen will: „Du siehst, ich habe wirklich mein Äußerstes getan.“

Was ist das Ziel?

- Der Mann erwartet jetzt mit Nachdruck größere Zuwendung und Wertschätzung.
- Auch die Freunde werden der Frau unmissverständlich zu verstehen geben, dass sie sich mehr um ihn bemühen muss.
- Die Frau wird sich schämen, dass sie oft lieblos zu ihm war, dass sie ihn unterdrückt hat und ihm nicht die nötige Wertschätzung entgegenbrachte.
- Die Schuldgefühle der Frau werden dazu führen, dass sie sich in gewissen Ansätzen wieder ihrem Mann zuwendet, aber die – vielleicht schon jahrelange – negative Kommunikation macht es ihr schwer, ihre Liebe zu zeigen.

Hier handelt es sich um ein Spiel zweiten Grades, das schon als wesentlich ernster zu bezeichnen ist. Die Liebe der Frau ist auf ein Minimum reduziert. Der Mann benutzt seinen organischen Defekt, um die Liebe seiner Frau zu erringen und zu erzwingen. Berne schreibt dazu. „Im tiefsten Innern grollt sie ihm wahrscheinlich sogar, weil er in unfairer Weise Druck auf sie ausgeübt und weil er sich dadurch, dass er die Krankheit vor ihr verheimlicht hat, ihr gegenüber einen unrechtmäßigen Vorteil verschafft hat. Mit anderen Worten: Mit einem Diamant-Armband kann man seiner Frau seine Zuneigung weit besser und aufrichtiger bezeugen als mit einem durchlöcherten Magen.“[2]

Die härteste Form dieses Spieles besteht für Berne darin, dass der Mann zu seiner Frau und zu seinen Freunden von dem Magengeschwür nichts erzählt, Krebs bekommt und sich eines Tages selbst umbringt. Die Frau findet ihren Mann tot im Badezimmer. Was ihr der tote Gatte noch zu sagen hat, ist deutlich: „Du siehst, ich habe natürlich mein Äußerstes gegeben!“ Ein „Spiel dritten Grades“ hat endgültigen Charakter. Es endet im Operationssaal, im Gerichtssaal oder in der Leichenhalle.

Welche Überlegungen stellt die beratende Seelsorge an?

Der Seelsorger muss herauszufinden versuchen, welche geheimen Ziele und verborgenen Absichten beide Partner mit ihrem Spiel verfolgen. Spiele sind niemals einseitig. Hier sind mindestens ein aktiver Spieler und ein Mitspieler vorhanden. An welcher Stelle spielen sie sich in die Hand? Was sind die Motive ihres Zusammenspiels?

- Wie ist es geistlich zu bewerten, dass der Ehemann sich mit seinem Magengeschwür entschuldigt und rechtfertigt? Benutzt er nicht eine Krankheit, um sich vor einer Mit-Verantwortung zu drücken? Oder: Kann er nicht die Krankheit benutzen, um alle Schuld auf den Ehepartner zu schieben? (Spiel ersten Grades) Er erzählt überall, vor Freunden, im Geschäft und in der Verwandtschaft, wie er gekränkt bzw. krank gemacht wird.
- Was will der Ehemann mit seinem Verschweigen erreichen? Spielen Machtkampf, Druck, Rache oder Erpressung eine Rolle? Wie stehen die Ratsuchenden zu solchen – in der Regel unbewussten – Motivationen?
- Was bedeutet Verschweigen in geistlicher Hinsicht? Kennt die Bibel nicht auch den Zusammenhang psychosomatischer Krankheiten? Denken wir wieder an Psalm 32: „Da ich's verschwieg, zerfielen meine Gebeine.“ Es geht hierbei um ein Verschweigen vor Gott und dem Menschen. Verschweigen ist ein *falsches Spiel*. Verschweigen ist unehrlich und belastet die zwischenmenschliche Beziehung.

- Ist die Frau ein Herrschtyp? Will sie bestimmen? Setzt sie sich auf Kosten des Mannes durch? Zwingt sie ihn, auf unfaire Methoden auszuweichen? Wozu braucht die Frau gegebenenfalls diese Überlegenheit? Was will sie überspielen, was verdecken, was ausgleichen?

Magengeschwürkranke in der Statistik

Man geht davon aus, dass ca. 12 bis 14 Prozent der männlichen und ca. 8 bis 10 Prozent der weiblichen Bevölkerung in den westlichen Industriestaaten *einmal* in ihrem Leben an einem Magengeschwür erkranken. Bei etwa 50 Prozent von ihnen kommt es nach Ablauf eines Jahres zu einem Rückfall. Ca. 30 Prozent der Ulkusträger entwickeln eine chronische Ulkuskrankheit mit häufigen Krankheitsschüben. Das heißt, etwa zwei Drittel der Patienten gesunden allmählich. Fachleute sprechen daher von „psychisch gesunden Ulkuskranken". Man versteht darunter, dass diese Menschen kaum ernstliche Persönlichkeitsstörungen aufweisen. Vielleicht neigen sie dispositionell zu einer gewissen Magenschwäche. Bei schweren psychosozialen Belastungen gerät der Magen unter Druck und die Betroffenen reagieren mit Geschwüren.

Klinische Statistiken belegen, dass nach acht bis zwölf Jahren in der Regel über die Hälfte der Magengeschwürsymptome verschwunden ist. Das hängt wahrscheinlich damit zusammen, dass bestimmte Konflikte, die mit Beruf und zwischenmenschlichen Beziehungen zusammenhängen, aufhören oder sich verlagern. Außerdem ist in bestimmten Lebensphasen die Konfliktbereitschaft höher.

Viele Magengeschwüre werden operiert. Der Operationserfolg ist meist sehr hoch, zur großen Überraschung der Psychosomatiker. Allerdings stellten die Fachleute bei ca. 20

Prozent der operierten Patienten einige Jahre nach der Operation einen versteckten Symptomwechsel fest. Das heißt, der ursprüngliche innere Konflikt, der das Magengeschwür auslöste, sucht sich einen anderen Austragungsort im Menschen.

Übereinstimmend wird von Internisten und psychosomatisch arbeitenden Ärzten berichtet, dass der Magengeschwürkranke in der Regel nicht daran denkt, sich psychotherapeutisch behandeln zu lassen.

Woran liegt das?

- Der Ulkuskranke versteht sein Leiden in erster Linie als ein körperliches Problem.
- Der Ulkuskranke will nicht als „verrückt" oder seelisch krank eingestuft werden.
- Der Ulkuskranke wird in der Regel von Ärzten geschickt, das heißt, seine Motivation ist *unterdurchschnittlich*.

Erwartungsangst und Magengeschwüre

Frederic Vester behandelt in einem seiner Bücher ein Aufsehen erregendes Experiment an Ratten, die auf verschiedene Weise negativ gestresst wurden und mit Magengeschwüren reagierten. Drei Ratten wurden für den Versuch ausgewählt. Allen Ratten wurde ein Stromanschluss in den Schwänzen befestigt.

Die erste Ratte wurde in unregelmäßigen Abständen mit Stromstößen geschockt. Bevor der Stromstoß einsetzte, blinkte ein Lämpchen auf, sodass sich die Ratte auf den Stromstoß innerlich einstellen konnte. Die zweite Ratte bekam die gleiche Menge Stromstöße, erfuhr aber vorher nicht über ein Lämpchen, wann der Stromstoß einsetzte. Die dritte Ratte diente lediglich als Kontrolltier. Sie wurde nicht mit Stromstößen bedacht.

Das Ergebnis? Als man die Mägen der toten Ratten untersuchte, stellte man fest, dass der Magen der ungestressten Ratte keine Störungen aufwies. Die erste Ratte zeigte nur kleine Entzündungsherde im Magen. Sie konnte sich jedes Mal – durch das Lämpchen vorgewarnt – auf den Stromstoß einstellen. Solange das Licht nicht aufleuchtete, musste sie keine Angst haben. Sie litt nicht an Ungewissheit und stellte sich entsprechend ein. Sie zeigte nur geringe Entzündungsherde.

Eine große Überraschung bot die zweite Ratte, die nicht durch Lichtsignale vorgewarnt wurde. Sie lebte in der ständigen *Erwartungsangst* vor einem elektrischen Schlag. Die Ungewissheit, die durch die Unregelmäßigkeit der Stromstöße noch erhöht wurde, war gewaltig. Trotz gleicher Stromstöße zeigte diese Ratte einen sechsmal stärkeren Magengeschwürbefall. Die Versuche wurden mehrfach mit anderen Tieren wiederholt und zeigten gleiche Ergebnisse.

Die zweifellos problematischen und ethisch fragwürdigen Experimente zeigen:

- Erwartungsangst ist ein gefürchteter Stressfaktor.
- Erwartungsangst ruft schlimme Entzündungsherde im Magen hervor.
- Erwartungsangst schafft ein krankmachendes Klima für den gesunden Organismus.
- Erwartungsangst ist ein Faktor, der bei verantwortungsbewussten Menschen unbedingt vermieden werden muss.

Vester kommentiert dieses Ergebnis so: „Unsere eigenen Magengeschwüre, Herzinfarkte und Zusammenbrüche werden dagegen durch Probleme verursacht, die wir Menschen selbst geschaffen haben: Probleme künstlicher Rangordnungen, falscher Autorität, Probleme von Ehrgeiz und Prestige, Probleme der religiösen und moralischen Überzeugung,

Probleme der sozialen Organisation, Probleme durch von Menschen erfundene Sitten und Umgangsformen, mit denen Tiere sich nicht abgeben müssen."[3]

Sympathikotoniker und Vagotoniker

Es lohnt sich, die Magen-Darm-Probleme vom *unwillkürlichen* Nervensystem her zu betrachten. Hinter diesen psychosomatischen Störungen verbergen sich in der Regel charakterliche Einstellungen. Wir sprechen von Sympathikotonikern und Vagotonikern. Lassen Sie sich nicht von diesen beiden Wortungeheuern abschrecken! Diese Begriffe sprechen die beiden Nervensysteme an, die unseren Organismus bestimmen. Das Nervensystem hat eine wunderbare Arbeitsteilung vorgenommen. Das *willkürliche* Nervensystem regelt die Beziehungen zur Außenwelt, das *unwillkürliche (vegetative)* Nervensystem regelt die inneren Angelegenheiten des Organismus.

Sympathikus und Parasympathikus steuern all jene Körperfunktionen, die unser Wille nicht beeinflussen kann.
- das Tempo der Herzschlages,
- die Atmung, die Tag und Nacht funktionieren muss,
- die Verdauung,
- Hunger und Durst.

Da ist zunächst der *Sympathikus*. Er ist der Antreiber in unserem vegetativen Nervensystem. Der Sympathikus ist verantwortlich für:
- Kampf und Flucht,
- eine Steigerung der Herz- und Lungentätigkeit,
- eine Stimulierung der Nebennierendrüsen,
- Spannungen im Muskelbereich,

- Bluthochdruck,
- eine gebremste Verdauung,
- Obstipation (Stuhlverstopfung).

Der *Vagus* bzw. der Parasympathikus ist verantwortlich für:
- die Entspannung der Organe,
- Erholung und Regeneration der verschiedenen Körperfunktionen,
- eine Verlangsamung des Herzschlages,
- ruhige Atmung,
- eine Erschlaffung der Muskulatur,
- die Erweiterung der Blutgefäße,
- eine geförderte Verdauung.

Nun gibt es zwei verschiedene Konstitutionstypen, die entsprechend der beiden Nervensysteme reagieren. Es gibt Menschen, die stärker vom Sympathikus, und andere, die vorrangig vom Vagus bestimmt werden. Diese Einstellungsmuster sind zum Teil anlagebedingt und schon in den ersten Lebensjahren erworben.

Die Sympathikotoniker sind *Konfliktvermeider*. Weil sie Probleme verdrängen und feindselige Äußerungen schlucken, kommt es zu Organstörungen, denn der Organismus läuft ständig auf Hochtouren. Der Sympathikus ist ja der Antreiber, der Energien mobilisiert, die aber nicht zum Einsatz kommen. Die Folge ist:

- Der Organismus befindet sich ständig in Kampf- und Fluchtbereitschaft, also in erhöhter Spannung.
- Die Herztätigkeit ist gesteigert.
- Der Blutdruck ist erhöht.
- Die Kohlehydratreserven sind mobilisiert.
- Der Stoffwechsel arbeitet intensiver.

Aber es gibt keine Entlastung, keine Entwarnung. Die Hochspannung bleibt. Eine neurotische Angst entwickelt sich, eine gehemmte und gestaute Wut breitet sich aus.

Nur wenn beide Systeme harmonisch und abgestimmt arbeiten, ist der Mensch im Gleichgewicht. Die Ärztin und Psychotherapeutin Dr. Bertha Sommer beschreibt die Zusammenarbeit der beiden Nervensysteme folgendermaßen: „Die innere Ökonomie des Organismus während Anstrengung und Erholung verhält sich wie eine Nation in Krieg und Frieden. Kriegswirtschaft bedeutet Bevorzugung von Kriegsproduktion und Bremsung gewisser friedenswirtschaftlicher Produktionen. Tanks werden anstelle von Autos hergestellt, Munition anstelle von Luxusgütern produziert. Im Organismus entspricht der emotionale Zustand des Bereitseins der Kriegswirtschaft und der Erholung der Friedenswirtschaft. Bestimmte Organsysteme, die in der Notsituation gebraucht werden, werden angeregt, während andere Organsysteme Hemmungseinflüssen unterliegen bzw. umgekehrt.

Bei neurotischen Störungen der vegetativen Funktionen ist diese Harmonie zwischen äußerer Situation und innerlichen vegetativen Prozessen gestört. Die Störung kann verschiedene Formen annehmen. Die emotionalen Störungen von vegetativen Funktionen können ganz allgemein in zwei hauptsächliche Kategorien eingeteilt werden. Diese zwei Kategorien entsprechen den zwei grundlegenden emotionalen Einstellungen.“[4]

Störungen beim Sympathikotoniker

Er ist der emotional Aggressivere, ein Mensch,
- der schreien, laut reagieren kann,
- der im Alltag viel rennt und in Eile ist,
- der sich unbeherrscht und sehr temperamentvoll verhält,

- der mit Herzklopfen und Bluthochdruck reagiert,
- der an Herzinfarkt und Gefäßerkrankungen leidet.

Wenn diese zupackende und dynamische Einstellung allerdings gehemmt ist, wenn die draufgängerische Art gebremst wird, wenn Konflikte vermieden und verdrängt werden, dann lebt der Organismus in einer ständigen Alarmbereitschaft. Die Mobilmachung versetzt den Organismus in Anspannung. Die Überreaktionen im Inneren führen zu Herzstörungen und Krankheiten.

Störungen beim Vagotoniker
Der Vagus ist bekanntlich der Bremser. Und der Vagotoniker hat sich diesen Lebensstil einverleibt. Der Vagotoniker zieht sich zurück. Er ist ein abhängiger Mensch. Er hat es schwer, der rauen Wirklichkeit ins Auge zu sehen. Seine erste Regung bei Problemen ist es, sich hilfesuchend umzusehen. Als Kind hat er oft ebenso gehandelt.

- Er bekommt in Gefahrensituationen Durchfall.
- Er „macht in die Hosen".
- Er traut sich nicht und schreckt viel mehr zurück als der Sympathikotoniker.
- Er will gefüttert und umsorgt werden.
- Er identifiziert sich mit Helden (nur in der Fantasie).
- Er neigt zu Magenüberreaktionen, wenn er nur daran denkt, kämpfen zu müssen.
- Er ist der typische Magen-Darm-Kranke.

Bei ihm hat der Vagus das Sagen. Er ist für die erhöhte Magensäureproduktion und die Kampfbereitschaft der Magen-Darm-Muskulatur zuständig.

- Säure greift an,

- Säure ätzt und beißt,
- Säure zersetzt,
- Säure ist eindeutig aggressiv.

Säure hängt mit *sauer* zusammen. Und nichts kennzeichnet einen Menschen treffender als der Satz: „Ich bin sauer!" Gelingt es ihm nicht, diese Aggressionen sinnvoll zu bearbeiten, schluckt er den Ärger hinunter, dann somatisiert sich seine Aggression, sein Sauersein äußert sich in Magensäure.

Als Christ ist der Vagotoniker der *Beherrschte*. Er hat äußerlich alles im Griff. Als Christ wird er nicht laut – er ist der festen Überzeugung, dass Schweigen besser ist als Streit und Kampf. Er leidet unter dem Zorn des Sympathikotonikers.

Und weil er oft ein „Leisetreter" ist, spricht er mit Magenbeschwerden. Er muss lernen,

- sich auszusprechen,
- seinen Ärger mitzuteilen,
- seine Unzufriedenheit herauszulassen und
- ungelöste Probleme zu bearbeiten.

Die Selbstzerfleischung

Ein wahres und hilfreiches Sprichwort lautet: „Gut gekaut ist halb verdaut." Unser Magen ist das Organ, das alles *aufnimmt und verdaut*.

Alle Eindrücke, die von außen kommen, müssen verarbeitet und vor allem verdaut werden. Wir drücken etwas aus, wenn wir sagen:

- „Diese Geschichte habe ich noch nicht *verdaut!*"
- „Wenn ich das Problem mit meinem Vorgesetzten doch schon *verdaut* hätte!"

Schlecht gekaute Nahrung ist für den Magen eine enorme Belastung. Der gereizte und übersäuerte Magen verträgt die Nahrung nicht. Er wehrt sich. Kauen ist ein aktives und zupackendes Verhalten.

- Wer gut kaut, verdaut gut.
- Wer gut kaut, stellt sich den Problemen.
- Wer gut kaut, setzt sich mit Konflikten auseinander und *verschluckt* sie nicht.

Fehlt dieses zupackende und verarbeitende Verhalten, das sich im Kauen niederschlägt, werden die Probleme eben unzerkaut *heruntergeschluckt*. Sie werden verdrängt. Und der Magen trägt die Last. Er soll ausfressen, was wir ihm eingebrockt haben. Er soll die „harten Brocken" verdauen, die wir ihm zugeschoben haben.

Deutlich wird:

- Der Magenkranke ist oft ein Konfliktvermeider.
- Der Magenkranke schiebt die dicken Brocken, die ihm das Leben serviert, beiseite und sie landen im Magen-Darm-Trakt, der überfordert ist und mit Krankheit reagiert.

Dass diese Zusammenhänge keine unwissenschaftlichen Gedankenspiele sind, haben uns schon vor Jahrzehnten die Versuche des russischen Forschers Pawlow an Hunden demonstriert. Die Magensekretion steht unmittelbar mit unserer Seele in Verbindung. Pawlow zeigte, dass Hunde, die Futter bekommen, eine messbare Speichel- und Magensekretion aufzeigen. Der Forscher experimentierte dann mit einem Glockenton, der zur selben Zeit ertönte, wenn das Futter gereicht wurde. Später ließ er nur den Glockenton erschallen, und der Hund reagierte auch dann mit der beschriebenen Sekretion.

Menschen, die Probleme beiseite schieben und konfliktscheu reagieren, belasten ihren Magen. Und die Folge? Beim Magengeschwür wird die eigene Magenwand verdaut. Statt konstruktiv mit Herausforderungen des Lebens umzugehen, werden die Schwierigkeiten verdrängt, nach innen verlagert und dem Magen-Darm-Trakt überantwortet. Daraufhin reagiert er buchstäblich mit *Selbstzerfleischung*.

Konfliktvermeidung und Selbstzerfleischung sind auch ein geistliches Problem. Die Leitmotive biblischen Denkens machen uns deutlich, dass wir im Frieden mit dem Nächsten, mit Gott und mit uns selbst leben sollen. Dazu gehört aber, dass wir Unfrieden wahrnehmen, aussprechen und im Gespräch mit dem anderen eine Klärung suchen. So kann Frieden entstehen und Selbstzerfleischung wird überflüssig. Die Regel heißt hier: Nicht schweigen, sondern reden, nicht verdrängen, sondern klären, nicht herunterschlucken, sondern sich dem Konflikt stellen.

Fragen zum Nachdenken

- Welche ernsten Probleme gibt es, die Sie in sich hineinfressen?
- Lassen Sie Gefühle von Wut und Zorn zu oder schlucken Sie sie herunter?
- Bearbeiten Sie Ihre Gefühle und sprechen Sie mit vertrauten Menschen Ihre Unzufriedenheit durch?
- Denken Sie daran, Ihre Probleme und Sorgen im Gebet vor Gott auszubreiten?
- Gehen Sie Konflikten in Ehe, Familie und Beruf aus dem Weg?

- Gehören Sie zu den Menschen, die alles mit sich selbst abmachen müssen?
- Verhalten Sie sich lieb und überangepasst, um bei der Umgebung nicht anzuecken?
- Entdecken Sie Verhaltensmuster in sich, die der „Selbstzerfleischung“ ähneln?
- Meinen Sie, immer alles perfekt machen zu müssen?

X. In Beziehungen leben – streiten lernen

Unser Körper spricht, wir nehmen das wahr und hören genau hin. Vielleicht sind wir bereit, Missstände in unserem Leben, wie sie in den vorhergehenden Kapiteln beschrieben wurden, aufzudecken und vor Gott zu bringen. Das wiederum geht damit einher, neue Verhaltensweisen einzuüben, wie ich es bereits erwähnte.

Die Schwierigkeit, die für viele Menschen an dieser Stelle oft hinzukommt, besteht darin, dass wir in *Beziehungen*, in *Gemeinschaft* leben. Veränderung geschieht also nicht „solo", sondern immer in Beziehung zum Ehepartner, zu den Kindern, zu Freunden und Kollegen.

Wir wollen doch – gerade als Christen – in Harmonie leben mit Gott, mit uns selbst und mit unseren Nächsten. Der Umgang miteinander spielt sich zu einem großen Teil über die Kommunikation ab. Und wir alle wissen, dass Kommunikation auch oft Streit bedeutet. Denn Spannungen und Konflikte gehören mit zum Alltag des Menschen. Wer sie ausklammert, verdrängt und beschönigt, fördert die Unzufriedenheit und verstärkt psychosomatische Beschwerden.

Wer sie *nicht* ausklammert, hat immer noch in der Hand, wie er damit umgehen will. Je nachdem, *wie* wir miteinander streiten, können wir unser Gesundwerden und -bleiben fördern oder hemmen.

Positiver Streit kann fair, konstruktiv und hilfreich für beide Seiten sein. Und das lässt sich lernen. Im Folgenden möchte ich elf Denkanstöße geben, die uns helfen können, den Umgang miteinander fruchtbarer und befriedigender zu gestalten – durch positives Streiten.

Elf Denkanstöße

Denkanstoß Nr. 1: Hinter den Streit sehen

Konflikte und Streit kommen in allen menschlichen Beziehungen vor (Ehe, Freundschaft, Kameradschaft und im Arbeitsteam). Den Streit *verstehen* ist der erste Schritt zu seiner Bewältigung. Verstehen heißt, hinter die Fassade des Streitinhalts zu blicken. Welche Bedingungen halten den Streit aufrecht? Welche lieblosen und ungeistlichen Motive fördern den Streit?

„Woher kommen denn die Kämpfe und Streitigkeiten zwischen euch? Sie entspringen den Leidenschaften, die ständig in eurem Inneren toben. Ihr verzehrt euch nach etwas, was ihr gern hättet. Ihr seid neidisch und eifersüchtig, aber das bringt euch dem ersehnten Ziel nicht näher. Ihr kämpft darum; aber ihr bekommt es nicht, weil ihr Gott nicht darum bittet. Und wenn ihr ihn bittet, bekommt ihr es nicht, weil ihr nur in der Absicht bittet, eine unersättliche Gier zu befriedigen“ (Jakobus 4, 1 ff.).

Unsere verborgenen Beweggründe sind oft Eifersucht und Neid, Unterlegenheitsgefühle, Wut und Rechthaberei. Wir wollen haben und nicht verzichten, wir wollen siegen und nicht verlieren.

Denkanstoß Nr. 2: Die Motive prüfen

Negativer Streit wurzelt oft darin, das wir persönlich verletzt sind. Wer sich getroffen und gekränkt fühlt, will nicht der Wahrheit die Ehre geben, sondern sein Prestige retten. Der Streit verschärft sich vermutlich. Darum prüfen Sie Ihre Motive! Je persönlicher Sie einen Streit angehen, desto unsachlicher wird er verlaufen. Was wollen Sie im Streit erreichen? Sind es egoistische, destruktive oder konstruktive Motive? Wünschen Sie sich für beide Parteien zufrieden stellende Lösungen oder wollen Sie sich nur durchsetzen?

„Der Mensch hält alles, was er tut, für richtig! Gott aber prüft die Beweggründe“ (Sprüche 16, 2). Unsere Vorurteile sind Selbstbetrug. Unsere irrationalen Überzeugungen rufen Streit und Machtkampf hervor. Im Gebet oder in der Seelsorge kann Gott uns die verborgenen Motive erkennen lassen. Gott prüft unsere Selbstgerechtigkeit.

Denkanstoß Nr. 3: Den Streit bejahen

Zum Streit gehört es, verschiedener Meinung zu sein. Das muss ausgehalten und ausgefochten werden. Wenn Sie den Streit bejahen, halten Sie den anderen Partner für wahrheitsfähig. Eine streitlose Partnerschaft ist eine fragwürdige Beziehung. Falsche Nachgiebigkeit und Harmoniesucht verhindern, dass schwelende Konflikte angegangen und geklärt werden.

Den Streit bejahen heißt auch, die eigene Selbstsucht zu bejahen, die Haupttriebfeder für Zank und Streit. Paulus charakterisiert dieses Kernmotiv so: „Wohin die menschliche Selbstsucht führt, kann jeder sehen: zu (...) Streit, Gehässigkeit, Rivalität, Jähzorn, Geltungsdrang, Uneinigkeit und Spaltungen“ (Galater 5, 19-20).

Denkanstoß Nr. 4: Streiten schafft Kontakt

Viele Menschen streiten, weil sie Kontakt suchen. Sie streiten, um den anderen herauszufordern. Sie wollen nicht verletzen oder diskriminieren. Indem sie laut und heftig werden, versuchen sie, die Nähe des anderen zu erzwingen. Können Sie im Streit dem anderen positive Absichten unterstellen?

Besonders Frauen „kämpfen“ verbal, um den Partner zu

Antworten und Reaktionen herauszufordern. Viele Männer verstehen diese Annäherung jedoch als negativen Streit.

„Behandelt die Menschen so, wie ihr selbst von ihnen behandelt werden wollt – das ist alles, was das Gesetz und die Propheten fordern“ (Matthäus 7, 12). Diese „goldene Regel“ der Kommunikation garantiert ein faires Streiten. Streitpunkte werden klar und deutlich formuliert, Aggressionen hingegen vermieden.

Denkanstoß Nr. 5: Den Streit nicht vor sich herschieben

Wer Probleme und Konflikte auf die lange Bank schiebt, verstärkt die Schwierigkeiten. Der Konfliktvermeider erreicht vielleicht Friedhofsruhe, aber keinen echten Frieden.

„Wenn du zum Altar gehst, um Gott deine Gaben zu bringen, fällt dir dort vielleicht ein, dass dein Bruder etwas gegen dich hat, dann lass deine Gabe vor dem Altar liegen, geh zuerst zu deinem Bruder und söhne dich mit ihm aus. Danach kannst du Gott deine Opfer darbringen“ (Matthäus 5, 23 ff.). Friede mit Gott und Friede mit den Mitmenschen gehören untrennbar zusammen. Probleme, die zum Streit führen, dürfen von uns Christen nicht verharmlost, überspielt und verdrängt werden.

Denkanstoß Nr. 6: Das Ziel deutlich machen

Es ist hilfreich, dem Streitpartner die eigenen Wünsche, Ziele und Absichten klar und deutlich zu erläutern. Dann werden sie für ihn kalkulierbar. Erst dann kann er verstehen, was wir mit dem Streit erreichen möchten, und darauf eingehen.

Denkanstoß Nr. 7: Sich selbst in Frage stellen

Lassen Sie zu, dass Ihre Vorurteile in Frage gestellt werden! „Es kann alles auch ganz anders sein!“, pflegte Alfred Adler seinen Zuhörern einzuhämmern. Irren ist menschlich. Wer sich selbst hinterfragen kann, ist für die Argumente des Gegners aufgeschlossen. Rechthaberei führt zu destruktivem Streiten. Wer sich in Frage stellt, stellt auch seine Vorurteile in Frage.

„Verurteilt nicht andere, damit Gott nicht euch verurteilt (...) Warum kümmerst du dich um den Splitter im Auge deines Bruders und bemerkst nicht den Balken in deinem eigenen? Wie kannst du zum Bruder sagen: ‚Komm her, ich will dir den Splitter aus dem Auge ziehen', wenn du selbst einen ganzen Balken im Auge hast? Du Scheinheiliger, zieh erst den Balken aus deinem Auge, dann kannst du dich um den Splitter im Auge deines Bruders kümmern" (Matthäus 7, 3-5).

Die Bibel geht davon aus, dass es Streit und Auseinandersetzungen gibt. Wichtig ist, dass die Arbeit am Problem bei mir beginnt und nicht beim anderen. Ich untersuche meine Anteile und Motive und „ziehe" Konsequenzen. Wer nur verbal Mitschuld eingesteht, aber keine Konsequenzen „zieht", hat kein Recht, dem Gegenüber „Splitter" in dessen Optik aufzuzeigen.

Denkanstoß Nr. 8: Ich-Botschaften senden

Du-Botschaften verschärfen den Streit. Sie beinhalten Vorwürfe, Anklagen und stempeln den anderen zum Sündenbock. Du-Botschaften sind Vorurteile, sie kränken und rufen Gegenangriffe hervor. Der Gesprächspartner reagiert trotzig, fühlt sich beschuldigt und schlägt zurück. Ich-Botschaften verringern den Widerstand, klagen nicht an und beschämen den Partner nicht. Ich-Botschaften motivieren den Gegenspieler dazu, gemeinsam über positive Lösungen nachzudenken.

Denkanstoß Nr. 9: Annahmen durch Rückfragen überprüfen

Beim Streit haben beide Parteien Vorurteile. Es kommt in

der Regel zu Unterstellungen. Diese Unterstellungen sind häufig Selbsttäuschungen. Niemand kann die Gedanken des anderen lesen. Wir sind aber nicht selten davon überzeugt. Beide Gesprächspartner vergewissern sich durch Rückfragen, ob ihre Annahmen auch stimmen. Diese gegenseitigen Rückmeldungen verhindern Missverständnisse: „Habe ich dich richtig verstanden: Du siehst die Dinge also so und so?“

Denkanstoß Nr. 10: Unterschiedliche Standpunkte stehen lassen

Es gibt bei Auseinandersetzungen immer wieder unversöhnliche Standpunkte. Unterschiedliche Meinungen müssen keinen Krieg zur Folge haben. Suchen Sie Wege, wie Sie mit gegensätzlichen Auffassungen leben können. Wer kontroverse Stellungnahmen bejaht, respektiert den anderen.

Denkanstoß Nr. 11: Gemeinsam nach Lösungen suchen

Einseitige Lösungen, die erzwungen, erpresst oder diktiert wurden, sind der Nährboden für neue Konflikte. Nehmen Sie sich Zeit für Lösungsversuche. Zwischenlösungen können von beiden Seiten getestet werden. Eine Lösung, die beide Seiten befriedigt, bewahrt vor ständigen neuen Auseinandersetzungen.

„Eine versöhnliche Antwort kühlt den Zorn ab, ein verletzendes Wort heizt ihn an. (...) Ein versöhnliches Wort hilft anderen zum Leben; wer unversöhnlich redet, zerstört jede Gemeinschaft“ (Sprüche 15, 1.4). Wer Probleme lösen will, muss versöhnungsbereit sein. Wer selbstgerecht, nachtragend, rechthaberisch und stolz ist, gießt unbewusst Öl ins Feuer. Nur wer zur Versöhnung bereit ist, findet Lösungen, die beiden Parteien gerecht werden.

XI. Krankheit als Chance

Der Glaube versetzt Berge, heißt es in der Bibel. Aber stärkt das Vertrauen in Gott auch die Gesundheit? Viele Forschungen der letzten Jahre im Bereich zwischen Wissenschaft und Spiritualität bestätigen, dass der Glaube die Gesundheit fördert, dass der Glaube heilen kann.

Der englische Psychologie-Professor Dr. Harald Walach von der Universität in Northampton formuliert: „Heilen durch Gebet zählt zu den ältesten Versuchen der Menschheit, Krankheiten abzuwenden oder zu beeinflussen."

„Nach einer Erhebung aus dem Jahre 2002 vertraut ein Drittel der US-Amerikaner auf die Heilkraft des Gebetes. Für Deutschland gibt es solche Zahlen nicht. Allerdings zeigt eine Umfrage der Gesellschaft für Konsumforschung (GfK), dass 40 Prozent der Deutschen beten, wenn sie in schwierige Situationen geraten."[1]

Die Ärztin Dr. Marianne Koch schreibt in der gleichen Zeitschrift unter dem Thema „Gebete als Heilmittel?" Folgendes:

„Durch ein intensives Gebet werden Botenstoffe im Gehirn aktiviert, darunter solche, die Glücksgefühle hervorrufen und Schmerzen lindern. Wer die Litaneien einer Maiandacht oder eine Mitternachtsmesse an Weihnachten erlebt, spürt förmlich, wie sich ‚die Herzen erheben' und die Menschen in einen Zustand der Harmonie versetzt werden. Und da wir wissen, dass die Seele vor allem das Immun- und das Hormonsystem des Körpers beeinflusst, wird verständlich, dass Gebete, aber auch Meditation und andere spirituelle Übungen heilende Kräfte hervorrufen."[2]

Sie schreibt, dass wir in einer Zeit leben, wo sich ärztliches Handeln mehr und mehr auf technische und medikamentöse Therapien beschränkt. Es fehle die ganzheitliche Sicht auf den Menschen. Die geistliche Seite sei verloren gegangen.

Auch die Zeitschrift „Neues Leben" hat zu dem Thema „Welche Auswirkungen hat Religion – speziell der christliche Glaube – auf die Gesundheit?" ein Expertenteam aus Medizin, Theologie und Psychologie befragt.

Einer der Experten, Professor Renner, ein führender Krebsmediziner in Deutschland, sagte auf dieser Tagung: „Gebet ist ein vergessener Aspekt der Medizin." Deshalb hat er bereits in den 90er-Jahren einen Gebetskreis für Patienten ins Leben gerufen.

Auch Dr. Grabe, Chefarzt für Psychiatrie und Psychotherapie an der Klinik Hohe Mark in Oberursel bei Frankfurt, sagte an einer Stelle:

„Man hat in Fragebögen getestet, wie religiös die Patienten sind. Dadurch stellte sich heraus, dass der positive Effekt auf die Gesundheit bei Patienten eintrat, die ein positives Gottesbild hatten, die flexible Denkstrukturen hatten, die sich geborgen fühlten – denen der Glaube also Geborgenheit vermittelte."[3]

Auch dieser Hinweis scheint besonders wichtig. Nicht jeder Glaube fördert die Gesundheit. Menschen, die an einen Gott glauben, der nur kontrolliert, straft und beobachtet und in erster Linie als Richter verstanden wird, kann auch der Seele Schaden zufügen.

Die Zeitschrift veröffentlichte gleichzeitig „Studienergebnisse der Gesundheits- und Spiritualitätsforschung". Da heißt es:

„Christlicher Glaube

1. hilft, gesund zu bleiben und lebensbedrohliche Krankheiten (Krebs oder Herz-Kreislauf-Erkrankungen) zu vermeiden.
2. erhöht die Chancen, sich bei ernsthafter Erkrankung schneller und besser zu erholen.
3. hilft, sich lebensbedrohlichen Situationen mit größerem inneren Frieden zu stellen.
4. hilft, psychische Erkrankungen wie Depressionen und Angstzustände zu vermeiden und besser mit Stress klarzukommen.
5. hilft, Problemen mit Alkohol und Drogen von vornherein aus dem Wege zu gehen.
6. hilft, ein gesundes Ehe- und Familienleben zu führen, was der Nährboden für eine gesunde Entwicklung eines Menschen ist.“[4]

Glaube: vorbeugend und heilend

Wer betet und sich an den Herrn der Welt und den Herrn unserer Krankheiten und Leiden wendet, ist besser dran. Eugen Roth drückt den umgekehrten Sachverhalt treffend aus: „Wer nicht mehr traut auf Gottes Willen, ersetzt sein Nachtgebet durch Pillen.“

Hingabe an Jesus Christus trägt Früchte. Sie hat Einfluss auf Leib und Seele, auf Zufriedenheit und Unzufriedenheit, Harmonie und Disharmonie. Der amerikanische Arzt Dr. McMillen schreibt am Schluss seines Buches „Vermeidbare Krankheiten“: „Jesus sprach: ‚Wahrlich, ich sage euch: Es ist niemand, der Haus oder Brüder oder Schwestern oder Mutter oder Vater oder Kinder oder Äcker verlässt um meinetwillen und um des Evangeliums willen, der nicht hundertfältig empfange jetzt in dieser Zeit Häuser und Brüder und Schwestern und Mütter und Kinder und Äcker mitten unter Verfolgung und in der zukünftigen Welt das ewige Leben.' Keiner weiß besser als Jesus, dass Preisgabe Schmerz bedeutet. Aber er verspricht uns, dass wir hier schon – nicht erst in der Ewigkeit – hundertfach entschädigt werden. Wir können das am besten verstehen, wenn wir an die vielen somatischen und körperlichen Krankheiten denken, von denen wir in diesem Buch gesprochen haben. Hinter Freuden und Leiden dieses Lebens steht nicht ein großes Fragezeichen – am Ende unseres Lebens steht Er. Die Störenfriede sind beseitigt, die Krankheitserreger sind ausgeschaltet, Kraft, Friede und Freude sind eingekehrt."[5]

Viele gefährliche, krankmachende Stressoren wie Eifersucht, Leid, Missgunst, Ärger, Wut, Zorn und andere dissoziale Verhaltensweisen trennen uns nicht nur von Christus, sondern auch von den Menschen. Die hundertfache Entschädigung erhalten wir hier und heute. Das ist ausschlaggebend. Christsein ist keine Jenseitsvertröstung. Leben aus dem Glauben an Jesus Christus beugt Stress und vielen Krankheiten vor und ist an deren Heilung maßgeblich beteiligt. Das ist kein gläubiges Wunschtraum-Denken, sondern eine fundamentale therapeutische Weisheit.

Leid und Krankheit als Heim-Suchung

Die deutsche Sprache drückt unmissverständlich aus, was Krankheiten und Leiden auch bedeuten können: Heimsuchungen. Einer der bedeutendsten Theologen des Mittelalters, Anselm von Canterbury, tröstete einmal einen Leidenden mit den Worten: „Da die Wasser wuchsen, hob sich die Arche in die Höhe. Das Leiden soll uns in die Höhe tragen."

Leid und Krankheit können neue Dimensionen eröffnen.

Sie können Wahrheiten freilegen, die in gesunden Tagen verschüttet bleiben. Leid kann uns Bereiche erschließen, die der Gesunde meidet und verdrängt. Der 1951 verstorbene französische Dichter André Gide schrieb einen Essay über das Thema: „Zwiesprache am Krankenbett." Bei ihm heißt es:

„Ich glaube, dass Krankheiten Schlüssel sind, die uns gewisse Tore öffnen können. Ich glaube, es gibt gewisse Tore, die einzig die Krankheit öffnen kann. Es gibt jedenfalls einen Gesundheitszustand, der es uns nicht erlaubt, alles zu verstehen. Vielleicht verschließt uns die Krankheit einige Wahrheiten; ebenso aber verschließt uns die Gesundheit andere oder führt uns davon weg, sodass wir uns nicht mehr darum kümmern. Ich habe unter denen, die sich einer unerschütterlichen Gesundheit erfreuen, noch keinen getroffen, der nicht nach irgendeiner Seite hin ein bisschen beschränkt gewesen wäre, wie solche, die nie gereist sind. Und ich erinnere mich, dass Charles-Louis Philipp die Krankheit ‚die Reise der Armen' nannte."

Leid kann den Unglauben aufbrechen. Aber auch unser Glaube kann Stück für Stück am Leid zerbrechen. Hiob wäre fast daran gescheitert. Doch hat ihn unermessliches Leid reich gemacht. Der lebendige Gott dirigiert uns nicht nur über glatte Autostraßen, sondern auch durch Engpässe hindurch – vielleicht um uns neue Horizonte zu eröffnen.

Selig sind, die da Leid tragen

Andere Übersetzungen lauten: „Selig die Trauernden ..." oder: „Glückselig zu preisen die Trauernden ...". Jesus preist die Menschen selig, die bewusst Leid, Schmerzen, Nöte und Enttäuschungen tragen, die Leid und Kreuz nicht mit heftigem Protest von sich weisen. Hier ist nicht nur Sündenleid gemeint, sondern alles, was die Macht des Todes umfasst.

Der indische Philosoph Tagore schrieb über die Bejahung des Leides:

„Lass mich nicht bitten, vor Gefahr bewahrt zu werden, sondern ihr furchtlos zu begegnen;
lass mich nicht das Ende der Schmerzen erflehen, sondern das Herz, das sie besiegt;
lass mich auf dem Kampffeld des Lebens nicht nach Verbündeten suchen, sondern nach meiner eigenen Stärke;
lass mich nicht in Sorge und Furcht nach Rettung rufen, sondern hoffen, dass ich Geduld habe, bis meine Freiheit errungen ist;
gewähre mir, dass ich kein Feigling sei, der seine Gnade nur im Erfolg erkennt; lass mich aber den Halt deiner Hand fühlen, wenn ich versage.“[6]

Diese Seligpreisung ist kein Loblied auf eine Tugend. Trauer und Leid zu tragen bedeutet, auf Gott zu warten: Er hat verheißen, selbst einzugreifen. Gottes Eingreifen heißt: Jesus Christus. Wer es nicht schafft, das Leid auf sich zu nehmen und allzu schnell als schwach und kleingläubig angesehen wird oder sich so fühlt, kann sich deswegen an Christus, den Tröster, wenden.

Im Propheten Jesaja, und zwar im 61. Kapitel, wird der erwartete Messias näher beschrieben: „Der Geist des Herrn Jahwe ist auf mir, weil Jahwe mich gesalbt hat. Er hat mich gesandt, die Freudenbotschaft den Elenden zu bringen, die zerbrochenen Herzen zu verbinden (...), alle Trauernden zu trösten.“ Der Messias ist der Tröster, der Freudenbote, und seine Botschaft eine frohe Botschaft.

Der aktive Kranke

Wer sich hinter seiner Krankheit versteckt, wer sie als *Alibi* benutzt, wer sie als *Vorwurf* und unabänderliches *Schicksal* betrachtet (unheilbare Krankheiten sind natürlich gesondert zu betrachten), der neigt zur Passivität. Passivität, Entmutigung, Lethargie und Resignation lähmen unsere Chance, gesund zu werden. Heilung hängt nicht nur von ärztlicher Kunst und wirksamen Medikamenten ab, sondern auch vom Patienten, der den *Willen* hat, gesund zu werden. Wir können sowohl resigniert leben als auch zuversichtlich und zutiefst an das Beste glauben: „Dein Wille geschehe!" Der Unterschied kann sich körperlich und seelisch auswirken.

Selbstverständlich gibt es auch eine ungesunde Aktivität. Viele zermartern sich den Kopf, wie es weitergehen soll. Sie liegen wach und wollen die Kontrolle nicht verlieren. Sie wollen krampfhaft alle Fäden in der Hand behalten. Sie lassen sich die Arbeit ans Bett kommen und dirigieren von dort aus Büro oder Haushalt. Sie machen Vorschriften, halten die gesamte Umgebung auf Trab und fühlen sich unentbehrlich. Das ist negativer Stress und damit nicht der Gesundheit förderlich.

Wie können wir als Kranke im positiven Sinne aktiv werden? Indem wir nicht mehr an uns selbst denken, als es ein gesunder Egoismus erlaubt. Wer nur um sich selbst kreist, verschlimmert sein Leiden. Wer seine Blicke, Gedanken, Gefühle und Worte nur noch auf seine eigenen Schmerzen, Gebrechen oder Probleme lenkt, verstärkt alle Symptome. Wer aber sein Leiden ernst nimmt, den Blick auf Gott richtet und gesund werden will, der ist aktiv. Und nicht zuletzt gilt, was Theodor Glaser schreibt: „Wer seine Hände faltet, arbeitet mit Gott Hand in Hand und ist so aktiv, wie er aktiver nicht sein kann."[7]

Auf unsere Reaktion kommt es an

Jeder Mensch reagiert auf Gefahren, Not, Stress, Druck, Drohungen, Beschimpfungen, Enttäuschungen, Krankheiten und Bedrückungen anders. Der eine *kann* die Situation dankbar zur persönlichen Reifung in sein Leben einbauen, der andere *muss* – wie er sagt und meint – verzweifelt, zornig, empört und deprimiert darauf reagieren. Der amerikanische Arzt Dr. McMillen schreibt dazu:

„Durchs gleiche Gitter schauen zwei Männer in die Ferne – der eine sieht Morast, der andere sieht die Sterne! Die medizinische Bedeutung der Aussage ist erst im letzten Jahrzehnt von Wissenschaftlern erkannt worden. Zwei Männer im Gefängnis reagierten grundverschieden auf Stress. Den einen trieben die Gitterstäbe zur Verzweiflung, den anderen begeisterten die Sterne. Der bedrückte Gefangene entwickelte Stresssymptome im Körper und öffnete sich vielen gefährlichen, vielleicht sogar tödlichen Krankheiten. Eine Untersuchung seines Blutes hätte überdurchschnittliche Mengen schädlicher chemischer Stoffe ergeben. Diese Substanzen werden von Drüsen erzeugt, angeregt durch seelische Reaktionen, durch Bedrücktsein, Bitterkeit, Zorn, Hass, Angst und Furcht.“[8]

Wie werden wir mit Stresssituationen fertig? Reagieren wir *negativ* oder können wir *positiv* reagieren? Eine eintrainierte pessimistische Denk- und Reaktionsweise macht Menschen zu Schwarzsehern, die nichts als schwarz sehen können. Andere können sich gut anpassen, sie nehmen problematische Ereignisse als Herausforderungen, die ihnen helfen, das Leben besser zu meistern, die sie reifen und wachsen lassen. Grübeln und Selbstmitleid sind destruktive Reaktionen, die verschiedene körperliche Leiden heraufbeschwören können, wie schon beschrieben wurde.

Wir sind es selbst, die darüber entscheiden, ob wir gesünder oder bitterer und damit kränker werden. Wir selbst können zu einem großen Teil darüber entscheiden, ob wir den „Morast" sehen oder die „Sterne", ob wir den Rosengarten genießen wollen oder nur das Mistbeet im Auge haben. *Negative* Augen sind ebenso wenig ein unumstößliches Erbe wie *positive* Augen, die auch kein ausschließlicher Besitz der Optimisten sind. Wir können Schritt für Schritt üben, das Gute, das Positive, das für uns Hilfreiche und Nützliche zu sehen. Wir können uns durch regelmäßiges Gebet systematisch umstellen, wir können lernen, Missgeschicke als therapeutischen Bestandteil im Plan Gottes zu erkennen.

Hoffnung, Glaube und ein Ziel im Leben sind medizinisch notwendig. Verzweiflung tötet. Resignation treibt in die Katastrophe. Hoffnung hingegen beflügelt, treibt nach vorn, aktiviert unsere körperliche, seelische und geistige Energie.

Warum konnte beispielsweise Paulus die bedrückenden Stresssituationen, die ihm täglich begegneten, gefasst und erfolgreich bestehen? Er sagt es selbst: „Wer will uns scheiden von der Liebe Christi? Trübsal oder Angst oder Verfolgung oder Hunger oder Blöße oder Gefahr oder Schwert? Wie geschrieben steht: ‚Um deinetwillen werden wir getötet den ganzen Tag; wir sind geachtet wie Schlachtschafe.' Aber in dem allen überwinden wir weit durch den, der uns geliebt hat" (Römer 8, 35-37).

Paulus beschreibt hier ein geistliches und therapeutisches Geheimnis, das uns allen viel geben kann: Er blickt jeden Tag dem Schlechten realistisch ins Auge, er verdrängt Angst, Leiden und Todesdrohungen nicht. Er nimmt die Realität ernst. Er sieht sich als Schlachtschaf und schaut dennoch mit dem gleichen Blick „auf die Sterne". Als Todgeweihter kann ihn nichts mehr bekümmern. Er lässt sich nicht nervös machen. Kleine Dinge werden plötzlich unwesentlich. Die kleinen Nadelstiche, die oft unser Leben bestimmen und uns tyrannisieren, werden lächelnd in den Papierkorb geworfen – wo sie auch hingehören. Auch Paulus weiß nicht, was die Zukunft bringt – aber er weiß, *wer* sie bringt.

a) Den „Morast" sehen – ein Fallbeispiel

Ein Pfarrer überweist mir eines Tages eine Frau, die er als kompliziert und empfindlich charakterisiert. Die Frau habe ihn zweimal besucht und sei nicht wiedergekommen. Verstehen könne er das nicht. Die Atmosphäre sei in beiden Gesprächen – für seine Begriffe – ausgesprochen warmherzig gewesen. Er habe sie angerufen, um sich nach ihrem Ergehen zu erkundigen, und die Frau hätte sinngemäß geantwortet: „Ich habe immer das Gefühl gehabt, dass Sie mich nicht verstehen und sich über meine Probleme lustig machen. Nehmen Sie's mir bitte nicht übel, dass ich nicht wiederkomme."

Um die angefangene Beratung nicht ergebnislos zu beenden, riet er der Frau, sich mit mir in Verbindung zu setzen. Die Frau kam tatsächlich und wir sprachen als Erstes über den unausgetragenen Konflikt zwischen ihr und dem Pfarrer.

Ich: „Was haben Sie bei diesen Gesprächen empfunden? Wie haben Sie sie erlebt?"

Sie: „Er war sehr nett zu mir, sehr warmherzig, das kann ich nicht anders sagen, aber er lächelte so hinterhältig."

Ich: „Sie haben das als heuchlerisch und unecht empfunden?"

Sie: „So, als wollte er ständig sagen: ‚Das sind doch Bagatellen! Darüber lohnt sich doch nicht zu reden!'"

Ich: „Er *wollte* es sagen, haben Sie formuliert. Getan hat er es aber nicht."

Sie: „Nein, er hat es nicht getan. Aber ich weiß, dass er so gedacht hat."

Ich: „Sie wissen es. Sie glauben es zu wissen. Sie sagen das sehr bestimmt."

Sie: „Das ist ja kein Einzelfall. Ich werde so behandelt. Wenn man nur eine Frau ist, wird man ja nicht ernst genommen."

Ich: „Sie haben in Ihrem Leben erfahren, dass Sie als Frau nicht ernst genommen werden."

Sie: „Sehen Sie, zu Hause waren wir vier Kinder. Zwei Jungen und zwei Mädchen. Ich war die Dritte. Mein Vater ist früh gestorben und meine Mutter musste für die Familie sorgen. Die Jungen wurden vorgezogen. Die setzten sich durch. Männer haben es leichter im Leben. Aber wir Mädchen! Wir wurden zurückgesetzt. Unsere Probleme wurden nicht ernst genommen. Das waren ja alles nur Bagatellen."

Ich: „Wenn ich Sie richtig verstehe, dann glauben Sie, dass sich Männer besser im Leben durchsetzen, dass sie ernster genommen werden, dass Frauen es schwerer haben und man ihre Probleme als Bagatellen abtut."

Sie: „So ist es. Ich hatte immer so viele Fragen. Mutter hatte keine Zeit für mich. Sie sagte einfach: Mit solchen Kleinigkeiten gebe ich mich nicht ab."

Ich: „Und noch heute machen Sie die Erfahrung, dass Ihre Probleme als Bagatellen behandelt werden."

Sie: „Ich habe es nie anders erlebt. In meiner Kindheit nicht, in meiner Ehe nicht, niemals."

Ich: „Und Sie wollen es in meiner Beratung auch so erleben?"

Sie (lächelt): „Ich will das natürlich nicht. Aber wenn ich ehrlich sein soll, ich erwarte nichts anderes."

Hier wird deutlich:

- Unsere *negativen Erwartungen* erfüllen sich. Was wir erwarten, tritt ein. Sich erfüllende Befürchtungen können programmiert werden.

- Die Frau *projiziert.* Verhaltensweisen, die sie oft *erlebt* hat, überträgt sie auf die beiden Seelsorger. Sie hat ihre Erfahrungen *gemacht.* Sie hat sich ein Erfahrungsschema *geschaffen.* Sie glaubt, nichts anderes erwarten zu können.
- Die Ratsuchende leistet *Widerstand.* Übertragung, Gegenübertragung und Widerstand spielen in der Seelsorge und Therapie eine große Rolle. Der Seelsorger muss dabei folgende Fragen beantworten: Was will die Ratsuchende mit ihrem Widerstand erreichen? Welche Ziele verfolgt sie? Will sie dem Seelsorger bescheinigen, dass auch er als Christ die Probleme einer Frau nicht ernst nimmt? Diese Ratsuchende gibt zu erkennen, dass sie gegen alle Männer ein Vorurteil hat und es gern sieht, wenn sie an ihr scheitern.
- Die Ratsuchende ist davon überzeugt, dass Frauen *benachteiligt* und Männer bevorzugt werden. Männer können sich leichter durchsetzen, Frauen können das nicht. Wo kann sie Alternativerfahrungen machen? Wird ihr diese Beratung zur Alternativerfahrung?
- Dieser Beratungsprozess kam zu einem positiven Gesamtergebnis, weil die Frau lernte, ihre *negativen Reaktionen* ständig zu überprüfen. Sie lernte, ihre Befürchtungen in Frage zu stellen und positive Erwartungen systematisch einzutrainieren.

b) Die „Sterne" sehen – ein Fallbeispiel

Das Gebet ist eine Möglichkeit, eine negative Sicht und negative Reaktionsmuster umzupolen. Wie geht das vor sich? Ich fragte einen Ratsuchenden, der sich dem Pessimismus verschrieben hatte, aber als Christ von der Richtigkeit seiner Einstellung überzeugt war, was er abends im Gebet vor Gott ausbreite. Er überlegte einen kurzen Augenblick und zählte viele Dinge auf, die ich der Reihe nach mitschrieb. Am Schluss seiner Aufzählung fragte ich ihn:

Ich: „Haben Sie mir Ihre Gebetsanliegen genannt?"

Er: „Ja, aber einiges habe ich bestimmt vergessen!"

Ich: „Fällt Ihnen selber etwas auf?"

Er: „Es ist ein Stümpergebet, ein zusammengestoppeltes Gebet, ich weiß. Vielleicht gelingt es mir eines Tages, vollkommener zu beten."

Ich: „Fällt Ihnen sonst noch etwas auf?"

Er: „Es sind viele persönliche Probleme darin enthalten."

Ich: „Was wollen Sie damit sagen?"

Er: „Das ganze Gebet ist stark egoistisch. Und das finde ich ungeistlich."

Ich: „Darf ich Ihnen die Punkte, die Sie mir genannt haben, noch einmal vorlesen?"

Er ist einverstanden und ich fasse alle Gebetsanliegen, die er aufgezählt hat, noch einmal zusammen.

Ich: „Darf ich Ihnen meinen Eindruck schildern?"

Er: (nickt)

Ich: „Ich habe 16 Gebetsanliegen aufgeschrieben und mir fällt auf, dass sie 14 *negative* Aspekte beinhalten. Bewahrung vor Krankheit, Furcht vor einem neuen Krieg, Sorgen um die Zeugnisse der Kinder, Sorgen um bestimmte Moralauffassungen in der Gemeinde, Angst vor Komplikationen im Betrieb, Zweifel, ob Sie sich in einer bestimmten Sache richtig verhalten haben, und so weiter. Ihren Dank an Gott erledigen Sie mit einem einzigen, sehr allgemeinen Satz, der sich auf nichts Konkretes bezieht."

Was geschieht in dem Gespräch konkret?

- Der Ratsuchende empfindet selbst, dass der Dank mehr oder weniger eine christliche Pflichtübung darstellt. Seine Sorgen, Ängste, Befürchtungen hingegen dominieren das Gebet.

- Der Ratsuchende entdeckt, dass er sich und sein geistliches Leben ständig in Frage stellt. Er sagt zum Beispiel: „Einiges habe ich bestimmt vergessen“ – „Es ist ein Stümpergebet, ein zusammengestoppeltes Gebet“ – „Das ganze Gebet ist stark egoistisch“.
- Der Ratsuchende wird damit konfrontiert, dass sein geistliches Leben völlig freudlos verläuft, dass er klagt und kritisiert und scharf alle Probleme seiner Gemeinde, in der er ehrenamtlich mitarbeitet, unter die Lupe nimmt.
- Der Ratsuchende erlebt im Gespräch, dass er in der Gemeinde, in der Familie und in der Firma als übergenau, pedantisch, als Kritiker, Schwarzseher und Besserwisser erscheint, dass sein freudloses geistliches Leben wenig Anziehungskraft besitzt und viel Abwehr hervorruft. Er leidet darunter, dass seine Kinder besonders konsequent gegen ihn zu Felde ziehen.
- Der Ratsuchende und ich gehen in einer Reihe von Gesprächen nur Beispiele aus dem Alltag durch, um die „Kraft des positiven Denkens“ und Sehens zu trainieren. Welche positiven Seiten haben bestimmte Ereignisse? Ist ein Vorfall in erster Linie negativ zu bewerten? Was will ich vielleicht mit der negativen Kritik bezwecken? Wie reagieren die nächsten Angehörigen und Mitarbeiter auf die kritischen Beurteilungen und negativen Befürchtungen? Welche Erfahrungen mache ich, wenn ich positiv reagiere?
- Der Ratsuchende schlägt selbst vor, sein abendliches Gebet umzustellen. Er wolle nun fünf Minuten vor dem Gebet über die Frage meditieren: „Wofür habe ich heute zu danken?“ Das Training des „Sterne-Sehens“ hat ihn – unter anderem – befähigt, das Verhältnis von positiven und negativen Gebetsanliegen zu vertauschen. Das Training hat das gesamte Familienklima verbessert. Er fühlt sich weit mehr bestätigt und geliebt als bisher.

c) Eine Zauberformel gegen die Angst

Dale Carnegie, dessen Bücher in der ganzen Welt Millionenauflagen erzielten, beschreibt in einem von ihnen eine „Zauberformel", die helfen kann, peinigende Angstsituationen zu überwinden. Wenn ein Problem auftaucht, das uns niederdrückt oder unlösbar erscheint, gehen wir folgendermaßen an die Sache heran:

„1. Fragt euch: ‚Was ist das Ärgste, das möglicherweise geschehen kann?'

2. Seht zu, dass ihr euch damit abfindet, wenn es sein muss.

3. Dann trachtet in aller Ruhe danach, dem Schwersten, wenn möglich, die Spitze abzubrechen."[9]

Worin liegt der Effekt?

- Wer das einmal Geschehene bejaht, hat den ersten Schritt getan, um die Folgen eines jeden Missgeschicks zu überwinden.
- Zorniges Aufbegehren, das sich nicht mit dem Zugestoßenen abfinden kann, zerstört alle positiven Ansätze. Das Leben erscheint sinnlos und leer. Jeder Neuanfang wird durch Verzweiflung und Angst blockiert. Verbittert weigert sich der Mensch, aus den Trümmern zu retten, was zu retten ist. Eine innere Lähmung breitet sich aus. Der Stillstand verlängert die empfundene Ausweglosigkeit.
- Das Schlimmste zu bejahen schenkt stückweise inneren Frieden und setzt Kräfte frei, nach Lösungsmöglichkeiten zu suchen. Wer dem Schlimmsten gefasst ins Auge sieht, kann nichts mehr verlieren. Er kann nur noch gewinnen, denn das Schlimmste verliert seinen Schrecken.

Trost im Leben und im Sterben

„Wer ist dein einziger Trost im Leben und im Sterben?", fragt der Heidelberger Katechismus zu Beginn. Bei dem Wort Trost taucht schnell das Stichwort „Vertröstung" auf, Vertröstung aufs Jenseits. Davon ist jedoch der Trost meilenweit entfernt. Trost meint, inmitten der Vergeblichkeit und Vergänglichkeit unseres Lebens und trotz unserer Schuldverstrickung getröstet zu sein.

Der Theologe Helmut Gollwitzer schreibt: „*Trost* heißt: Standhaftigkeit, Geduld, Gelassenheit, Hoffnung, langer Atem, nicht nachlassender Mut in Verhältnissen, die man nicht ändern kann. Im Vorausschauen auf die große Veränderung jenseits der diesseitigen Verhältnisse, im Vorausschauen auf das ewige Geborgensein im Ja Gottes und das unveränderbare Diesseits ertragen."[10]

Die christliche Botschaft ist die Alternative zur Hoffnungslosigkeit und Sinnlosigkeit dieser Welt. Jesus Christus ist nicht *eine* Antwort, sondern *die* Antwort, nicht *ein* Angebot, sondern *das* Angebot, nicht *eine* Hilfe, sondern *die* Hilfe.

Die christliche Botschaft
- beendet alle Resignation und Sinnlosigkeit,
- schenkt tragfähige Hoffnung,
- durchdringt das Dunkel und bringt erfülltes Leben,
- demonstriert machtvoll, dass der Tod nicht das letzte Wort hat,
- bringt Erlösung, und das heißt Befreiung,
- bietet echten Trost anstelle von Vertröstung, und das heißt noch einmal: Standhaftigkeit, Geduld, Gelassenheit, Hoffnung, langer Atem und ein nicht nachlassender Mut.

XII. So, wie ich bin, bin ich gut genug

Selbstannahme als Schlüssel zum Gesundwerden

Ich möchte mit einem Gedanken abschließen, den ich im Rahmen dieses Themas für entscheidend halte, der geradezu ein Schlüssel sein kann zur Lösung vieler Probleme in unserem Leben! Das ist ein Gedanke, der viele psychosomatischen Störungen, Probleme, Konflikte und Leiden verhindern wird, wenn wir ihn in unserem Leben zum Zuge kommen lassen.

Dieser Grundsatz lautet: So, wie ich bin, bin ich gut genug. Ich habe nicht gesagt: Bin ich *gut*, sondern gut *genug*. Ich halte diesen Satz für eminent christlich. Der amerikanische Arzt und Individualpsychologe Rudolf Dreikurs umschreibt die Bedeutung dieses Gedankens so: „Jedes persönliche Versagen und destruktive Verhalten kann auf die *irrige* Meinung zurückgeführt werden, wir hätten keinen Wert innerhalb der Gemeinschaft."[1]

Leider beruhen die traditionellen Erziehungsmaßnahmen, auch weitgehend im christlichen Raum, auf der Erkenntnis: „So, wie der Mensch ist, ist er *nicht* gut genug." Wir gehen bewusst oder unbewusst von der Annahme aus, dass er mehr aus sich machen muss.

Er muss
- *mehr* leisten,
- *mehr* arbeiten,

- *mehr* erreichen,
- *mehr* Erfolg haben,
- liebenswürdiger, hilfsbereiter, moralischer, ausdauernder, mutiger und nicht zuletzt christlicher werden.

Dem Komparativ „christlicher" hat der verstorbene Hamburger Bischof D. Witte energisch widersprochen: „Ein Mensch, der immer christlicher werden will, wird immer ungeistlicher und pharisäerhafter. Christ sein heißt: Christi sein – nicht mehr und nicht weniger."

a) Wer kann sich nicht akzeptieren?

In einem Arbeitskreis für angehende Altenpfleger diskutierten wir einmal den Satz: „So, wie ich bin, bin ich gut genug." Von 20 Teilnehmern konnte keiner überzeugend von sich sagen: „So, wie ich bin, bin ich gut genug. So, wie ich bin, akzeptiere ich mich." Wir haben dann gemeinsam zusammengetragen, warum viele diesen Satz nicht sagen können und was einen Menschen hindert, sich so zu bejahen, wie er ist.

Sich selbst annehmen, wie er ist, kann nicht,

- wer mit sich *unzufrieden* ist, äußerlich und innerlich;
- wer sich nicht *geliebt* weiß, sich nicht geliebt *fühlt* – völlig unabhängig davon, ob sein Gefühl richtig ist oder falsch;
- wer nicht genug *Bestätigung* und *Anerkennung* bekommt;
- wer unter *Komplexen* und *Minderwertigkeitsgefühlen* leidet;
- wer sich *unterdrückt* fühlt;
- wer sich niemandem *anvertrauen* kann;
- wer glaubt, immer *geben* zu müssen, damit er geliebt und ernst genommen wird;
- wer sich *unmoralisch* und *minderwertig* fühlt;

- wer glaubt, nicht *liebenswert* zu sein und für einen Menschen des anderen Geschlechts keinerlei Anziehung zu besitzen;
- wer ein *Angeber* ist und anderen ständig beweisen muss, dass er etwas darstellt;
- wer glaubt, er dürfe diesen oder jenen Satz nicht sagen, um auf die anderen nicht *überheblich* zu wirken;
- wer *Angst* hat zu versagen;
- wer um jeden Preis *beweisen* will, dass er nicht minderwertig und wertlos ist.

Gegen den Satz „So, wie ich bin, bin ich gut genug" laufen die meisten Menschen Sturm. Was viele Menschen weitgehend kennzeichnet, ist ihr *Mangel an Vertrauen* in die eigene Stärke, ist der Mangel an Vertrauen in die eigenen Fähigkeiten. Wer glaubt, er sei eine Niete, wird alles daransetzen, seinen Glauben zu bestätigen. Er wird unter allen Umständen erfolgreich darin sein, eine Niete zu verkörpern.

Wir haben schon als Kinder gelernt, dass wir so, wie wir waren, nicht genügten, nicht gut genug waren. Nur wenn wir bessere Zeugnisse nach Hause brachten, wenn wir bessere Noten erreichten, *mehr* lernten, *mehr* leisteten, *mehr* Geschicklichkeit an den Tag legten und *mehr* arbeiteten, konnten wir unseren Wert beweisen. Unsere Erziehungsvorstellungen beruhen also auf der „Einsicht",

- dass Selbstbejahung den Fortschritt hindert und die menschliche Leistungsfähigkeit lähmt,
- dass Zweifel die Leistungsbereitschaft erhöhen und die Arbeitsmotivation steigern,
- dass empfundene Unzulänglichkeiten unsere Lernbereitschaft wachrütteln und zu ungeahnter Tatkraft anstacheln.

Das Gegenteil ist der Fall. Diese These soll im Folgenden ausgeführt werden.

b) Folgen von Unzufriedenheit

Warum komme ich persönlich nicht voran, wenn meine seelische Gleichwertigkeit in dieser Weise gestört ist? Warum werde ich auch für andere keine positiven Beiträge leisten können?

1) Bin ich mit mir unzufrieden, drehe ich mich um mich selbst und bin nur noch mit mir selbst beschäftigt. Ich neige zur Aggression und ziehe mich unter Umständen in mich selbst zurück.

Rudolf Dreikurs schreibt: „Unsere Nervenkliniken, Gefängnisse und Asyle sind die Verwahrungsorte derer, die jede Hoffnung verloren haben, dass irgendetwas, was sie tun, ihnen Status in der Gesellschaft geben kann.“[2]

2) Fühle ich mich nicht genug geliebt, hasse ich wiederum die anderen und räche mich bewusst oder unbewusst an Mitmenschen. Ich bin dann außerstande, positive Beiträge in der Gemeinschaft zu leisten. Fühle ich mich selbst nicht liebenswert, bin ich unglücklich mit mir und hasse mich womöglich. Ich beneide die anderen.

3) Bin ich ein Angeber und Hochstapler, habe ich das Gefühl, dass ich mehr zeigen muss, als ich habe. Durch Übertreibung und Zurschaustellung will ich mein lädiertes Selbstbewusstsein aufbessern. Herz und Kreislauf werden überbeansprucht.

4) Fühle ich mich nicht genug bestätigt und anerkannt, kritisiere ich die anderen, um selbst im Wert zu steigen. Ich kann die anderen nicht gelten lassen und bin infolgedessen auch nicht kooperativ. Meine Empfindlichkeit ist groß, entsprechende psychosomatische Verspannungen sind die Folge.

5) Fühle ich mich minderwertig, kann ich zum übertriebenen Ehrgeiz und Geltungsstreben neigen. Oder ich werde lebensuntüchtig, traue mich nicht an Aufgaben heran und

werde zum Versager. Alle Formen der Depression sind dafür kennzeichnend.

6) Glaube ich, nur etwas wert zu sein, wenn ich *gebe*, wenn ich für andere da bin, wenn ich Leistungen vorweisen kann, stehe ich damit ständig unter Leistungsdruck. Ich bin in Gefahr, mich zu überfordern, und werde mein eigener Sklavenantreiber. Der Manager mit seiner besonderen psychosomatischen Problematik ist dafür ein Beispiel.

7) Glaube ich, moralisch minderwertig zu sein, halte ich mich für schlecht und böse, tendiere ich unbewusst zum Pharisäismus und zur Überheblichkeit. Meine Wertlosigkeit hindert mich, Aufgaben anzupacken. Ich stelle mich damit *über* Gott, der mich trotz meiner Sünden liebt; ich weise seine Liebe zurück, denn ich gehe mit meiner Schuld härter ins Gericht als Gott selbst.

8) Habe ich Angst, überheblich zu erscheinen, beschneide ich mein Selbstwertgefühl, um bei anderen Menschen besser anzukommen. Demütiges Verhalten, d. h. sich selbst klein zu machen, verfolgt unbewusst das Ziel, negativer Kritik vorzubeugen, den anderen den Wind aus den Segeln zu nehmen und auf diese Weise Zuneigung und Anerkennung zu erbetteln.

9) Habe ich Angst zu versagen, bin ich ständig auf der Jagd nach Erfolg. Ich muss ja Erfolg vorweisen können, um nicht als Niete zu gelten. Ich bin gar nicht in der Lage, mein Bestes zu tun und die Aufmerksamkeit auf die Sache zu richten, sondern ich bemühe mich, mein Ansehen zu verbessern und Misserfolge zu verhindern. So verliere ich die Freude am Handeln und am Leben.

10) Muss ich mir und anderen um jeden Preis *beweisen*, dass ich nicht wertlos bin, dann bezweifle ich meinen Wert. Hätte ich genügend Selbstwert, benötigte ich keinen Beweis. Jeder *Erfolg* ist dann nur ein Sekunden-Erfolg, denn Augenblicke später muss ich ja schon wieder auf dem Plan sein,

um meinen Wert unter Beweis zu stellen. Die ständige *Bewährungsprobe* torpediert die Freude an der Arbeit. Die Flucht in die Krankheit, Faulheit und Resignation bieten sich als Ausdrucksformen geradezu an.

11) Kann ich mich nicht selbst akzeptieren und empfinde ich meine Unzulänglichkeiten als Last, *belaste* ich meine Organe. Ich „produziere" Krankheiten, Leiden und Depressionen. Unzufriedenheit belastet Herz und Kreislauf und bringt das vegetative Nervensystem aus dem Gleichgewicht.

12) Kann ich mich nicht annehmen, wie ich bin, leide ich unter großer Angst. Angst ist der Hauptfaktor aller neurotischen Störungen und Konflikte. Angst vor Katastrophen führt oft wirklich zu einem Missgeschick. Und die Angst vor der Angst fixiert die neurotischen Symptome. Angst fördert unter anderem die Gerinnung des Blutes. Angst führt dazu, dass sich die Arterien verhärten und verengen und das Blut stärker zur Verdickung neigt. Seelische Bedrängnis und Unzufriedenheit mit sich selbst fördern die Klümpchen- und Pfropfenbildung im Blut.

c) Selbstkritik und mangelnde Selbstannahme

Selbstkritik beinhaltet positive und negative Aspekte. *Wahre* Selbstkritik bewahrt uns vor falscher Selbsteinschätzung und vor Verblendung. Sie hilft uns, unsere individuellen Vorurteile zu verkleinern. Wahre Selbstkritik lässt uns *sachlicher* werden, wie Fritz Künkel gesagt hat, und weniger *ichhaft*.

Dann gibt es die Selbstkritik, die der Humorist Wilhelm Busch gezielt in einem Gedicht aufs Korn genommen hat:

Die Selbstkritik hat viel für sich.
Gesetzt den Fall,
ich tadele mich,
so hab ich erstens den Gewinn,

dass ich so hübsch bescheiden bin;
zum zweiten denken sich die Leut,
der Mann ist lauter Redlichkeit;
auch schnapp ich drittens diesen Bissen
vorweg den anderen Kritikussen;
und viertens hoff ich außerdem
auf Widerspruch, der mir genehm.
So kommt es dann zuletzt heraus,
dass ich ein ganz famoses Haus.

Diese Form von Selbstkritik ist Mittel zum Zweck. Wir buhlen um die Gunst der anderen. Wir benutzen ein Werkzeug, um groß herauszukommen. Aus einem vorgetäuschten bescheidenen Verhalten will der Mensch Kapital schlagen. Er benutzt die Selbstkritik, um sich klein zu machen, um die mögliche Kritik anderer zu unterlaufen. Hinter dieser Selbstkritik verbirgt sich ein empfindlicher, verletzlicher innerer Kern. Der Mensch ist leicht kränkbar und schnell beleidigt. Indem er sich heuchlerisch klein macht und seine Leistungen abwertet, erhofft er Nachsicht und Rücksicht, weil er Kritik nicht ertragen kann. Sein Selbstwertgefühl ist gestört und seine Selbstannahme angeknackst.

Oder wir kennen die Selbstkritik mancher Zeitgenossen, die sich in Bausch und Bogen verurteilen, die kein gutes Haar an sich lassen und sich selbst nur durch eine dunkel getönte Brille sehen können.

Was ist die Folge dieser Selbstverurteilung?

- Der Mensch verbringt seine Zeit nur damit, das Negative, Destruktive und Unvollkommene unter ein Vergrößerungsglas zu legen. Er verbringt seine Zeit damit, sich im Selbstmitleid zu suhlen.
- Der Mensch, der sich selbst verachtet, macht sich und an-

deren Menschen das Leben schwer. Er fällt sich und anderen auf die Nerven.

- Der Mensch, der sich selbst verachtet, wird zu Hingabe und Nächstenliebe unfähig; ihm fehlt der Mut, positive Beiträge zu leisten.
- Der Mensch, der sich selbst verachtet, steht in der Gefahr, auch Gott zu verachten, der ihn ja in diese „teuflische Selbsteinschätzung" hat geraten lassen.
- Der Mensch, der sich selbst verachtet, kann keinen anderen aufrichten und bietet für andere kaum einen Halt.

d) Wir akzeptieren uns, wie wir sind

Wer sich in Familie, Schule, Kirche und Gesellschaft nicht gleichwertig fühlt, lebt nach folgendem Motto: „Nur wer ständig gegen seine Unzulänglichkeit ankämpft, wird einen Platz in der menschlichen Gesellschaft erhalten." Der eigene Wert ist wie dünnes Eis, das jeden Moment einbrechen kann. Jeder Schritt ins Leben, ins Büro, in die Schule und in die kirchliche Gruppe ist mit Ängsten angefüllt: „Werden nicht neue Mängel ans Licht kommen?"

- Niemals können wir uns wirklich freuen, denn unser gegenwärtiger Wert kann schon morgen in Frage gestellt werden.
- Niemals können wir uns *sicher fühlen*, denn jede neue Prüfung, jede neue Bewährung könnte neue Mängel ans Licht bringen.
- Niemals können wir *innerlich ausgeglichen* sein, wenn wir nicht endlich den Konkurrenzkampf mit anderen aufgeben.
- Niemals können wir *Frieden* mit uns schließen, wenn wir nicht den Mut zur Unvollkommenheit aufbringen.

Der Mut zur Lücke und der Mut zur Unvollkommenheit geben uns Gelassenheit. Nur wenn wir innerlich zufrieden, gelassen, ruhig, sicher und damit froh sind, können wir etwas leisten. Es ist *falsch* zu sagen, dass sich der Mensch erst bessern muss, damit er respektiert werden kann. *Richtig* ist: Je mehr er sich selbst achtet und daraufhin auch von anderen geachtet wird, desto besser kann er positive Beiträge leisten und zum Wohl anderer beitragen.

Der ehemalige Präsident des Diakonischen Werkes in Deutschland, Theodor Schober, schrieb zum Thema Selbstannahme: „Wenn wir in Gottes Zeit und Schule stehen, sind wir von dem Zwang erlöst, immer an uns selbst herumzukritteln, uns dauernd selber zu verachten und zu kasteien. Wir könnten es dem großen Meister getrost und gelassen zutrauen, dass er nicht ausgerechnet mit uns seine größten Fehler gemacht hat. Je mehr wir lernen, von uns selber wegzusehen, desto eher werden wir den ‚aufrechten Gang' lernen, sodass womöglich andere sich an uns aufrichten können."[3]

e) Nehmt einander an, wie Christus euch angenommen hat

Sich selbst annehmen und einander annehmen – das ist nicht an Bedingungen geknüpft. Dass Christus uns angenommen hat, ist Voraussetzung genug. Er hat nicht gesagt:

- „Ihr müsst erst besser werden",
- „ihr müsst erst vollkommener werden",
- „ihr müsst erst moralischer werden",
- „ihr müsst erst in der Nächstenliebe aktiver werden",
- „ihr müsst erst christlicher werden,
  dann kann ich euch annehmen."

Er hat uns angenommen – wie wir sind. Wenn wir uns auf diese Tatsache hin auch annehmen, wie wir sind, und sagen können: „So, wie ich bin, bin ich gut genug",

- werden wir vorwärts schreiten,
- werden wir *nicht faul* die Hände in den Schoß legen, wie viele vermuten,
- werden wir lieben, weil Christus uns zuerst geliebt hat,
- werden wir unser vegetatives Nervensystem ins Gleichgewicht bringen und uns damit besser vor psychovegetativen Störungen schützen,
- werden wir zufrieden sein, weil Christus unser Friede ist.

Solange wir Gedanken daran verschwenden, was alles „hätte sein können", welche Chancen wir verpasst, welche Laufbahn wir versäumt, welche Bildung wir vermisst haben, welche Gesundheit uns nicht zuteil wurde und welche Träume unerfüllt bleiben, solange füttern wir unsere Unzufriedenheit. Wir schauen auf Dornen und Disteln statt auf Blüten und quälen uns selbst und unsere Mitmenschen.

f) Selbstannahme im Gebet

Lucien Jerphagnon hat ein Gebet formuliert, das eindrücklich Zeugnis für die Selbstannahme ablegt:

An unerträglichen Tagen

Als ich ein Kind war, Herr, wusste ich das nicht,
ich wusste nicht, dass man so müde,
so müde seiner selbst sein kann,
und sich dann sagt,
dass man sein Leben verfehlt hat.
Ich habe viele Versuchungen gekannt.
Diese ist wohl die schwerste.
Man möchte eine bessere Gesundheit,
einen glänzenden Verstand,
einen nicht so armseligen Leib,
eine höhere Bildung.
Eine andere Stellung und den großen Kredit,
den gewisse Leute haben ...

Man entdeckt bei den anderen hundert Chancen,
die einem selbst zugestanden wären,
und hundert Gelegenheiten,
die man selbst niemals gehabt hat ...
Man weiß, dass es höchste Zeit ist,
zu leben,
und zu spät, um zu träumen.
Man weiß, dass das Unmögliche niemals eintreten wird.
Das zu wissen, ist schon Erleuchtung.
Und sie fällt gerade von dort her in mich ein,
von wo ich nichts erwarte.
Die Träume sind aus.
Es bleibt mir mein Leben – das wahre, das ich lieben muss.
Mein Leben, wie es nun einmal ist,
und meine arme Gesundheit und meine ruhmlose Laufbahn.
Dieses, Herr, möchte ich jetzt annehmen.
Auch mich selbst, so arm, wie ich bin.
Ich will mich nicht mehr mit dem quälen,
was „hätte sein können",
und mein Glück darin finden, zu tun, was ich kann.[4]

Unser Kranksein wahrnehmen, Zusammenhänge begreifen, uns selbst annehmen und in Gottes Namen Schritte zur Veränderung wagen – so ist Gesundwerden möglich.

Literaturhinweise

Vorwort

1 Dietrich Grönemeyer, Kapital Gesundheit, Goldmann Verlag, München 2005, S. 11

II. Seele meint den ganzen Menschen

1 Frederic Vester, Phänomen Stress, Deutsche Verlags-Anstalt, Stuttgart 1976, S. 32 ff.

2 Elisabeth Lukas, Psychologische Seelsorge, Herder Verlag, Freiburg 1985, S. 168

III. Krankheiten haben *und krank* sein

1 Jörg Müller, Und heilt alle deine Gebrechen, J. F. Steinkopf Verlag, Stuttgart 1989, S. 39 f.

2 Jörg Müller, a.a.O., S. 43

3 Adolf Köberle, Heilung und Hilfe, Brendow Verlag, Moers 1985, S. 128

IV. Die leib-seelischen Zusammenhänge von Leiden, Krankheit und Tod

1 Hoffmann/Hochapfel, Neurotische Störungen und psychosomatische Medizin, Schattauer Verlag, Stuttgart [7]2004, S. 242f.

2 Hoffmann/Hochapfel, a.a.O., S. 243

3 Hans-Jürgen Möller/Gerd Laux/Arno Deister, Psychiatrie und Psychotherapie, Thieme Verlag, Stuttgart 2001, S. 579

4 Heinrich Giesen, Wenn man dich fragt nach Glauben und Leben, Gerd Mohn Verlagshaus, Gütersloh 1963, S. 69

5 Alfred Adler, Praxis und Theorie der Individualpsychologie, J. F. Bergmann, München 1927[3], S. 177 f.

6 Rainer Tölle, Psychiatrie einschließlich Psychotherapie, Springer Verlag Berlin/Heidelberg/NewYork/Barcelona/Hongkong/London/Mailand/Paris/Singapur/Tokio 1999, 12. Auflage, S. 60

7 Alexander Mitscherlich, Krankheit als Konflikt, Suhrkamp Verlag, Frankfurt 1967[2], S. 13

8 Heinz Ansbacher/Rowena R. Ansbacher (Hrsg.), Alfred Adlers Individualpsychologie, Ernst Reinhardt Verlag, München/Basel 1972, S. 218

9 Alfred Adler, Der Sinn des Lebens, Fischer Taschenbuch, Frankfurt 1973, S. 104 f.

10 Horst-Eberhard Richter, Patient Familie, rororo, Hamburg 1972[2], S. 21 f.

11 Marguerite und Willard Beecher, Besser leben ohne Eifersucht und Neid, Kösel Verlag, München 1973, S. 12

12 Victor Louis, Einführung in die Individualpsychologie, Paul Haupt Verlag, Bern/Stuttgart 1969, S. 55
13 Hoimar von Ditfurth in: „Hör Zu", 43/1974

V. Glaube und Immunsystem
1 Maria E. Lange-Emst, Unser Immunsystem, Goldmann Verlag, München 1990, S. 33 f.
2 Aus: Psychologie heute, 10/1987, S. 16
3 Dietrich Bonhoeffer, Widerstand und Ergebung, Siebenstern Taschenbuch, München/Hamburg 1964, S. 23
4 John Poppy, Esquire, 5/1989
5 James W. Pennebaker und Joan R. Susman in: Social Science + Medicine (Bd. 26, Nr. 3)
6 Norman Cousins, Der Arzt in uns selbst, Rowohlt Verlag, Hamburg 1981, S. 37 f.
7 Elisabeth Lukas, a.a.O., S. 117

VI. Schmerzen haben einen Sinn
1 Norman Cousins, a.a.O., S. 53 f.
2 Dietrich Grönemeyer, Kapital Gesundheit, Goldmann Verlag, München 2005, S. 60
3 Jörg Müller, a.a.O., S. 39 f.
4 Josef Rattner, Grundlagen ganzheitlicher Heilung, Königsfurt Verlag, Klein Königsförde 2000, S. 117ff.
5 Gabi Hoffbauer, Pillen, Kräuter, Heilsversprechen, Heyne Verlag, München 2007, S. 250
6 Arthur Ernest Wilder-Smith, Der Mensch im Stress, Hänssler Verlag, Stuttgart-Neuhausen 1975, S. 47 ff.
7 Michael Nüchtern, Die Lebenskrise Krankheit im Spiegel biblischer Erfahrungen, Christliche Verlagsanstalt, Konstanz 1989, S. 31

VII. Die Persönlichkeit des Asthmatikers
1 Josef Rattner, a.a.O., S. 112
2 Werner Zenker, Mein Kind hat Asthma, Econ Ratgeber, Düsseldorf 1984, S. 34
3 Larry Dossey, Wahre Gesundheit finden, Knaur Verlag, München 1991, S. 210
4 H. Mosak in: Technics for Behavior Change, von Arthur G. Nickelly, Springfield 1971, übersetzt von Regula Jensen

VIII. Die Persönlichkeit des Herzinfarktgefährdeten
1 Hrsg. Bundesminister für Jugend, Familie und Gesundheit, 15 Sekunden zum Nachdenken
2 L. Kruitoff, Herzinfarkt – verhüten und überwinden, Humboldt-Taschenbuch, München 1975, S. 29

3 Hoffmann/Hochapfel, Neurotische Störungen und psychosomatische Medizin, Schattauer Verlag, 2004, S. 206ff.
4 Hans Hoff/Erwin Ringel, Aktuelle Probleme der psychosomatischen Medizin, Jolis Verlag, München 1964, S. 15
5 Hans Hoff/Erwin Ringel, a.a.O., S. 69
6 Hans Hoff/Erwin Ringel, a.a.O., S. 152
7 Dietrich Grönemeyer, Kapital Gesundheit, Goldmann Verlag, München 2005, S. 168
8 Dietrich Grönemeyer, a.a.O., S. 179
9 Heinz Ansbacher/Rowena R. Ansbacher, a.a.O., S. 288

IX. Die Persönlichkeit des Magenkranken
1 Eric Berne, Spiele der Erwachsenen, rororo, Hamburg 1970, S. 137
2 Eric Berne, a.a.O., S. 137 f.
3 Frederic Vester, a.a.O., S. 92 ff.
4 Bertha Sommer, Das vegetative Nervensystem und die innersekretorischen Drüsen, Berlin o. J., S. 2 f.

XI. Krankheit als Chance
1 Apotheken Umschau 12/2006, S. 75
2 Marianne Koch, Gebete als Heilmittel? In Apotheken Umschau 12/2006
3 Neues Leben, Gesünder durch Glauben? 1+2/2007, S. 18
4 Prof. Dale Matthews, Georgetown University Washington, in: Neues Leben, 1+2/2007, S. 19
5 S.I. McMillen, Vermeidbare Krankheiten, Aussaat Verlag, Wuppertal, 1970[3], S. 150
6 Elisabeth Kübler-Ross, Interviews mit Sterbenden, Gerd Mohn Verlag, Gütersloh 1974[2], S. 7
7 Theodor Glaser, Und ihr habt mich besucht, Claudius Verlag, München 1973, S. 33
8 S.I. McMillen, a.a.O., S. 108
9 Dale Carnegie, Sorge dich nicht, lebe!, Scherz Verlag, Bern/München 1972[23], S. 34
10 Helmut Gollwitzer, Ich frage nach dem Sinn des Lebens, Kreuz Verlag, München 1974, S. 43

XII. So, wie ich bin, bin ich gut genug
1 Rudolf Dreikurs, Soziale Gleichwertigkeit, Klett Verlag, Stuttgart 1972, S. 216
2 Rudolf Dreikurs, a.a.O., S. 93
3 Theodor Schober, Zeitgemäße Anstöße zum Zeit-Haben, Referat anlässlich der Jahrestagung der Olga-Schwestern am 31.10.1973
4 Lucien Jerphagnon, An unerträglichen Tagen, Styra Verlag, Graz/Wien/Köln

Stichwortverzeichnis